Sophia Bogner & Paul Hertzberg

JENSEITS VON EUROPA

SOPHIA BOGNER
PAUL HERTZBERG

JENSEITS VON EUROPA

Was afrikanische Unternehmerinnen und Unternehmer besser machen

Econ

MIX
Papier
FSC FSC® C014496

Econ ist ein Verlag
der Ullstein Buchverlage GmbH

ISBN: 9-783-430-21056-0

© der deutschsprachigen Ausgabe
Ullstein Buchverlage GmbH, Berlin 2022
Redaktionsschluss: 1. August 2022
© für Karten: Peter Palm, Berlin
Alle Rechte vorbehalten
Gesetzt aus der Scala OT
Satz: LVD GmbH, Berlin
Druck und Bindearbeiten: GGP Media GmbH, Pößneck
Printed in Germany

Für Lekemework Bogner und Paul Mevissen,
ohne die wir vielleicht nie aus Afrika berichtet hätten

INHALT

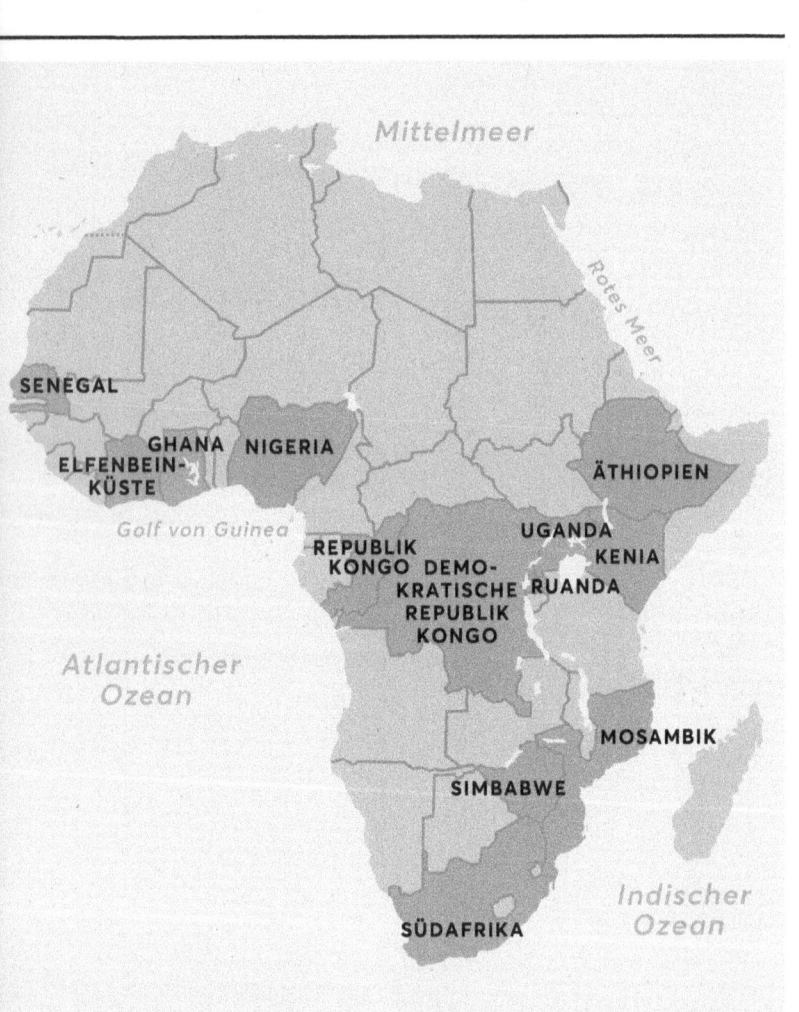

Mittelmeer

Rotes Meer

SENEGAL

GHANA   NIGERIA
ELFENBEIN-
KÜSTE

ÄTHIOPIEN

Golf von Guinea

UGANDA
REPUBLIK   KENIA
KONGO DEMO-
KRATISCHE   RUANDA
REPUBLIK
KONGO

Atlantischer
Ozean

MOSAMBIK

SIMBABWE

Indischer
Ozean

SÜDAFRIKA

VORWORT
ODER: WARUM AFRIKA?

WIR BERICHTEN SEIT vier Jahren gemeinsam aus Afrika. In Äthiopien haben wir über Riesenratten geschrieben, die darauf trainiert werden, Tuberkulose zu erschnüffeln, und in Westafrika Afroamerikaner begleitet, die in den Ruinen europäischer Sklavenforts nach der Heimat ihrer verschleppten Vorfahren suchten. Wir haben Minister interviewt, Sterneköche, Terroristen und Touristen. Wir wollten das volle Programm, den ganzen Kontinent. Wir fanden alles spannend. Aber jedes Mal, wenn wir nach Deutschland zurückkehrten, stellten wir fest: Das ging nicht allen so.

Wir sind jetzt Anfang und Mitte 30, gehören also zu einer Generation, die sehr selbstverständlich international denkt – und konsumiert –, die ›Squid Game‹ aus Südkorea bingewatched (und dafür dieses Wort benutzt), Szechuan-Dan-Dan-Nudeln in Berlin-Mitte schlürft, Kulturkämpfe aus den USA ausfechtet. Viele in unserem Alter haben irgendwo einmal irgendetwas im Ausland studiert. Kaum jemand, der noch nicht jenseits von Europa unterwegs war. Fast niemand, der noch nie geflogen ist. Auch wenn Corona, Krieg und Krisen dem in letzter Zeit einen Dämpfer verpasst haben, war das Lebensgefühl immer klar: Die ganze Welt geht uns etwas an, wir sollten, nein, müssen Zugriff auf sie haben. Und trotzdem hörten wir in den letzten Jahren immer wieder die gleiche Frage, von Freundinnen, Freunden und Kollegen: Warum Afrika?

Sophia kann sich noch gut an eine ähnliche Frage erinnern. Sie war ein kleines Kind, als sie sie zum ersten Mal hörte. Die Frage wurde nicht ihr gestellt, sondern ihrem Vater. Er ist sein Leben lang Unternehmer gewesen. Er reiste viel, arbeitete viel, flog oft nach Südamerika, Indien und natürlich: nach China. In den 1970er-Jahren kam er zum ersten Mal nach Peking. Die Winter waren klirrend kalt und die Wohnungen unbeheizt, die Fahrräder auf den Straßen keine Folklore, sondern Zeichen der Armut. Die großen Hungersnöte waren vorbei, aber Hunger nach wie vor verbreitet. China war arm. Sophias Vater gründete dort eine Firma, ein Joint Venture. Er sah etwas, eine Chance. Und viele andere sahen das auch, ein unvermeidliches Land, einen Markt, den man nicht mehr ignorieren konnte. Aber das ging nicht allen so. Noch in den 90er-Jahren, als Sophia alt genug war, als kleines Mädchen mitzufliegen, nach Hongkong, nach Peking, wurde ihr Vater zu Hause in Deutschland gefragt: Warum China?

Es klingt paradox, aber häufig sind große Veränderungen so groß, dass wir sie lange übersehen. Weil sie die Summe kleiner Prozesse sind und nicht linear; weil sie erst im Nachhinein zwangsläufig wirken. Ob Afrika – der ganze Kontinent oder Teile davon – im nächsten halben Jahrhundert einen China-mäßigen Aufstieg hinlegen wird, kann keiner sagen. Was wir sagen können: Für das, was momentan dort geschieht, interessieren sich in Deutschland erschütternd wenige. Nichts über Afrika zu wissen, ist völlig salonfähig.

Gibt es dort Supermärkte? Ist es da gefährlich? Kann ich da mit Kreditkarte zahlen? Das wurden wir mehr als einmal gefragt. In Mosambik fanden wir uns in einem Bürgerkrieg wieder, von dem kaum jemand in Deutschland wusste, dass es ihn gab. Als Abdulrazak Gurnah aus Tansania 2021 den Literaturnobelpreis erhielt, hatten die meisten deutschen Literaturkritiker noch nie von ihm gehört. Afrika bleibt für viele hier ein Klischee – ein Ort höchstens am Rande ihrer Wahrnehmung. Das gilt für die Politik, das gilt für die Wirtschaft, das gilt für die Berichterstattung. Wie oft haben wir das gehört, wenn wir Redaktionen anschrieben: Schöne Idee, aber nein, danke, wir hatten in den letzten Monaten schon eine Afrika-Story. Unser Nachbarkontinent, 54 Länder, 1,3 Milliarden Einwohner, bleibt eine Nische, ein Thema für Experten. Und vielleicht liegt das auch daran, dass Afrika uns so häufig verwirrt.

Der polnische Schriftsteller und Reporter Ryszard Kapuściński, der jahrzehntelang aus Afrika berichtet hat, schrieb in seinem Buch *Afrikanisches Fieber*: »Dieser Kontinent ist zu groß, als dass man ihn beschreiben könnte. Er ist ein regelrechter Ozean, ein eigener Planet, ein vielfältiger, reicher Kosmos. Wir sprechen nur der Einfachheit, der Bequemlichkeit halber von Afrika. In Wirklichkeit gibt es dieses Afrika gar nicht, außer als geographischen Begriff.« Um dieser Komplexität gerecht zu werden, müssten wir also nicht über Afrika sprechen, sondern über Dörfer, Städte, Länder, über Ghana, Kenia, Tansania, über Lagos, Kinshasa, Addis Abeba. Aber dafür gibt es keinen Platz. Also versuchen wir zu vereinfachen, sagen ›Afrika‹, und machen damit alles noch komplizierter. Denn wenn es etwas nicht gibt, können unsere Thesen dazu nicht stimmen. Afrika ist arm! Nicht überall. Afrika ist reich! Nicht unbedingt. Afrika zerfällt! Nur Teile davon. Africa is rising! Ja, aber um es mit den Worten eines Bekannten aus Ghana zu sagen: »Not every African is.« Mixed signals also, überall. Das verunsichert, irritiert, schreckt ab. Die Gleichzeitigkeit der Dinge überfordert – verständlicherweise.

Deswegen haben wir kein Buch über Afrika geschrieben, sondern eines über Menschen von dort. Deswegen ist es kein Buch über Wirtschaft geworden, sondern eines über Unternehmerinnen und Unternehmer. Deswegen ist ›Jenseits von Europa‹, was es ist: eine Sammlung von Porträts. Wir haben es uns einfacher gemacht – und hoffentlich auch Ihnen.

Hunter S. Thompson, ein US-Journalist, schrieb 1963 eine

Reportage mit dem Titel: »Warum dem Gringo südlich der Grenze so häufig der Wind ins Gesicht bläst«. Es ging um die antiwestliche Stimmung in Südamerika. Ein großes Thema. Thompson hätte Seiten mit politischen Analysen füllen können. Stattdessen konzentrierte er sich auf einen Mann mit einem Golfschläger, einen Briten, der von einer Dachterrasse aus, in einer kolumbianischen Stadt, Golfball auf Golfball in die Armenviertel schlug. 60 Jahre später begeistert uns diese Story noch immer. Sie ist uns hängen geblieben. Sie lieferte eine so einfache Antwort auf eine so komplexe Frage. Warum gab es so viele antiwestliche und vor allem anti-US-amerikanische Ressentiments in Südamerika? Weil sich viele Westler dort wie Schweine benahmen. Manchmal erklärt ein einzelner Mann mit Golfschläger mehr als 20 Seiten Essay.

Auch diese Erkenntnis hat uns inspiriert, dieses Buch zu schreiben. Nach diesen Geschichten haben wir gesucht. Wir haben uns ferngehalten von Experten, Symposien, offiziellen Empfängen. Stattdessen haben wir mit Machern gesprochen, mit Menschen, deren persönliche Geschichten so häufig stellvertretend stehen für ein ganzes Land. Um sie geht es in diesem Buch: Einzelpersonen, Gründerinnen und Gründer, ihre Visionen, ihre Erfolge und Misserfolge, ihre Firmen.

Es gibt viele Gründe, warum Unternehmerinnen und Unternehmer in Afrika so spannend sind wie kaum irgendwo sonst auf der Welt. Weil hier die Mittelklasse rasant wächst, in den letzten 30 Jahren hat sie sich verdreifacht – auf 330 Millionen potenzielle Kunden. Weil die Konsumausgaben in Afrika steigen, jedes Jahr um fast 4 Prozent. Weil der Kontinent der letzte fast unberührte Markt der Welt ist. Weil hier Branchen wachsen, die woanders stagnieren. Weil immer mehr Menschen in die Städte ziehen. Millionen wollen wohnen, essen, unterhalten werden, wollen Laptops, Kleider, Kunst, wollen kaufen, kaufen, kaufen, viele zum ersten Mal.

Aber der wichtigste Grund, weshalb Unternehmertum in Afrika so spannend ist, ist ein anderer.

Unternehmer tragen hier häufig eine besondere Verantwortung. Ihr Kontinent könnte ein Start-up-Paradies sein. Es gibt immer wieder Schlagzeilen, die das suggerieren. Tenor: Wo es viele Probleme gibt, ist auch die Nachfrage nach Lösungen groß. Aber noch ist es nicht so weit. Denn wo es viele Probleme gibt, gibt es vor allem: viele Probleme. Woanders wäre dafür der Staat zuständig. Die Regierung würde Infrastruktur schaffen, das Bildungssystem verbessern, die Telekommunikation ankurbeln. Aber in vielen Ländern Afrikas funktioniert das nur teilweise. Unternehmerinnen und Unternehmer tragen deswegen eine Verantwortung, die über ihr Business hinausreicht. Sie müssen auch die Voraussetzungen schaffen, unter denen ihre Firmen existieren können. Julian Omalla baut in Uganda nicht nur Mangos an, sondern lässt Dutzende Kilometer Straße in den Busch schlagen, um sie zu transportieren (S. 155). Samrawit Fikru revolutioniert in Äthiopien das Verkehrssystem einer ganzen Stadt (S. 259). Divine Ndhlukulas Security-Unternehmen wurde, als die Hyperinflation über Simbabwe kam, zum Sicherheitsnetz für Tausende Angestellte (S. 19). Diese Verantwortung macht Gründerinnen und Gründer in Afrika zu Allroundern, die besonders improvisationsfähig sind – und besonders resilient. »If you can make it here, you can make it anywhere.« Das sagte uns Uche Ogboi, eine CEO aus Lagos, Nigeria, am Ende eines langen, heißen Tages (S. 175). Fünf Minuten später fiel in ihrem Büro der Strom aus.

Alle, um die es in diesem Buch geht, wollen Geld verdienen. Selbstverständlich. Dafür haben sie gegründet. Sie sind Unternehmer. Sie wollen wachsen, wollen Erfolg. Aber das ist nicht alles. Sie alle sind auf ihre Weise patriotisch. Sie verfolgen eine Mission, die über ihr Produkt hinausgeht. Sie wollen beweisen, dass ihr Kontinent sich verändert, dass sie keine Underdogs sind, dass sie es besser können. Als die eigenen, häufig korrupten, Politiker; als die Konkurrenz von außen, aus dem Westen, aus China; als die vielen NGOs und NPOs, die seit Jahrzehnten in ihren Ländern aktiv sind.

William Tewiah konkurriert in Ghana mit Shell und Total. Er will zeigen, dass ein Afrikaner in diesem Geschäft besser sein kann als die Europäer (S. 75). Sarah Diouf stellt im Senegal nicht irgendeine Mode her, sondern ein Stück Schwarzer Identität für Frauen überall auf der Welt (S. 93). Temie Giwa-Tubosun gelingt mit ihrem Blutlieferdienst in Nigeria etwas, woran Regierung und Hilfsorganisationen seit Jahrzehnten scheitern: Sie hat kritische Infrastruktur neu gedacht und verbessert (S. 61). Sie alle schaffen etwas Außergewöhnliches, das über Afrika hinaus bedeutsam ist: Sie zeigen, was Unternehmertum im besten Fall sein kann.

Als wir angefangen haben, über Afrika zu berichten, waren wir keine Wirtschaftsjournalisten. Das Thema war uns zwar nicht fremd. Sophia hatte als Managerin bei Burda gearbeitet, und auch Paul las regelmäßig die *Financial Times*, zumindest quer. Aber das Narrativ des Unternehmers, des verantwortungsvollen Mittelständlers als Stütze der Gesellschaft, das war für uns vor allem eins: gestrig. Wirtschaft, das war nicht die Lösung, sondern Teil des Problems, etwas, das die Politik endlich in den Griff bekommen musste. Wirtschaft, das waren die Elons, Jeffs und Zuckerbergs dieser Welt oder der Skandal auf Skandal ausbrütende VW-Vorstand. Afrika hat uns an etwas erinnert, das wir lange vergessen hatten: Unternehmertum kann helfen, kann Dinge besser machen. Und auch der Typus des anständigen Unternehmers ist noch nicht tot, auch wenn er es im Westen nicht mehr so häufig in die Schlagzeilen schafft. Natürlich ist auch er ein Klischee, aber eines, das in Europa wohl kaum jemand mit Afrika verbindet. Dabei gibt es auf diesem Kontinent so viele von ihnen, Gründerinnen und Gründer, die beweisen, dass der Erfolg einzelner das Leben vieler verbessern kann, dass Geld verdienen sich lohnt – nicht nur für einen selbst.

Also, warum Afrika? Um es kurz zu machen: Weil alles andere idiotisch wäre, nicht kurzsichtig, sondern blind. Oder, noch simpler, frei nach Hunter S. Thompsons Golfspieler: Warum sollte uns Afrika interessieren? Weil dort interessante Menschen leben.

Wir sollten sie kennenlernen.

+++ Frauen unter Waffen +++ Die Queen of Security +++ Wo sind all die Scheine geblieben? +++ Auch die Mittelklasse will beschützt werden +++ Klau, Klau, Klau +++ Der neue Chef: das Krokodil +++ 4000 uniformierte Arbeitsplätze +++ Als ein Land lieber einen Mann verlieren sah, als eine Frau gewinnen zu lassen +++ Wer zuletzt lacht +++

SIMBABWE:
Divine Ndhlukula | Securico

I AM DIVINE

»HI, I AM DIVINE«, sagt Divine und rauscht aus dem Raum. Wir springen auf und rennen ihr hinterher. Rechts und links federn Mitarbeiter aus Bürostühlen, nehmen Haltung an. Die Chefin marschiert durch ihre Firma wie ein Drill-Sergeant in rosa Strickjacke. »Klack, klack, klack« machen ihre Absätze auf dem Beton. Kameras kleben an Wänden, draußen brummt ein Elektrozaun. Lastwagen fahren vor, mit bewaffneten Männern und Kisten voller Geld. Divine läuft an ihnen vorbei, uns im Schlepptau. Sie zeigt auf eine Halle, »da werden Scheine gezählt«, auf niedrige Baracken, »da lagern Gewehre«, auf eine Reihe Garagen, »da parken gepanzerte Jeeps«. Ein Mann steht stramm, als er sie kommen sieht. Er trägt die Firmen-Uniform, grün mit weißem Schriftzug auf der Brust: Securico. Er salutiert. »Wir sind keine paramilitärische Organisation«, sagt Divine, »aber ein bisschen Disziplin muss sein, sonst funktioniert hier nichts.« Wir stimmen zu. Zwar sind wir erst seit zwei Tagen hier, aber bisher hatten wir den Eindruck: In Simbabwe funktioniert tatsächlich sehr wenig.

Wir waren an einem Sonntag in Harare gelandet. Der Flughafen war öd und leer. Am Visa-Schalter gab es keine Schlange, der Strom fiel aus, der Grenzer war müde. »Nur Bargeld«, sagte der Mann zu uns, und wir gaben ihm unsere letzten Dollar. Ein Fehler. In der Ankunftshalle verstaubte ein ausgestopfter Löwe in einem Glaskasten. Ein Pappaufsteller machte Werbung für den Nationalpark Victoria Falls. Niemand schien zu arbeiten. Die Geschäfte waren geschlossen, es gab keine SIM-Karten für unsere Handys und kein Taxi vor dem Ausgang. Aber vor allem gab es: kein Geld. Alle sechs Cash-Automaten im Flughafen waren außer Betrieb. FCB Bank, CBZ Banking und ZB Cash – nutzlose Kisten, blinde Displays. Hilflos irrten wir durch die Halle und schimpften, bis uns eine Stewardess half. »Ich kenne einen Taxifahrer«, sagte sie. »Er fährt euch auf Pump. Er ist das gewohnt.« Eine halbe Stunde später hielt ein schwarzer Toyota vor dem Terminal. Der Fahrer war ein sanfter Typ. Er hörte sich unsere Geschichte an. Dann lächelte er traurig und sagte: »Welcome to Zimbabwe.«

Auf dem Weg zum Hotel erzählten wir ihm von unserem Buch, von dem bevorstehenden Treffen mit Divine. »Ach, Doktor Ndhlukula von Securico«, sagte er. »Wir nennen sie nur: Queen of Security.« Schweigend fuhren wir weiter durch eine Stadt, die wie ausgestorben in der Nachmittagshitze lag, trotz der eineinhalb Millionen Menschen, die dort leben. Die Straßen waren staubig, breit und leer. Spirrelige Bäume warfen fransige Schatten. Und auch unser Hotel war, wie vieles in Simbabwe, in die Jahre gekommen: ein großer Bau aus Kolonialzeiten mit Säulengängen, holzvertäfelten Decken, einem Garten mit Steinskulpturen und runden Tischchen im Innenhof. Früher wurden hier sicherlich steile Partys gefeiert, von der Tropenhut-tragenden Verbrecher-Elite der Kolonien, aber jetzt waren wir die einzigen Gäste. »Wollen Sie wirklich hier schlafen?«, fragte der Mann an der Rezeption. »Wir haben keinen Strom, und das Bier ist warm. Ich möchte mich dafür entschuldigen.« Natürlich blieben wir. Abends saßen wir verloren auf der Terrasse, inmitten verblichener Größe. Es wurde dunkel. Wir hatten immer noch keine SIM-Karten fürs Handy, kein Internet und vor allem: kein Geld. Das Taxi, das Hotel, das warme Bier – alles lief auf Pump.

Geld. Darum geht es in dieser Geschichte. Knete, Schotter,

Cash. Daran scheitert Simbabwe schon immer. Früher war noch Geld da, aber es war unfair verteilt. Simbabwe war Rhodesien und beherrscht von einer weißen Minderheit. Die Weißen hatten Geld. Die Schwarzen eher nicht. Das konnte nicht funktionieren. Erst kam der Bürgerkrieg, dann das Jahr 1980: Aus Rhodesien wurde Simbabwe und Robert Mugabe erst Ministerpräsident, dann Präsident. Das Land feierte ihn, mehr noch, die ganze Welt. Richard von Weizsäcker nannte ihn »einen klugen, besonnenen Politiker«. Aber das war er dann doch nicht. Mugabe wurde vom Befreier zum Despoten, zu einem der größten Kleptokraten Afrikas. Seine Clique beklaute das Land und die Bevölkerung. Seine Frau, Grace Mugabe, genannt Gucci Grace, verprasste Millionen für Handtaschen, Hummer, Hotels, ein Milliardärs-Leben in Pariser Boutiquen und auf Jachten in der Südsee. Mugabe und seine Kumpane stahlen und stahlen, bis kein Geld mehr da war. Dann druckte die Regierung es nach – in den 2000er-Jahren rutschte Simbabwe in eine Hyperinflation. Geld war nichts mehr wert, war nur noch buntes Papier. 2008 betrug die Inflation irgendwann 80 Milliarden Prozent – jeden Monat. Milliarden-Dollar-Noten wurden gedruckt. Ein Laib Brot kostete 500 Millionen. 2009 stampfte die Regierung die einheimische Währung deswegen ein und machte den US-Dollar zum Hauptzahlungsmittel im Land. Robert Mugabe ist seit ein paar Jahren tot. Simbabwe hat einen neuen Präsidenten und eine neue Währung, aber schon wieder die alten Probleme mit Geld. 2020 betrug die jährliche Inflation über 700 Prozent.

Geld also. Darum geht es noch immer in Simbabwe – auch in der Geschichte von Divine Ndhlukula, der »Queen of Security«: um die Gier, die es weckt, bei denen, die es nicht haben; um die Angst derer, die es besitzen.

Nach unserer ersten Nacht in Harare holte der Taxifahrer

uns morgens ab. Wir stiegen in seinen Toyota und machten uns auf die Suche nach Cash. Harare wirkte jetzt weniger ausgestorben, aber immer noch leer, eine seltsam dezentrale Stadt, nicht in die Höhe, sondern in die Fläche gebaut, ein Netz schnurgerader Straßen und ausgeblichener Mauern. Harare ist anders als die meisten Städte in Subsahara-Afrika. Das Klima ist nicht tropisch, sondern trocken, tagsüber heiß, nachts kalt. Es fehlen das typische Gewusel, das Gedränge, die Bananenstauden. Stattdessen wachsen feingliedrige Jacaranda-Bäume am Straßenrand, die fliederlila blühen, und die meisten Menschen sind freundlich und still. Harare fühlt sich an wie ein Tag im Spätsommer, als würde etwas zu Ende gehen. Stundenlang fuhren wir durch diese Stadt auf der Suche nach Geld. Wir probierten es an zehn Automaten. Aber alle waren tot oder leer oder die Schlangen davor so lang, dass das Warten nicht lohnte. Dann, gegen Mittag, fanden wir eine Maschine, die gerade gefüllt wurde. Männer fütterten den Automaten mit Kassetten voller Cash. Sie trugen grüne Uniformen und einen weißen Schriftzug auf der Brust: Securico. Und endlich konnten wir abheben: US-Dollar – was sonst –, die wir später umtauschten in die lokale Währung, zu einem schrägen Wechselkurs, bei einem dünnen, nervösen Typen auf einem Parkplatz hinter einer Tankstelle. Abends, zurück im Hotel, gab es noch immer keinen Strom, aber immerhin waren wir flüssig. Wir hatten einen ganzen Rucksack voll Geld: zwei Kilo ledriger, bunter Scheine in ziegeldicken Bündeln.

Am Morgen darauf sitzen wir in Divines Büro, und die Queen of Security lacht uns aus. Den Rundgang über das Firmengelände haben wir absolviert, die gepanzerten Jeeps gesehen, die Baracken, die Tresore. Jetzt sitzen wir an Divines Schreibtisch – und sie kann kaum aufhören zu lachen. Sie kann hart sein und streng, und häufig musste sie das auch sein. Aber über uns lacht sie hemmungslos und begeistert, mit Tränen in den Augen. Diese Europäer! Das kann sie kaum fassen. Kommen nach Simbabwe und wollen Geld abheben. Wie herrlich! Und wechseln es dann in die lokale Währung. Idioten, unglaublich! Divine Ndhlukula ist Anfang 60, eine kleine Frau, knapp 1,60 groß. Sie trägt eine lila-getönte Brille und eine rosafarbene Strickjacke. Wenn sie gut gelaunt ist und sich amüsiert – über Europäer auf der Suche nach Geld, über die Idiotie von Männern im Allgemeinen und der Regierung Simbabwes im Besonderen –, könnte man sie für eine freundliche, etwas schadenfrohe Großmutter halten. Aber eben: für eine Großmutter mit dem Befehl über 4000 Männer und Frauen unter Waffen.

Ihre Firma Securico ist eines der größten Sicherheitsunternehmen Simbabwes. Ihr Produkt nennt Divine: »360 Grad Sicherheitsdienstleistungen«. Im Klartext heißt das: Securico macht alles, was irgendwie mit Sicherheit zu tun hat. Das Unternehmen stellt bewaffnetes Wachpersonal für die Industrie, für Firmenzentralen, Botschaften und NGOs, für Privatleute. Gleichzeitig verkauft und installiert es Sicherheitssysteme, also Überwachungskameras, Stacheldraht- und Elektrozäune, Alarmanlagen, Stahltore und – weil so häufig der Strom ausfällt – auch Solaranlagen, um das Ganze zu betreiben. Securico trainiert Wachhunde. Securico transportiert Wertgegenstände. Securico hat eine schnelle Eingreiftruppe, die in Jeeps angerast kommt, wenn irgendwo ein Alarm losschrillt. Aber das vielleicht wichtigste Produkt der Firma ist ein anderes: »End to End Cash Management«. Darin ist Securico Marktführer in Simbabwe. Divines Unternehmen bewegt, verwaltet, verteilt Bargeld. Es sammelt die Scheine bei seinen Kunden ein, zählt und sortiert sie, lagert das Geld und zahlt es aus. Das macht Securico für große Unternehmen und Stiftungen, die Mitarbeiter und Projekte bezahlen müssen, und ihre Umsätze nicht in Simbabwes wackeligen Geldinstituten anlegen wollen, aber auch für die Banken selbst. Von den 16 größten Banken des Landes gehören elf zu Divines Kunden. Jeden Tag bewegt Securico tonnenweise Bargeld für sie. Und das nicht nur in Harare, sondern im ganzen Land. Dieses Geschäft hat Divine zu einer der erfolgreichsten Unternehmerinnen Simbabwes gemacht und vor allem: zur berühmtesten.

Um die Queen of Security gibt es einen Hype wie um einen Popstar. Googelt man ›Divine Ndhlukula‹, schlägt die Suchmaschine als Erstes vor: ›Divine Ndhlukula Privatvermögen‹. Alle wollen wissen, wie viel Geld die Frau gemacht hat, deren Firma so viel davon bewegt. Und die Schätzungen gehen weit auseinander. 2 Millionen US-Dollar, schreibt eine Website. 800 Millionen, schreibt eine andere. Und ein Online-Klatschblatt aus Simbabwe: fast 2 Milliarden. Divine lacht. Alles Unsinn, sagt sie. Aber die Spekulationen zeigen: Securicos CEO ist berühmt. Journalisten aus der ganzen Welt haben über sie berichtet, die BBC, *Forbes*, der *Economist*. Und überall in Afrika sagen uns Unternehmerinnen, Divine sei ihr Vorbild. Aber am größten ist ihr Ruhm in Simbabwe selbst. »Sie ist die Einzige hier, die sauber ist«, sagt uns eine Freundin. Und eine Taxifahrerin: »Sie hat das Land verändert.« In Harare spricht man über Divine mit großen Augen wie über eine Legende: Sie sei eine integre Geschäftsfrau in einem durch und durch korrupten Land; eine Unternehmerin, die reich geworden sei trotz wirtschaftlichen Niedergangs; eine Millionärin, die zuerst an ihre Angestellten denke. Fest steht, Divine Ndhlukula ist das, was viele Simbabwer an ihrer Heimat vermissen: über Jahrzehnte hinweg erfolgreich. Sie selbst sagt: »Ich bin ein Vorbild. Ich war schon immer so.«

Divine Ndhlukula wurde 1960 geboren, in Gutu, heute eine Kleinstadt, damals ein größeres Dorf. Sie hatte einen

Zwillingsbruder, nur Stunden älter als sie, und sechs kleine Geschwister. Sie waren ein Kinderschwarm, machten alles zusammen: spielen, lernen – und arbeiten. Divines Vater war ein wohlhabender Mann, so wohlhabend eben, wie man als Schwarzer in Rhodesien sein konnte. Er betrieb eine Farm und in Gutu zwei Shops, Gemischtwarenläden für Alltagsbedarf. Dort half Divine mit, seit ihrem vierten Lebensjahr. Morgens um fünf, bevor es hell wurde, war sie schon wach, stapelte Plastikwaren in Pastellfarben und glänzende Süßigkeiten, sortierte Streichhölzer, Waschmittel, Batterien, legte Mangos aus, Eier, Milch, Ananas, das ganze Haben-Wollen und Haben-Sollen der Dorfgemeinschaft. Und abends, wenn die Sonne über Gutu unterging, machte sie weiter. Neonröhren flammten auf, der Shop wurde zur Bar. Divine wusch ab, räumte auf, servierte kaltes Bier in großen braunen Flaschen bis spät in die Nacht. »Ich habe früh gelernt zu arbeiten«, sagt sie. Das war ihr ganzer Kosmos. Das und natürlich: die Schule. Denn wenn sie nicht arbeitete, lernte Divine. Sie war schon als Kind gnadenlos fleißig. Sie hatte schon damals große Pläne.

Divine kam in einer britischen Kolonie zur Welt. Ihre Kindheit erlebte sie im weißen Rhodesien, ihre Teenagerjahre im Bürgerkrieg um die Freiheit Simbabwes. Ihr Vater war Nationalist, ein Anhänger Mugabes. »Wenn er heute noch leben würde«, sagt Divine, »wäre er verzweifelt angesichts dessen, was aus seinem Land geworden ist.« Aber damals, in den 70ern, war Simbabwes Niedergang weit weg und Robert Mugabe ein Freiheitskämpfer. Divines Vater ging auf Demonstrationen, hielt Reden, wurde verhaftet. Abends sprach er mit seiner Tochter über Politik. Sie war sein Lieblingskind, dieses schlaue Mädchen, das er »Divine« genannt hatte, »göttlich«. Jeden Tag brachte er Kampfschriften nach Hause, Zeitungen, Pamphlete – und seine Tochter las sie alle. »Ich war schon immer politisch«, sagt sie. »Hätte ich Präsidentin werden wollen, hätte ich das sicher auch gekonnt.« Ende der 70er-Jahre spitzte sich der Bürgerkrieg zu. In Gutu, auf dem Land, wurde es immer gefährlicher. Und Divines Vater zog mit seiner Frau und seinen acht Kindern nach Harare. Dort ging Divine zur Universität. Es war 1980. Simbabwe war gerade geboren worden. Und Divine Ndhlukula studierte nicht Politik oder Recht oder Geschichte. Sie studierte Buchhaltung. »Egal, wie gut die Idee ist«, sagt sie, »über den Erfolg entscheiden am Ende die Zahlen.«

Heute, mehr als 40 Jahre später, sitzt Divine in ihrem Büro, inmitten von Urkunden und Auszeichnungen und lehnt sich zurück. Die Zahlen sehen gut aus, sehr gut sogar. 4200 Menschen arbeiten inzwischen für Securico, die meisten von ihnen im Wachdienst. Viele von Divines Kunden sind große Unternehmen, die Industrieanlagen betreiben oder Minen im Landesinneren. Für sie organisiert Securico die gesamte Sicherheitsstruktur. 2021 machte die Firma mehr als 20 Millionen US-Dollar Jahresumsatz. 70 Prozent davon mit Wachdiensten, den Rest mit der Installation von Sicherheitssystemen und dem Transport von Geld. Wie viel Gewinn Divine verbucht, will sie nicht sagen. Nur so viel: Was sie gewinnt, behält sie selbst. Securico hat keine Investoren, Divine keine Teilhaber. Ihr Unternehmen gehört ihr zu 100 Prozent, und es wächst jedes Jahr. »Je unsicherer die Wirtschaft, je wackeliger die Währung«, sagt Divine, »desto weniger vertrauen Menschen den Banken und dem Staat.« Desto wichtiger werden Bargeld-Reserven in Dollar, Euro, Pfund. Die wiederum müssen gesichert werden, transportiert, bewacht. Denn wo viel Geld rumliegt, wird viel Geld gestohlen. In Simbabwe steigt die Zahl bewaffneter Überfälle. Die Kriminalität nimmt zu. Es profitieren: die Sicherheitsunternehmen.

Die meisten Deutschen denken bei diesem Wort vermutlich an den traurigen Kerl, der nachts im leeren Foyer der Firmenzentrale Handyspiele spielt oder Personenschützer für Promis. Sicherheitsunternehmen sind nicht Teil unseres Alltags. Mehr noch: Sie haben den Ruch des Militärischen, wirken irgendwie unfein. In Deutschland hat man vielleicht eine kleine Alarmanlage oder eine Kamera an der Garage. Aber Stacheldraht oder Elektrozaun – das sind Pfui-Wörter. Das erinnert an Grenze, Gewalt, Unfreiheit, DDR. Aber in vielen afrikanischen Ländern ist das Gegenteil der Fall. Wo Armut herrscht, herrscht auch Kriminalität. Wo die Mittelschicht wächst und der Reichtum, wächst auch der Wunsch, ihn zu beschützen. Hier bedeutet Sicherheitsinfrastruktur: Freiheit, Freiheit von Angst. Auf dem Kontinent sind Stacheldraht und bewaffnete Wächter völlig normal. Nicht nur die ganz Reichen sehnen sich nach Sicherheit, auch die Mittelschicht möchte beschützt werden. Für alle außer den Armen spielt ein Großteil des Lebens hinter Mauern: Gärten, Bars, Restaurants – sind praktisch immer in Innenhöfen. Deswegen ist Sicherheit eine Riesen-Industrie, die mit der Wirtschaft des Kontinents weiter wachsen wird. Wie groß sie in Simbabwe bereits ist, lässt sich nur schwer beziffern. Dafür ist das Land zu klein und zu korrupt, die Statistiken sind zu schlecht. Aber im Nachbarland sieht man bereits, wohin sie sich entwickeln könnte. Südafrika hat den viertgrößten Security-Sektor der Welt. 8 Milliarden US-Dollar setzt die Branche dort im Jahr um. Sie beschäftigt 300.000 Mitarbeiter. Auf jeden Polizisten kommen in Südafrika deswegen mehr als zwei private Wachmänner. Das kann ein Problem sein. Das ist es auch schon. Denn nur, weil das Bedürfnis nach Sicherheit groß ist, wird es nicht automatisch professionell befriedigt. Auch in Afrika ist Security häufig ein Schmuddelgeschäft, ein Sektor für zwielichtige Typen, für Ex-Militärs und Trinker, für Männer, die woanders keine Chance hatten. So war das auch in Simbabwe, jahrzehntelang. Dann kam Divine mit Securico.

Es ist seltsam, das über einen Ort zu sagen, voller Uniformen und Menschen mit Waffen, aber in Divines Hauptquartier ist es außerordentlich nett. Die Gebäude sind im blassen Grün der Firma gestrichen. Zwischen den Hallen gibt es Blumenbeete und Schotterwege. Alles sehr sauber, alles sehr ordentlich. Wenn abends die Sonne untergeht, flutet das Weichzeichnerlicht des südlichen Afrikas das ganze Gelände. Dutzende Trucks stehen auf dem warmen Asphalt. Und die Besatzungen der Wagen, Hunderte Männer und Frauen, hocken daneben, essen aus Styroporschachteln, unterhalten sich. Alle sind freundlich, zuvorkommend, beflissen. Und uns wird klar: Das ist ein Teil von Securicos USP. In kaum einer Branche ist es so wichtig, dass die Auftraggeber sich wohlfühlen. Niemandem muss man mehr vertrauen als dem Mann mit Gewehr, der aufs Geld aufpasst. Securico war das erste Sicherheitsunternehmen aus Simbabwe, das mit einer ISO-Norm zertifiziert wurde. (Inzwischen sind es drei.) Und es ist noch immer das einzige im Land, das bei Management, Gesundheit, Umwelt und Sicherheit allen internationalen Standards entspricht. Deswegen sind die meisten ausländischen Firmen, die in Simbabwe eine Niederlassung betreiben, Divines Kunden – und fast alle Botschaften, Konsulate und internationalen Vertretungen. Sie alle glauben an Securicos Versprechen: »Committed to Quality und Excellence«. Sie alle vertrauen Divine, einer Frau, die erst mit 40 ihre Firma gründete, die zu Beginn völlig fachfremd war, die nur durch Zufall zum Security-Business kam – und durch eine familiäre Katastrophe.

Nach ihrem Studium in Harare hatte Divine ihr Leben im Griff. Zumindest dachte sie das. Sie war Mitte 20. Sie hatte

geheiratet – einen Ingenieur, der sie liebte. Sie besaß ein eigenes Haus mit Garten und arbeitete als Buchhalterin bei Old
Mutual, einem panafrikanischen Banken- und Versicherungs-
konzern. Dann starb ihr Vater. Divine spricht ungern darüber,
noch immer. Sie stockt, zögert, schiebt die lila Brille auf der
Nase auf und ab. Sie redet lieber übers Geschäft, das kann
sie: Umsätze, Margen, Mitarbeiter. Über ihr Privatleben hält
sie sich bedeckt. Sie ist eine Perfektionistin. Sie mag Geschichten, die so geradlinig sind wie Harares Straßen. Aber
ihre Biografie war das nicht immer. Divine atmet durch, sortiert die Vergangenheit und sagt schließlich: »Mein Bruder
war ein Versager.« Fünf bittere Worte, auch jetzt noch. Die
Geschichte mit ihrem Bruder ist der Tiefpunkt ihrer Erfolgs-
story. Es ist eine Geschichte über ein doppeltes Versagen:
über einen Menschen, der scheiterte, und über ein System,
das lieber einen Mann verlieren sah, als eine Frau gewinnen
zu lassen.

»Simbabwe war lange ein Land, in dem Männer alles bekamen«, sagt Divine. Wenn jemand starb, erbte der älteste
Sohn. So war das auch bei ihrer Familie. Als ihr Vater starb,
ging seine Farm, sein Haus in Harare, seine Geschäfte, ging
alles: an Divines Zwillingsbruder. Ihre Mutter lebte noch.
Aber das spielte keine Rolle. Der Bruder erbte, was seine
Eltern aufgebaut hatten – und fuhr es in wenigen Jahren
gegen die Wand. Er war ein wütender Mensch. »Selbstsüch-
tig«, sagt Divine. Er trieb die Geschäfte in den Ruin, ließ die
Farm verkommen, verlor das Haus, machte Schulden. Er ließ
sich nicht helfen, schon gar nicht von seiner immer so flei-
ßigen Schwester. Er trank. Er spielte. Er setzte seine Mutter
auf die Straße und all seine Geschwister. Und wohin gingen
sie? Zu Divine. Sie war erst Mitte 20, aber jetzt die Chefin
einer großen Familie. Auf Dauer, das war ihr klar, ließ sich
diese Verantwortung mit dem Salär aus dem Buchhalter-

innen-Job alleine nicht stemmen. Deswegen setzte Divine alles auf eine Karte. Sie nahm eine Hypothek auf ihr Haus auf, verkaufte den Großteil ihres Besitzes, sammelte an Geld, was sie und ihr Mann hatten, und kaufte ihrem Bruder das Letzte ab, was er noch besaß: die Farm seines Vaters. Sie kündigte ihre Stelle bei Old Mutual. »Bist du dir sicher?«, fragte ihr Chef. Und Divine sagte: »Ich bin jetzt Farmerin.« Sie heuerte Männer an, kaufte Traktoren, ließ Mais aussäen. Es war das Jahr 1984. Es kam: eine der schlimmsten Dürren der letzten Jahrzehnte. Nichts wuchs mehr in Simbabwe. Die Wirtschaft brach ein, um mehrere Prozent. Divines Farm war tot. »Mir blieb nichts anderes übrig, als um meinen alten Job zu betteln«, sagt sie. Sie hatte Glück. Die Versicherung nahm sie zurück. Und Divine fing von vorne an.

»In einem Land wie Simbabwe darf man nie nur ein Geschäft haben«, sagt sie heute. Das habe sie damals gelernt. Und sie hat sich daran gehalten. 15 Jahre lang arbeitete sie weiter bei Old Mutual – aber nie nur dort. In ihren Mittagspausen raste sie an den Stadtrand, kaufte günstige Kleider beim Großhändler, fuhr zurück und vertickte sie aus dem Kofferraum an ihre Kollegen. Dann fing sie an, selbst zu produzieren, stellte eine ihrer Schwestern ein, ließ sie die Klamotten designen. Divine gründete ein Catering-Unternehmen für Firmenkantinen, auch das übergab sie ihren Geschwistern. Sie kaufte einen LKW und wenn sie ihn nicht nutzte, vermietete sie ihn tageweise an Umzugs- und Bauunternehmen. Und nebenbei betrieb sie weiter ihre Farm. Nachdem der Mais vertrocknet war, kaufte sie Hühner und Rinder. Heute ist die Queen of Security im Nebengeschäft eine der größten Viehzüchterinnen Simbabwes. Bei Old Mutual wurde Divine weiter befördert. Sie reiste ins Ausland, nach Südafrika und Ägypten, in Hotels und Firmenzentralen, an Orte also mit hohen Mauern, Elektrozäunen und Sicherheitsmännern.

Im direkten Vergleich stellte sie fest: Simbabwes Security-Leute waren schlechter ausgebildet, unprofessioneller, korrupter. Und die Kleiderverkäuferin-Versicherungsbuchhalterin-Farmerin-Cateringchefin-Lastwagenvermieterin Divine Ndhlukula dachte: Das kann ich besser. »Bist du dir wirklich sicher?«, fragte ihr Chef, als sie 1999 wieder kündigte. »Du erinnerst dich an die Farm?« Und Divine sagte: »Diesmal schon.«

Wir sprechen mit ihr in ihrem Büro – und immer wieder huschen Sekretärinnen in den Raum, fächern Dokumente vor ihr aus, bringen Handys und Laptops. Wir gehen mit ihr über das Firmengelände – und im Minutentakt rumpeln LKW durch das Sicherheitstor. Alles brummt, vibriert, steht stramm. Alleine in Securicos Hauptquartier arbeiten mehr als 300 Menschen, 100 von ihnen im Management, 200 in den Hallen, wo Scheine durch Zählmaschinen rattern und Münzen gewogen werden. Divines Unternehmen ist wie im Zeitraffer gewachsen. Im Jahr 2000 bestand es aus drei Mitarbeitern, die sich in Divines Hinterhof trafen: zwei junge Sicherheitsleute, ein Mann und eine Frau, und Divines Schwager, der beim Militär gewesen war. Fünf Jahre später arbeiteten schon mehr als 500 Menschen für Securico. 2010 waren es über 3000. Heute ist Divines Unternehmen einer der großen Arbeitgeber in Harare, einer Stadt, in der es fast immer zu wenig Arbeit gab.

In den letzten 20 Jahren ist Divine mit Preisen und Auszeichnungen überhäuft worden, nationalen und internationalen. Sie drängen sich in einem Regal in ihrem Büro wie die Pokale eines erfolgreichen Fußballclubs. Es gibt Bilder von ihr mit Präsidenten, Botschaftern, Monarchen. Es gibt ein Foto von ihr und Richard Branson. (»Cooler Typ«, sagt Divine.) Es gibt Urkunden, Statuen, Figuren, Bestätigung in Metall, Holz, Glas. Divine war »Manager of the year« und

»one of the most influential business people in Zimbabwe«, Gewinnerin des »EY World Entrepreneur Awards« und laut *Forbes* eine der »most successful Women in Africa«. Und genau darum geht es bei mindestens der Hälfte der Preise: Divine Ndhlukula ist eine Frau. 2006 gewann sie eine Auszeichnung mit dem Namen »Celebrate a Sister Award«; 2014 erklärte die Welthandels- und Entwicklungskonferenz der UN sie zu einer der »Top Ten Global Women in Business«. Divine ist reich geworden in einem Land, in dem sie noch nicht einmal das Haus ihrer Eltern erben durfte. Sie hat ein Unternehmen aufgebaut, in einem Sektor, der von Männern dominiert wird. Sie bewirbt ihr Unternehmen mit dem Slogan: »100 % Zimbabwean, 100 % Women Owned«. »Worauf bist du stolz?«, fragen wir sie vor dem Pokal-Regal. Divine sagt: »Auf das, was ich für Frauen getan habe.«

Simbabwe ist nicht Somalia oder Afghanistan, nicht weltweit berüchtigt für die Unterdrückung und Misshandlung von Frauen, aber von echter Gleichberechtigung ist das Land weit entfernt. Auf dem Papier ist es zwar im 21. Jahrhundert angekommen – Frauen dürfen inzwischen erben und besitzen. Aber im realen Leben sieht es anders aus. Frauen gehört in Simbabwe noch immer weniger Land als Männern. Sie verdienen weniger Geld, sind schlechter ausgebildet und versorgt, sind in Wirtschaft und Politik massiv unterrepräsentiert. Und auf dem Land, in den Dörfern, abseits der Hauptstadt, der UN-Statistiken, der Aufmerksamkeit, herrschen zum Teil noch die Grausamkeiten alter, dunkler Zeiten: Kinderehen, Genitalverstümmlung. Frauen betreiben Märkte, schleppen Wasser, bestellen Felder. Es ist wie in vielen Ländern Afrikas: Sie machen den Großteil der Arbeit – und werden dennoch unterdrückt. Securicos Erfolg ist allein deswegen schon ein Zeichen. Aber Divines Verdienst ist mehr, als nur als Frau eine erfolgreiche Firma gegründet zu haben. Sie hat Unternehmerinnen unterstützt, in Gründerinnen investiert. Sie hat eine Handelskammer für Frauen ins Leben gerufen, die inzwischen größer ist als das Männer-Original. Vor allem stellt sie selbst so viele Frauen ein wie möglich, steckt sie in Uniformen, bewaffnet sie.

Von Anfang an waren sie Teil von Securicos Truppe. Nicht nur im Hauptquartier oder an den Geldzählmaschinen, sondern im Wachdienst, mit dem Schlagstock am Gürtel und der Taschenlampe in der Hand. »Frauen sind weniger korrupt als Männer«, sagt Divine, »weniger kriminell, weniger brutal.« Frauen in Uniform – das war ihre Antwort auf die Probleme der Sicherheitsindustrie. Und es war von Anfang an ein Erfolg. Securicos erster internationaler Kunde war eine der größten Firmen der Welt: Unilever. Die Briten hatten in Harare eine Niederlassung, Lagerhallen, Waren für Millionensummen. Aber vor allem hatten sie ein Problem: Es wurde zu viel geklaut. Der Sicherheitsdienst war korrupt. Die Mitarbeiter stahlen. Ganze Wagenladungen verschwanden, jede Woche. Dann schickte Divine 50 Sicherheitsleute, 30 von ihnen Frauen, die meisten alleinerziehende Mütter. »Ich wollte ihnen eine Karriere geben«, sagt Divine. Das ist die Feministin in ihr. Aber als Geschäftsfrau wusste sie auch: Wer die Verantwortung für eine Familie trägt, will nicht in den Knast. Und ihr Plan ging auf. Die Frauen ließen sich nicht kaufen. Dafür zahlte Divine zu gut. Sie blieben professionell, so wie die Chefin es unterrichtet hatte: immer höflich, mit glänzenden Stiefeln und gestärkter Uniform. Jede Nacht nahmen sie Diebe fest. Immer mehr Angestellte wurden überführt. Nach einem halben Jahr kündigte Unilever 20 Prozent seiner Mitarbeiter in Harare und stellte neu ein – vor allem Frauen. Und bei Securico begann das Telefon zu klingeln. Divine kann darüber immer noch lachen, laut und lange. Männer, Idioten! Heute sind ein Viertel ihrer Angestellten

Frauen, über eintausend arbeiten für Securico. Im Alleingang hat Divine den nationalen Schnitt hochgezogen: von keinem halben Prozent Frauen im Sicherheitsgeschäft im Jahr 2000, auf über 5 Prozent in 2020.

Auch deswegen tauchen im Securico-Hauptquartier immer wieder Frauen auf, die bei der Queen of Security um eine Audienz ersuchen. Die meisten sind runde Matronen und älter als 50. In bunten Kleidern schieben sie sich ins Chefbüro. Dann sagen sie voller Respekt: »Danke, dass ich kommen durfte, Dr. Divine.« Der Grund für ihren Besuch ist immer der gleiche. Früher haben auch sie für Securico gearbeitet. Jetzt haben sie eine Tochter oder Enkelin, die einen Job sucht. Sie hat Kinder und ihr Mann hat sie sitzen lassen. Dabei sei sie so zuverlässig. Und kräftig auch. Ob es für sie vielleicht eine Stelle gäbe? Die Queen nickt dann und sagt, sicher, da lässt sich was machen. Es gibt ganze Familien, die für sie arbeiten: Großmütter, Mütter, Töchter – alle in Securico-Grün. In einem Land, wo die Politik eine Zumutung ist, ist Divines Unternehmen zu einem Garanten der Stabilität geworden, zu einem Versorger für Tausende. »Meine Mitarbeiter sind mein Produkt«, sagt Divine. »Nur wenn sie glücklich sind, kann Securico erfolgreich sein.« Als die Hyperinflation 2008 ihren Höhepunkt erreichte, hörte Divine deswegen auf, in Geld zu bezahlen. Stattdessen gab es: Essen, Kleidung, kostenlose Krankenhaus-Behandlungen. Als Securicos Männer und Frauen sich ihre Mieten nicht mehr leisten konnten, kaufte Divine Wohnblocks. Als ihnen das Benzin ausging, ließ sie Busse durch die Stadt fahren, um Mitarbeiter abzuholen. So schaffte sie es über die Krise, ohne Kündigungswelle. Sie war eine gute Regentin, die Queen of Security. Und es sieht so aus, als müsste sie das bald wieder sein.

Die Zeichen sind überall. Wir sehen es an den blassen Fassaden leer stehender Häuser, hören es in den wütenden

Gesprächen in Harares Bars, spüren es im Supermarkt, wo die Menschen für alles zu viel zahlen, in einer verwirrenden Mischung aus US-Dollar, lokalen Währungen und Mobile Money: Simbabwe geht es nicht gut. Schon wieder. Das Bruttoinlandsprodukt beträgt gerade einmal 16,7 Milliarden US-Dollar. Schon vor Covid war die Wirtschaft kaum noch gewachsen. Dann gab die Pandemie ihr den Rest: 2019 und 2020 schrumpfte sie jeweils um 6 Prozent. Die Regierung setzt dem nichts entgegen – und kann es vielleicht auch nicht. Denn Emmerson Mnangagwa, seit 2017 Präsident, gehörte schon früher zu Mugabes Diebes-Crew. Sein Spitzname: das Krokodil – wegen seiner Fähigkeit, lange, unbemerkt zu lauern und aus dem Nichts zuzuschlagen. Das ist kein guter Name für einen Politiker. Das klingt nicht nach demokratischem Wandel und Aufschwung. Auf dem Ease-of-doing-Business-Index der Weltbank, der vielleicht bekanntesten Studie zur Geschäftsfreundlichkeit verschiedener Volkswirtschaften, belegte Simbabwe 2020 Platz 140 von 190, auf dem Korruptionsindex von Transparency International Platz 157. Die Mächtigen sind korrupt, Regierung und Wirtschaft, alle-stecken-mit-drin-korrupt. »Ich nicht«, sagt Divine. Und es sieht so aus, als würde das stimmen. Wir sprechen mit Unternehmern, mit Journalisten, mit internationalen Stiftungen, und alle sind sich einig: Divine Ndhlukula ist sauber.

Kurz bevor wir Simbabwe verlassen, treffen wir Divine noch ein letztes Mal. Wir essen mit ihr zu Mittag, in einem Restaurant, das an rhodesische Zeiten erinnert, einer in der Zeit eingefrorenen Blase englischen Afrika-Denkens. Das Haus ist eine europäische Villa mit saftig-grünem Garten, umgeben von hohen Mauern und einem Stacheldrahtzaun. Dem Englisch der knochigen weißen Besitzerin hört man deutlich das Britisch ihrer Urgroßeltern an. Es gibt Sandwiches und Kuchen unter gelben Sonnenschirmen. Zuerst ist unser Gespräch heiter. Divine nuckelt an einem Strohhalm aus einem großen Glas Limonade. Vögel zwitschern. Wir reden über Richard Branson, den sie einmal getroffen hat, über Jeff Bezos und Elon Musk, über Weltraumtourismus. »All diese Raketen«, sagt Divine, »das sind doch große, fliegende Pimmel.« Dann wird es ernster. Immer mehr Menschen verlassen Simbabwe, sagt Divine. Inzwischen leben mehr als fünf Millionen in der Diaspora, ein Drittel der Bevölkerung. Divines Sohn arbeitet in Australien, ihre Neffen und Nichten in England und Südafrika. Divine versteht das, sagt sie. Aber es macht sie auch wütend. Sie wünscht sich mehr Mut von den Jungen, mehr Kampfgeist, mehr Zuversicht. Ja, in Simbabwe lasse sich schwer Karriere als Angestellter machen. Aber für Unternehmer sei hier alles möglich. Dafür sei sie doch der beste Beweis. Sie kann sich in Rage reden bei diesem Thema. Sie kann hart wirken, ungeduldig. »Immer wieder wurde mir vorgeworfen, ich sei zu aggressiv«, sagt Divine. »Aber was ist schlecht an Aggression? Schaut euch doch an, was meine gebracht hat! Meine Aggression hat mehr als 4000 Arbeitsplätze geschaffen. Sie ernährt Hunderte Familien.«

Nach dem Essen begleiten wir Divine auf die Straße. Ihr Fahrer wartet schon, in einem neuen Mercedes, einer E-Klasse, gold-metallic. Divine steigt hinten ein. Sie ist so klein, dass sie im Fond fast verschwindet. Der Fahrer lässt den Motor an. Er setzt zurück. Die Reifen knirschen auf der gekiesten Auffahrt. Dann lässt Divine noch einmal ihr Fenster herunter. Die Nachmittagssonne wirft schon lange Schatten. »Ich weiß nicht, ob euch das interessiert«, ruft sie uns zu, »aber bald kommt meine Autobiografie raus.« »Wie soll die heißen?«, fragen wir. »I am Divine«, sagt Divine. Dann rauscht sie davon.

+++ Auf eine Stopfleberpastete in Abidjan +++
Woher soll all der Strom nur kommen? +++ Zwei
Ivorer und ein Franke im Nirgendwo +++ La
Pyramide, oder: Das ivorische Wunder soll
wieder auferstehen +++ Präsident Ouattara vs.
Bob Marley +++ Millionen vom deutschen Staat
+++ Terawattstunden für Afrika +++

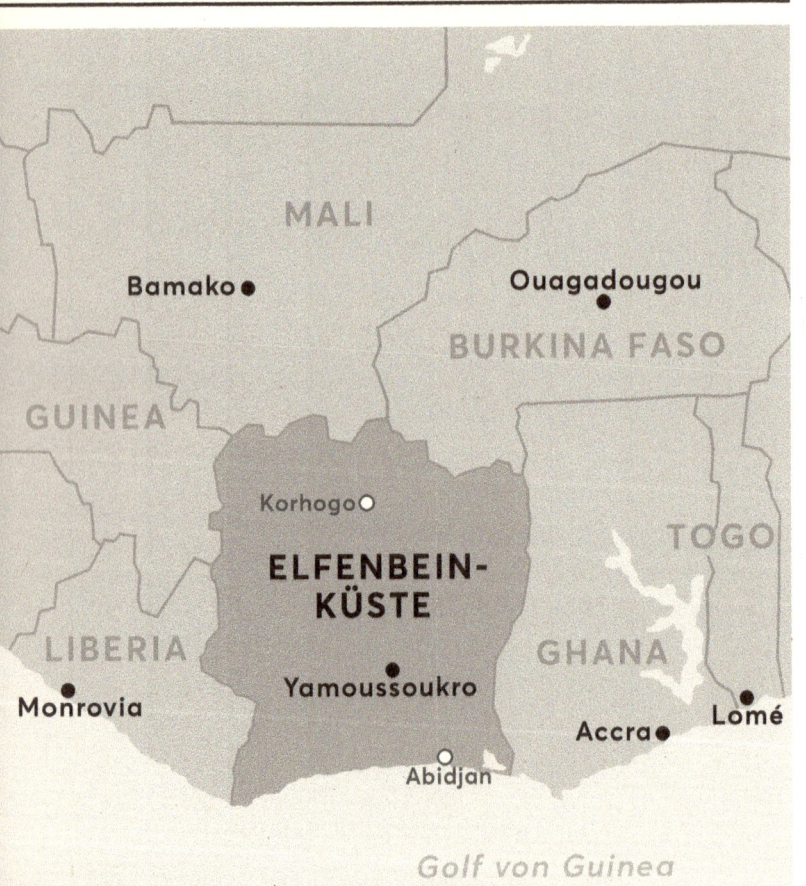

ELFENBEINKÜSTE:
Jean-Marc Aie und Livane Bodain | Poro Power

SONNENAUFGANG ÜBER DER GROSSEN SOLARANLAGE

AUCH NACHTS IST DIE WELT nicht dunkel. Zumindest nicht vom Weltraum aus. Städte glitzern, Metropolen strahlen. Häfen und Highways zeichnen die Küstenlinien nach wie mit Leuchtstift. Milliarden Glühbirnen, Neonröhren und LED-Wände verbraten Gigawatt um Gigawatt. Produktivität ist schon lange kein Vorrecht des Tages mehr. Nachts werden Nachtschichten geschoben. Nachts brennt das Licht in Unis und Büros. Nachts gehen Scheinwerfer an auf Autobahnen und Flutlichtstrahler in Industrieanlagen. Im Dunkeln glitzert der ganze Planet wie eine Diskokugel. Europa leuchtet. Amerika leuchtet. Asien leuchtet. Afrika leuchtet nicht.

Von allen Zahlen, die Afrikas Entwicklung (und Unterentwicklung) beschreiben, ist diese vielleicht die krasseste: Weltweit leben 840 Millionen Menschen ohne Zugang zu Elektrizität – 600 Millionen von ihnen in Afrika. Ihre Nächte bleiben finster. Ihr Essen wird nicht gekühlt. Sie haben keine Glühbirnen, keine Klimaanlagen, kein WLAN. Satellitenbilder vom nächtlichen Afrika wirken wie ein Blick in die Vergangenheit, in einer Zeit vor Entdeckung der Elektrizität. Ganz im Süden leuchten Johannesburg und Kapstadt, ganz im Norden funkelt das Nildelta. Und im Westen glitzern die Hafenstädte Accra, Lagos und Abidjan. Aber dazwischen bleibt der Kontinent dunkel, und selbst Millionenstädte wie Addis Abeba sind blasse Sterne in der Schwärze.

In Deutschland lag der Nettostromverbrauch 2020 bei

491 Terawattstunden. In Afrika, wo 1,3 Milliarden Menschen leben, waren es gerade einmal knapp 700 – und 70 Prozent dieses Stroms flossen in Südafrika und nördlich der Sahara. Es ist schwer, die genauen Auswirkungen fehlender Elektrizität auf Wirtschaft und Gesellschaft zu messen. Aber: Sie sind auf jeden Fall fatal. Denn Strom ist wie Wasser: Ohne geht nichts. Ohne Strom gibt es keine funktionierenden Krankenhäuser und in der Schule kein Licht. Ohne Strom muss der Tag enden, wenn die Sonne untergeht. Fehlende Elektrizität ist das wahrscheinlich größte Hindernis für Fortschritt. Das macht die Elektrifizierung Afrikas zu einer der wichtigsten Entwicklungsaufgaben überhaupt. Und: zu einer, die die ganze Welt etwas angeht.

Denn Afrika braucht mehr Energie, mehr Strom, mehr Netzausbau. Und mehr, mehr, mehr, das hieß bisher auch: mehr Abgase und Schornsteine, mehr CO_2, mehr Weltuntergang. Europas Städte und Chinas Küsten leuchten auf Kosten des Klimas. Für Strom haben wir Kohle verbrannt und Öl und Gas. Wir haben unsere Entwicklung angeheizt und damit den ganzen Planeten. Aber: Das war falsch. Das haben wir jetzt erkannt und wollen damit Schluss machen. Sorry, Afrika. Geht es nach den Versprechungen vieler Politiker und den Idealen der UN, soll Afrika schaffen, woran der Rest der Welt gescheitert ist: Es soll nachhaltig und grün elektrifiziert werden, von Anfang an. Denn würde der Kontinent seine Energie aus fossilen Brennstoffen gewinnen, hätte die Welt einen neuen Umweltsünder, einen, der gerade erst richtig loslegt.

Es geht also, wie so oft in Afrika, um die großen Fragen. Was ist gerecht? Was nachhaltig? Wie kann sich ein ganzer Kontinent entwickeln, ohne die Natur zu zerstören? Es geht um Milliarden-Projekte und darum, wer sie finanziert. Und es geht um Verantwortung. Steht Afrika in der Pflicht, es besser zu machen als der Westen? Als China? Als Brasilien? Und wer entscheidet das? Politiker? Unternehmer? Elektrifiziert wird Afrika in den nächsten Jahrzehnten auf jeden Fall. Es werden Kraftwerke entstehen und Millionen Lichter angehen. Aber ob das nachhaltig und grün geschieht oder auf Kosten des Klimas, das wird am Ende von Einzelpersonen abhängen. Von Menschen mit Ideen und Durchsetzungskraft. Von Leuten wie Jean-Marc Aie und Livane Bodain.

Wir sitzen in Abidjan in einem Restaurant mit Korbsesseln und hellen Leinenpolstern, mit einem hellblauen Pool und tropischem Garten und Jean-Marc bestellt zum Wein Foie gras. Es ist schon spät. Die Nacht ist samtschwarz, feucht und heiß. Aber im Restaurant rühren Holzventilatoren die dicke Luft geschmeidig. Im Hintergrund singt Michael Jackson aus versteckten Boxen. Und überall sind Lampen, mehr als zwanzig hängen an Wänden und Decke. Der ganze Laden leuchtet. »Beat it«, singt Jackson. Und Jean-Marc fährt mit dem Löffel in die Foie gras. Es braucht einen bestimmten Typ, um bei 32 Grad eine Stopfleberpastete zu bestellen – und Jean-Marc und Livane gehören definitiv dazu. Sie können es sich leisten. Sie haben es sich verdient. Sie sind Anfang vierzig, groß und stark, Väter und Ehemänner, sie haben lange gekämpft und scheinen zu gewinnen, sie fahren Mercedes und langsam spannen die Hemden am Bauch. Das Leben ist gut zu Jean-Marc und Livane. »Aber zwischendurch war es hart«, sagt Livane. »In TED-Talks erzählen Gründer gerne, dass man nur an sich glauben muss und weiter kämpfen. Aber keiner sagt dir, dass du zwischendurch pleite sein wirst, dass du verzweifeln wirst, dass du wieder bei Mama auf der Couch schläfst.«

Glauben und Kämpfen – das haben er und Jean-Marc sieben Jahre lang getan. Sie haben mit Bürokraten gestritten, mit dem ivorischen Energieminister verhandelt, mit deutschen

Ingenieuren ein Mammut-Projekt geplant. Sie haben 94 Millionen Euro Finanzierung gesammelt und einen Vertrag mit ihrer Regierung geschlossen, der sie über 25 Jahre bindet. Jetzt steht fest: Jean-Marc und Livane werden Strom produzieren. Sie werden das Licht anmachen im Norden der Elfenbeinküste – und das ohne Schornsteine und CO_2-Ausstoß. »Das Projekt ist ein großer Traum«, sagt Jean-Marc. »Für unser ganzes Land«, sagt Livane. Das Projekt – das ist der Grund, weshalb wir hier sind. Das große Ding, dessen Geschäftsführer Jean-Marc und Livane sind: Poro Power.

Poro Power soll die größte Photovoltaik-Anlage in Westafrika werden – ein Solarkraftwerk mit 66 Megawatt Leistung. Bisher steht die größte vergleichbare Anlage der Region in Togo und produziert Strom für 160.000 Haushalte. In ganz Subsahara-Afrika gibt es nur ein Land, in dem noch leistungsfähigere Solarkraftwerke stehen: Südafrika. Aber das wird sich ändern. Solar boomt, auf dem ganzen Kontinent. Unternehmen wie Black Star Energy, M-Kopa und Off Grid Electric verdienen damit bereits Millionen. Sie pflastern Haushalte und Dörfer ohne Netzanschluss mit Mikro-Grids, mit Mini-Netzwerken und Solarzellen. Weltweit sinken die Preise für Photovoltaik-Technik. Batterien werden immer günstiger produziert. Hunderte Millionen an Risikokapital fließen in den Sektor. Und nicht nur Dorfnetzwerke profitieren von diesem Boom, sondern auch Projekte wie Poro Power. Solar scheint die perfekte Technologie für eine neue Zeit zu sein: emissionsfrei und immer erschwinglicher. Vor allem ist sie perfekt für Afrika. Denn in Afrika scheint viel die Sonne.

Morgens steigt sie im Osten aus dem Indischen Ozean, schiebt sich vor Sansibar aus dem Meer. Rot und golden flutet ihr Licht die Strände Tansanias. Dann steigt sie auf. Erbarmungslos brennt sie über der Sahelzone, die die Sahara von den Tropen trennt. Am Äquator bricht sie durch die Wolken, kocht das Klima auf, lässt ganze Wälder dampfen. Dann Mittag: Die Zeit steht still. Menschen und Tiere flüchten in den Schatten. Straßen verwandeln sich in Staub. Farben bleichen aus. Und endlich sinkt sie wieder. In Addis Abeba strahlt sie klar vom blassen Himmel wie eine Flamme in Glas. In Südafrika wird ihr Licht so weich, dass Fotografen aus der ganzen Welt für Shootings hierherfliegen. Am Abend wärmen ihre letzten Strahlen die Küsten von Guinea, Ghana, Nigeria. Und schließlich versinkt sie vor Dakar im Atlantischen Ozean: der beeindruckendste, pinkste, kitschigste aller Sonnenuntergänge. Afrikas Sonne ist schrecklich und tödlich, wunderschön und warm. Aber sie ist eben auch: eine Ressource.

Afrika ist der sonnenreichste Kontinent der Welt. Sieben der zehn sonnigsten Länder liegen hier. Zwei Fünftel der afrikanischen Landmasse bestehen aus Trockengebieten. Und trotz der tropischen Gegenden am Äquator gilt der ganze Kontinent als die wolkenloseste Region der Welt. Dazu kommt, dass ein Großteil Afrikas in der intertropischen Zone liegt, auf niedrigen Breitengraden also, wo die Sonneneinstrahlung besonders hoch ist. Die Gesamtmenge der Sonnenenergie, in der der Kontinent jedes Jahr badet, wird auf jährlich 60 Millionen Terawattstunden geschätzt. Eine absurde Zahl. Ein Vielfaches der Strommenge, die die Menschheit jedes Jahr verbraucht. Das Solarpotenzial Afrikas ist also gigantisch. Groß genug, um den ganzen Kontinent mit Energie zu versorgen.

Aber bis jetzt wird es kaum genutzt. Nur ein Prozent der weltweit produzierten Solarenergie kommt aus Afrika. Der Energie-Mix des Kontinents im Jahr 2021: Öl (38,7 Prozent), Gas (29,7 Prozent), Kohle (22,1 Prozent), Hydro (6,8 Prozent). Aber das soll sich ändern. In Zeiten des Klimawandels wittern immer mehr Politiker: Solarenergie – das heißt sauberer Strom. Und: gute Schlagzeilen während der Klimakonferenz.

Und das bringt wiederum Prestige und Investitionen und Wachstum für ihre Länder. Einer dieser Politiker ist Alassane Ouattara, der Präsident der Elfenbeinküste.

Die Côte d'Ivoire liegt in Westafrika zwischen Liberia, Guinea, Mali, Burkina Faso und Ghana. Im Süden rollt der Atlantik gegen 515 Kilometer Sandstrände. Das Klima ist tropisch. Aber je weiter man nach Norden kommt, desto trockener wird es. Tropengrün weicht Savannenbeige. Es ist heiß und staubig. Hier brennt fast immer die Sonne. Hier liegt das Solarpotenzial der Elfenbeinküste. Und hier entstand bereits 2020 das erste Photovoltaik-Kraftwerk: die Boundiali Solar Power Station. Jetzt folgt das nächste, Poro Power, das Projekt von Jean-Marc und Livane.

In der Nähe der Stadt Korhogo begradigen 300 Arbeiter den Boden. Büsche und Bäume werden abgeholzt. Bagger baggern, und 140 Hektar Savanne weichen Solarzellen. Mit Poro Power entsteht eine ganze Infrastruktur: Straßen werden gebaut, ein Anschluss ans ivorische Stromnetz, Unterkünfte für Arbeiter und Techniker. Im staubigen Nirgendwo wächst eine Industrie – und das wegen des Traums zweier Männer, die weder Ingenieure sind noch Techniker und die von Solarenergie lange keine Ahnung hatten.

»Eigentlich wollte ich Basketballspieler werden«, sagt Jean-Marc, »wie Michael Jordan.« »Oder Sänger«, sagt Livane, »wie Michael Jackson.« »Irgendein Michael halt«, sagt Jean-Marc, und beide lachen. In diesem Moment, in dem Restaurant, in dem wir sie zum ersten Mal treffen, wirken sie nicht wie die Architekten einer Industrie, sondern wie zwei Jungs, die überrascht sind von der Größe ihres Erfolgs. Sie lachen. Sie trinken Wein. Sie sind aufgeregt, weil wir hier sind, um ihre Geschichte aufzuschreiben. Beide sind groß und breit, Männer wie Schränke. Sie tragen Stoffhosen, blaue Hemden und enge Jacketts. Sie sind beste Freunde. Schon immer. Und sie ergänzen sich gut. Jean-Marc lehnt sich zurück, mit den sparsamen Bewegungen eines schweren Mannes, der weiß, dass allein seine Anwesenheit einen Raum ausfüllt. Livane sitzt auf der Stuhlkante, immer bereit aufzuspringen, immer für eine Party zu haben. Jean-Marc hat Gravitas. Livane kann mitreißen. Jean-Marc zweifelt viel. Livane denkt bei Hip-Hop-Texten häufig: Mann, das trifft doch den Kern der Sache! Wenn Jean-Marc spricht, nickt Livane. »Genau so«, sagt er, »richtig«, »absolut!« Jean-Marc lächelt dann leise.

»Wir sind extrem jung«, sagt Livane. »Für ivorische Unternehmer«, ergänzt Jean-Marc. Sie meinen das ernst. Sie sind 41 und 42 Jahre alt. Überall sonst wären sie gestandene Männer. Aber nicht hier, da sind sie Newcomer. Die Jungen. Die Wilden. Denn die Elfenbeinküste wird beherrscht von alten Männern. Der Altersdurchschnitt der Bevölkerung liegt bei 19 Jahren. Aber in der Politik haben die mit grauen Haaren und dicken Bäuchen die Macht. Ouattara, der Präsident, ist achtzig. Und von den Geschäftsleuten Abidjans, den großen Zampanos, die auf der Terrasse des Sofitels Champagner trinken und Deals brokern, ist keiner unter sechzig. Die Elfenbeinküste ist old school und die Inszenierung dementsprechend. Deutsche Limousinen und französisches Essen – das gehört in Abidjan zum guten Ton. Der Wein, die Stopfleberpastete zum Dinner – das ist keine Angeberei von Jean-Marc; das ist Teil der Erfolgskultur hier, Teil einer großen Geschichte: der Frankophonie. »Wir sind mit der französischen Kultur aufgewachsen«, sagt Jean-Marc. »Und die dominiert hier immer noch. Kulturell, politisch und vor allem: im Business.«

Bis 1960 war die Elfenbeinküste französische Kolonie. Dann wurde das Land unabhängig – und sehr schnell sehr erfolgreich. Der Vater der Unabhängigkeit, Félix Houphouët-Boigny, wurde zum ersten Präsidenten der Elfenbeinküste.

Seine Politik war stabil. Die Wirtschaft boomte, wegen Kaffee, Kakao, Ananas und Palmöl. 1969 sagte Robert McNamara, damals Weltbankpräsident: »Es wäre schwierig, in ganz Afrika ein Land zu finden, das entschiedenere Fortschritte auf dem Weg zum Wohlstand gemacht hat.« Es ging also nach oben. Steil nach oben. Abidjan wurde zur vielleicht coolsten Stadt des Kontinents. Aus ganz Afrika kamen die Menschen, um hier Urlaub zu machen. Kenianer, Tanzanianer, Ghanaer und Franzosen saßen in Restaurants und Clubs. Frauen in Glitzerkleidern und Männer in Schlaghosen tanzten in Jazzbars. Die Nächte waren feucht und heiß – und leise raschelten die Francs von Hand zu Hand. Es muss eine ziemlich wilde Party gewesen sein, ein Fest, von dem Männer und Frauen auf dem ganzen Kontinent noch heute erzählen. In Kenia sagte uns ein alter belgischer Spion: »In den 70ern war jeder, der etwas auf sich hielt, in Abidjan. Tagsüber wurden Geschäfte gemacht, nachts gefeiert.« Es muss sich angefühlt haben, als sei alles möglich. Als sei Abidjan das Zentrum der Welt. Heute nennt man diese Zeit das »Miracle Ivoirienne«, das ivorische Wunder. Es hielt mehr als zwei Jahrzehnte.

»Was fällt euch ein, wenn ihr an eure Kindheit denkt?«, fragt Sophia. Und Jean-Marc und Livane sagen gleichzeitig: »Basketball.« Beide wurden Anfang der 80er-Jahre in Abidjan geboren – in den letzten Jahren des Wunders. Beide waren Jungs aus der Mittelklasse: Jean-Marcs Mutter war Unternehmerin, Livanes Vater Ingenieur. Ihr Zuhause waren die Wohnblocks von Cocody: moderne Bauten, Gärten, Garagen mit glänzenden Autos – und Basketballkörbe. Nur 300 Meter trennten ihre Wohnungen voneinander. »Ich weiß nicht, wann ich dich kennengelernt habe«, sagt Jean-Marc. Und Livane: »Dich gab es schon immer.« Jeden Tag verbrachten die beiden gemeinsam. Sie erinnern ihre Kindheit wie ein sepiafarbenes Plattencover: glückliche Tage, das satte Klatschen des Balls auf dem Asphalt, die Sonne, das Glitzern der Lagune. So vergingen die 80er-Jahre, und das Wunder verblasste. Dann hörte es auf. Der Abstieg begann.

Mitten in Abidjan steht ein Hochhaus, das ein Denkmal für das Miracle Ivoirienne sein sollte – aber ein Mahnmal für sein Ende wurde. Es ist das berühmteste Gebäude der Stadt: La Pyramide. 1973 wurde die riesige Stufenpyramide fertiggestellt. Sie war damals ultramodern, eine Mischung aus Afrofuturismus, Größenwahn und Aztekentempel. Im Erdgeschoss lagen Restaurants und Boutiquen. Abidjans Elite ging ein und aus, Afros, Anzüge, Schulterpolster. Aus den oberen Etagen blickten Anwälte, Unternehmer und Journalisten über die Stadt, rauchten auf den Balkonen, zählten das Geld. Aber draußen, vor der Pyramide, verlor das ivorische Wunder an Strahlkraft. In den 80er-Jahren setzte eine schwere Dürre der Landwirtschaft zu, und die weltweite Rezession stürzte die Elfenbeinküste in Schulden. Der immer greiser werdende Präsident Félix Houphouët-Boigny klammerte sich an die Macht. Der Vater der Unabhängigkeit wurde ein autokratischer Großvater. Als er 1993 starb, flammten im ganzen Land ethnische Konflikte auf. Aus der Vorzeigenation wurde ein Krisenstaat. Und die Pyramide stand leer.

Heute ragt La Pyramide noch immer wie ein Raumschiff über Abidjans Geschäftsviertel auf, aber wie eines, das vor langer Zeit abgestürzt ist. Die Fenster sind zerbrochen, die Fassade ist fleckig. Als wir uns durch verbarrikadierte Türen ins Innere quetschen, wirkt die Eingangshalle wie der Brustkorb eines toten Wals. Staub liegt in der Luft. Wir atmen Hitze und Moder. Über das Skelett einer Rolltreppe steigen wir in den ersten Stock. Der Boden fault, der Kunststoff wirft Blasen. Schon lange arbeitet und lebt hier niemand mehr, aber überall finden wir Spuren: ein Paar Kinderschuhe in dem, was einmal ein elegantes Eckbüro war. Räume voller vergilbtem

Papier, Zetteln, stockfleckigen Dokumenten – Sedimente einer toten Bürokratie. Die Wände sind bemalt, blau und rot, mit Zeichnungen und Graffiti. »On veut la paix«, hat jemand geschrieben. »Wir wollen Frieden.« 2002 brach in der Elfenbeinküste der erste Bürgerkrieg aus. Das Land war gespalten, zwischen Nord und Süd. Die Kämpfe dauerten zwei Jahre. Kurz kehrte Ruhe ein, dann flammte der Konflikt 2011 wieder auf. Explosionen und Schüsse hallten durch Abidjan. Die Menschen flohen in Panik – viele von ihnen in die Pyramide. Im Keller des ehemaligen Fortschrittssymbols weinten die Kinder, während sich auf der Straße Männer ohne Zukunfts- aussichten gegenseitig umlegten.

Jean-Marc und Livane verfolgten den Niedergang ihres Landes aus der Ferne. Nach seiner Schulausbildung ging Livane nach Frankreich, studierte in Paris und wurde Infor- matiker bei IBM. Jean-Marc verließ die Elfenbeinküste sogar noch früher. Seine Eltern schickten ihn in die USA, er be- suchte dort die Highschool, wollte Basketballspieler werden. »Manchmal haben wir uns wie Verräter gefühlt«, sagt er. »Wir waren in Sicherheit und unsere Familien im Krieg.« »Aber unsere Eltern«, sagt Livane, »waren glücklich darüber.« Jean- Marc war ein guter Basketballspieler. Wenn er den Ball hatte, gab er ihn nie wieder her, aber für eine Profikarriere reichte es nicht. Also verließ er die USA, zog nach Kanada und stu- dierte Politik. Und da, an der Uni in Québec, hörte er zum ersten Mal von Solarenergie.

Jean-Marc war ein Kind der 80er-Jahre und entsprechend optimistisch. Der Eiserne Vorhang war längst gefallen. Die nukleare Apokalypse ausgeblieben. Ein neues Jahrtausend brach an. Hip-Hop hatte Rock verdrängt. Musik lief nicht mehr von Kassetten, sondern von silbern glänzenden CDs und langsam sahen die Autos wirklich aus, als könnten sie fliegen. Und dann: das Internet. Das Internet! Mann, das war doch der Beweis: Die Welt war Science-Fiction. Die Zukunft war da. Es gab nur eine Richtung: nach vorne. Deswegen: Solar. Das passte perfekt. Energie von der Sonne, einfach in Kabel gefüllt. Als Jean-Marc davon hörte, war er begeistert. Es ließ ihn nicht mehr los. Noch als Student gründete er seine erste Firma: Suns of Africa. Mit einem Freund wollte er Radios produzieren, Geräte mit Solarbetrieb, in Kanada gebaut, für den afrikanischen Markt. Der erste Prototyp war bereits fertig, da sprang der Freund ab. Er hatte ein Jobangebot bekommen, dickes Gehalt plus Dienstwagen. Und Jean-Marc war wieder allein. Das Projekt war gescheitert. Aber die Begeisterung blieb. Es begann: sein langer Kampf für Solarenergie – der Weg zu Poro Power.

Ein paar Jahre lang arbeitete Jean-Marc in Kanada, erst als Vertreter für ein Energieunternehmen, dann als Manager für einen Investmentfonds. »Ich war nicht begeistert«, sagt er. Es war ein Job, der die Miete zahlte. Im Kopf war er ohnehin woanders: bei der Sonne. Jeden Tag lernte Jean-Marc mehr über Solarenergie. Er besuchte Seminare. Er verstand, wie ein Photovoltaik-Kraftwerk funktioniert und wie eine Solar-Wärmeanlage. Er las. Er hörte zu. Er googelte – auch während der Arbeit. An einem Tag im Jahr 2013 rief sein Chef ihn zu sich. »Es war der 2. Oktober um zwei Uhr mittags«, sagt Jean-Marc. Der Chef sagte: »Wir haben deine Browser-Aktivität überwacht.« Und: »Du bist gefeuert.« Jean-Marc machte das nichts. Eigentlich hatte er auf diesen Moment nur gewartet. Es war wie beim Basketball. Jetzt hatte er den Ball. Er wusste, er musste nur dranbleiben, dann würde er punkten.

Also: Anlauf, dribbeln, zielen. Jean-Marcs erster Wurf: Solarpaneele auf den Dächern kanadischer Lagerhäuser. Es war eine gute Idee – die viele hatten. Auf das Förderprogramm der Regierung bewarben sich 25.000 Projekte. Allein die Wartezeit für eine Antwort betrug zweieinhalb

Jahre. Es gab keinen Platz für Jean-Marc und seine Pläne. Zumindest nicht hier. Also noch einmal. Den Ball kommen lassen, fangen, ihn festhalten. Und: zweiter Wurf. 2013 war Kanada zu 99 Prozent elektrifiziert, aber die Elfenbeinküste nur zu 43 Prozent. »Man muss kein Genie sein«, sagt Jean-Marc, »um zu Hause nachzumachen, was woanders funktioniert.«

Die Elektrifizierung Afrikas ist nicht nur notwendig für die Entwicklung des Kontinents, sie ist ein potenzielles Milliardengeschäft. Und darauf sind Unternehmen aus der ganzen Welt, aus Kanada und Deutschland, aus den USA und China heiß. Ein Land mit Strom zu versorgen, eine neue Autobahn zu bauen, Bahntrassen durch die Savanne zu legen – das sind Aufträge, die im Rest der Welt knapper werden, aber in Afrika nicht. In vielen Ländern dort können noch Mammutprojekte durchgezogen und Mammutgewinne gemacht werden. Aber ausländische Firmen haben ein Problem: den Zugang zum Markt. Sie kennen die Spielregeln nicht. Und schon gar nicht die Akteure vor Ort. Alles hält sie auf: afrikanische Politiker, afrikanische Behörden, Chaos, Klima, Korruption. Um ein Solarkraftwerk zu bauen, braucht ein Land wie die Elfenbeinküste Know-how, Investitionen, Partner aus dem Ausland. Aber die brauchen Übersetzer. Sie brauchen Inside-Men, Eingeweihte. Sie brauchen: Jean-Marc und Livane.

Als Jean-Marc anfing, in Kanada nach Partnern für sein afrikanisches Solarkraftwerk zu suchen, dauerte es keinen Monat, bis er mehrere Interessenten hatte. Darunter Canadian Solar, ein Unternehmen mit 3,5 Milliarden US-Dollar Jahresumsatz, einer der weltweit größten Hersteller und Betreiber von Solaranlagen. Jean-Marc flog nach Hause, nach Abidjan. Er schickte eine erste Projektskizze an das ivorische Energieministerium. Er erzählte lokalen Beamten von Canadian Solar.

Und er pitchte sein Projekt seinem alten Freund. »Nach nur
drei Minuten«, sagt Livane, »war ich überzeugt.« Es war wie
früher: Jean-Marc und Livane. Der Mann mit Gravitas und der
Mann, der mitreißt. Immer wieder flogen sie zwischen der
Elfenbeinküste und Kanada hin und her. Und von Monat zu
Monat wurden auf beiden Seiten des Atlantiks die Verhand-
lungsräume größer, die Konferenz-Beistellsnacks vielfältiger,
die Namen auf den Visitenkarten wichtiger.

In Kanada überzeugten Jean-Marc und Livane die Ent-
wicklungsabteilung von Canadian Solar, die Hersteller der
Solarpaneele und schließlich die Chefetage. In der Elfenbeinküste arbeiteten sie sich durch die Ränge der Ministerien. Sie
lernten die Regeln der alten Männer, tranken Wein, knüpften
Kontakte, trafen den Bürgermeister von Korhogo, wo ihre
Anlage entstehen sollte. Dann stieg die kanadische Regierung
ein. Mit der kanadischen Botschafterin trafen Jean-Marc und
Livane die ivorischen Minister für Umwelt und Energie. Jetzt
wurde über Millionen geredet und über Megawatt. 2016, nach
zweieinhalb Jahren, unterzeichnete die Regierung eine offizielle Absichtserklärung: In Korhogo sollte ein Solarkraftwerk
entstehen – und der Staat würde den Strom kaufen. Bislang
hatten Jean-Marc und Livane damit keinen Cent verdient. Sie
lebten von Tütensuppe. Sie schliefen wieder in den Wohnblocks von Cocody, auf den Sofas ihrer Mütter. Aber jetzt
sagte Canadian Solar: »Wir zahlen euch aus. Euer Job ist
getan. Ab hier übernehmen wir.« Und Jean-Marc und Livane
sagten: »Nein, danke.«

Stromerzeugung, -verkauf und -verteilung sind überall ein
kompliziertes Geschäft. Aber in der Elfenbeinküste ganz besonders. Der ivorische Staat hat per Gesetz ein Monopol auf
Übertragung, Verteilung und Import von Strom. Der Staat
baut das Netz aus, er verlegt Überlandleitungen, errichtet
Masten und Umspannwerke. Aber tatsächlich betreibt dieses

Netz jemand anderes: die CIE, die Compagnie Ivoirienne d'Electricité. Das ist der Absender, der auf den Stromrechnungen steht. Das klingt staatlich. Und ivorisch. Aber die CIE ist keines von beiden so richtig. Tatsächlich gehört das Unternehmen mehrheitlich einer privaten Firma: Eranove. Und Eranove sitzt in Paris und macht Hunderte Millionen Umsatz mit der Erzeugung von Strom und Trinkwasser in Afrika. Seit 40 Jahren betreibt die CIE im Auftrag der Regierung das Netz der Elfenbeinküste und die staatlichen Wärme- und Hydrokraftwerke. Erst 2020 wurden diese Verträge verlängert: um 12 Jahre, also bis 2032. Das alles ist typisch für den frankophonen Teil Afrikas. Französische Interessen prägen noch immer die Politik in den Ex-Kolonien. Alte Seilschaften dominieren die Wirtschaft, reichen Jahrzehnte zurück, bis in die Kolonialzeit – und bis Paris. Das war schon immer so. Und das wird vermutlich so bleiben. Das ist keine Kultur, die sich schnell ändert. Und trotzdem kommt gerade Bewegung in den ivorischen Energiemarkt.

Der erste Grund: Die Stromerzeugung ist nicht monopolisiert. Kraftwerke bauen und in Betrieb nehmen – das unterliegt dem freien Wettbewerb. Der zweite Grund heißt: Alassane Ouattara. Seit dem letzten Bürgerkrieg, seit 2011, regiert Ouattara die Elfenbeinküste. Der studierte Volkswirt hat beim IWF Karriere gemacht. Er gilt nicht immer als vorbildlicher Demokrat, aber als Business-Präsident, als Typ, bei dem Wirtschaft zuerst kommt. Sein Plan ist klar: Das Wunder soll wieder auferstehen. Er lockt Investoren aus dem Ausland. Er braucht Geld und Know-how. Und verspricht Steuererleichterungen und einen Draht zur Regierung. Das funktioniert. Zwischen 2012 und 2019 wuchs die Wirtschaft der Elfenbeinküste jedes Jahr zwischen 6 und 10 Prozent. Und dieses Wachstum braucht Strom, denn der Fortschritt frisst Energie. Bisher haben nur 64 Prozent der Ivorer Zugang zu

Elektrizität. Da ist also noch Platz. Viel Platz. Jetzt müssen Kraftwerke her. Der politische Wille ist da. Die Sonne scheint. Wenn solar, dann jetzt. Wenn solar, dann hier.

»Die Kanadier«, sagt Jean-Marc, »hatten ihre Chance vertan.« Wir sitzen in seinem Büro in Abidjan: 15 Quadratmeter, vollständig ausgefüllt von Jean-Marc, Livane und einer Karte der Elfenbeinküste. Vor dem Fenster wachsen Mangobäume. Auf dem Parkplatz stehen dicke Karren. Jean-Marc und Livane fahren – natürlich – das gleiche Modell: dunkel glänzende Mercedes E-Klassen. Abidjan kann voll sein, laut und chaotisch. Aber in dieser Gegend ducken sich Häuser hinter hohe Hecken. Um die Ecke liegt ein französisches Café. Auf der Straße fahren Frauen in SUVs für frischen Fisch zum Carrefour. Es ist ein Stadtviertel für die Elite, ein Rückzugsort für die, die Ruhe kaufen können. Lange lebten hier nur westliche Ausländer – und Abidjans alte Männer. Aber seit Kurzem auch: die Jungs von Poro Power mit ihren Frauen und Kindern.

»Die Sache mit Canadian Solar«, sagt Livane, »hat uns gezeigt, was wir wirklich wert sind.« Er und Jean-Marc hatten die Kanadier mitgezogen. Hatten sich für sie durch die Bürokratie gekämpft. Hatten Minister überzeugt, Bewerbungen ausgefüllt, ein Grundstück gefunden und am Schluss die Absichtserklärung der Regierung verhandelt. Jahrelang hatten sie gedacht, sie wären angewiesen auf die Partner aus dem Ausland. Aber als Canadian Solar sie ausbezahlen wollte, merkten sie: Es war anders herum. Das hier war ihr Kraftwerk, ihr Projekt. Jean-Marc und Livane stellten eine Bedingung: Wenn Poro Power, dann nur mit uns als Geschäftsführern. Da stiegen die Kanadier aus. »Wir haben das nicht nur für uns getan«, sagt Jean-Marc. »Sondern für unser Land«, sagt Livane. »So viele Projekte werden von Ausländern geleitet«, sagt Jean-Marc. »Zu wenige von Ivorern«, sagt Livane. Es war eine mutige Entscheidung – und eine gefährliche. Nachdem die Kanadier ausgestiegen waren, hatten die beiden einen Vertrag mit der Regierung, aber keinen Partner für die Realisierung. Sie hatten ein Millionenprojekt ohne Millionen. Ein Kraftwerk auf Papier und niemanden, der es baute. Alles, was sie erreicht hatten, stand auf der Kippe – und Poro Power vor dem Scheitern.

»Die haben uns im Internet gefunden«, sagt Zino Fleck, »und einfach bei uns angerufen.« Fleck sitzt in Tauberbischofsheim, 5000 Kilometer von Abidjan entfernt. In der fränkischen Kleinstadt leben 13.000 Menschen. Hier gibt es ein backsteinrotes Rathaus und 25 Musik- und Gesangsvereine. Hier baut und betreibt Zino Fleck seit 20 Jahren Solaranlagen. Aber: nicht nur hier. Fleck sagt: »Ich habe mein Herz an Afrika verloren.« Sein Whatsapp-Profilbild zeigt, wie er auf einem Quad durchs Gelände ballert, Typ: süddeutscher Mittelständler mit Silberhaar und Abenteuergeist. Flecks Firma, Tauber Solar, hat bereits auf Mauritius ein Kraftwerk gebaut – und es auch in anderen Ländern versucht. In Burundi hatte er einen Vertrag mit der Regierung. Dann kam der Bürgerkrieg. In Ghana hatte er schon ein Grundstück. Doch dann kamen die Politiker. Fleck wollte nach Angola. Und es kamen die Chinesen mit Koffern voller Geld, »die sind offen korrupt«. Aber als in Tauberbischofsheim ein Mann aus der Elfenbeinküste anrief, ein Mann namens Jean-Marc Aie, war er trotzdem sofort interessiert.

Vertrauen. Darum geht es bei solchen Deals. Vertrauen, das heißt: springen und glauben, dass einen jemand auffängt. Aber Vertrauen heißt auch: Respekt. Zwei Wochen nach dem ersten Telefonat flog Fleck nach Abidjan. Dann fuhr er mit Jean-Marc und Livane in den Norden. Noch war hier nichts. Keine Straßen, keine Infrastruktur. Nur trockener Boden, Büsche, gelbes Gras. Zu dritt standen sie im Nirgendwo, wo einmal ihr Kraftwerk stehen sollte: Jean-Marc, Livane und

Fleck. Tauber Solar und Poro Power. Zwei Ivorer und ein Franke. Sie lernten sich kennen. Sie verbrachten Zeit miteinander. »Die Deutschen«, sagt Jean-Marc, »sind uns von Anfang an auf Augenhöhe begegnet.« Und Fleck sagt: »Die Jungs haben von Anfang an mit offenen Karten gespielt.« Er wusste: Allein die Absichtserklärung der Regierung war ein großer Erfolg. Ihm war klar: Der Standort Korhogo war perfekt. Aber er wusste auch: Poro Power würde Geld kosten. Viel Geld. Sein Geld. »Am Ende ist das ein Handshake-Deal«, sagt Fleck. »Man schaut sich in die Augen und entscheidet: Wir machen das.«

Und dann, vier Jahre nachdem Jean-Marc in Kanada gefeuert worden war und drei nachdem Livane eingestiegen war, nach Tausenden Seiten Dokumenten und Hunderten Verhandlungsstunden, nachdem die Jungs einen Partner verloren und einen neuen gefunden hatten, begann die richtige Arbeit. Erst musste eine Umweltstudie gemacht, Wissenschaftler eingeflogen, Personal angeheuert werden. Das erste Jahr kostete 3 Millionen Euro – und Tauber Solar zahlte. Dann kam der Stromabnahmevertrag mit der Regierung, das Herzstück des Projekts. Er legt fest, wie viel Strom die Regierung den Kraftwerksbetreibern abnimmt – und vor allem zu welchem Preis. Ein Jahr lang wurde verhandelt. Die Regierung war hart. »Zwischendurch dachten wir, das war's jetzt«, sagt Jean-Marc, »wir haben zu hoch gepokert.« Aber dann, 2018, kam ihr großer Moment.

Ein Mittwochvormittag, Pressekonferenz in Abidjan: Die Regierung informiert über ihre Arbeit, Journalisten drängeln, die Mikros sind eingeschaltet, der Livestream läuft. Jean-Marc sitzt in seinem Auto und fährt ins Büro. Da klingelt sein Handy. »Geh auf Facebook«, sagt Livane, »der Präsident spricht über Poro Power.« Tatsächlich, da war er, Ouattara persönlich. Er lobte ein Energieprojekt, eine Solaranlage im

Norden der Elfenbeinküste, die Zukunft der nationalen Energieversorgung. »Ich war wie betäubt«, sagt Jean-Marc. Vier Jahre hatten er und Livane investiert, vier Jahre ohne Gehalt, ohne Urlaub, ohne Pause. Jetzt war es amtlich: Der Präsident feierte ihr Projekt. Am Ende stand fest: 25 Jahre lang wird der ivorische Staat – und die französische CIE – Poro Power Strom abkaufen, erst 55 Megawatt, dann 66 Megawatt im Jahr, für 7 Cent die Kilowattstunde. »Nicht viel«, sagt Fleck. »Aber mit den Steuervergünstigungen rechnet es sich.«

Jean-Marc und Livane freuen sich noch immer über das Lob ihres Präsidenten, wie Schuljungen, die stolz sind, weil der Direktor sie erwähnt hat. Sie mögen Ouattara, üben kaum Kritik an seiner Regierung. Während wir ihnen zuhören, denken wir an die Berichte über Korruption, an ein noch immer gespaltenes Land, an das letzte offizielle Wahlergebnis, 94 Prozent für Ouattara, eine verdächtige Zahl. Warum nehmen Menschen wie Jean-Marc und Livane das alles so hin? »Seid ihr nicht unzufrieden?«, fragt Paul, und Livane antwortet: »Ich hab früher auch Bob Marley gehört.« »Them belly full, but we're hungry«. Sie wissen um die Probleme ihres Landes. Doch in den letzten Jahren haben ihre Politiker sie überrascht. »Wir haben immer darauf gewartet, dass während der Verhandlungen jemand fragt: ›So Jungs, wo ist das Geld?‹«, sagt Jean-Marc. Aber der Moment kam nicht. Niemand wollte geschmiert werden, keiner wurde bestochen. So erzählen es die beiden. Ob das stimmt? »It takes a revolution to make a solution«, auch das hat Bob Marley gesungen. Aber vielleicht ging es diesmal wirklich einfacher.

Geld wird auf jeden Fall noch genug fließen, ganz offiziell. 94 Millionen Euro Gesamtinvestment verschlingt Poro Power. 30 Millionen davon sind Eigenkapital, von Tauber Solar und einem Co-Investor aus Madagaskar. Der Rest stammt aus einem Darlehen der DEG, des internationalen

Arms der KfW – der weltweit größten nationalen Förderbank und damit in gewisser Weise vom deutschen Staat. Die DEG, die Deutsche Investitions- und Entwicklungsgesellschaft, vergibt Kredite an Firmen, die in Entwicklungsländer investieren. Und besonders gern tut sie das, wenn die Projekte nachhaltig sind und grün. Der Klimawandel belastet das Gewissen der Industrienationen. Sie haben die Atmosphäre verpestet – und sind reich geworden. Jetzt soll ein Teil dieses Reichtums den Schaden wiedergutmachen. 100 Milliarden Euro will die KfW in den nächsten fünf Jahren in die Energiewende stecken. Der DEG passt Poro Power also perfekt ins Programm: ein afrikanisches Solarkraftwerk mit lokalen Partnern und einer Firma aus Baden-Württemberg.

Es wird zehn bis zwölf Jahre dauern, bis Poro Power sich amortisiert. Allein die Bauzeit beträgt zwei Jahre. Das Projekt wird Arbeiter und Ingenieure auf drei Kontinenten beschäftigen, wird Schiffe, Züge, Laster in Beschlag nehmen, in Deutschland, Vietnam, China und der Elfenbeinküste.

Denn Photovoltaik-Technik mag perfekt zu Afrika passen – dort bauen lässt sie sich noch nicht. Um Afrika grün zu elektrifizieren, ist global vernetzte Arbeit nötig. Poro Powers Solarpaneele werden von einer deutschen Firma produziert, in China und Vietnam. Dort muss jedes Teil angepasst werden an die Bedingungen im sandigen Korhogo, Tausende Kilometer entfernt. »Jedes einzelne Stück muss entwickelt werden«, sagt Zino Fleck. »Da gibt es kein Standardrezept.«

Insgesamt 250.000 Solarpaneele werden dann von Asien nach Afrika reisen. In 900 Containern landen sie per Schiff im Hafen von Abidjan an, dann geht es per Zug weiter. 570 Kilometer weit fährt das Kraftwerk in spe von der Küste aus in den Norden, während der grüne Busch beige wird und die Sonne immer greller. Jean-Marc und Livane werden bei allem dabei sein. Sie werden am Hafen stehen, wenn die

Container ankommen. Sie werden den Zügen folgen, durchs ganze Land. Sie werden beim Beladen der Lastwagen helfen, wenn alle Container die letzten 50 Kilometer per Truck transportiert werden. Sie werden fluchen und Kommandos geben, werden den Aufbau in Korhorgo beaufsichtigen, Paneel für Paneel dabei zuschauen, wie ihr Traum wahr wird, bis 140 Hektar solarzellengrau in der Sonne glänzen.

»So lange gab es all das nur in unseren Köpfen«, sagt Jean-Marc, »jetzt passiert es wirklich.« Im Januar 2023 soll die Anlage stehen. Und dann? »Wenn du einmal anfängst«, sagt Livane, »willst du immer mehr.« Durch Funken entstehen Brände, durch Strom Industrialisierung – und das Leben, das dazugehört. Wer einen Kühlschrank hat, will auch eine Klimaanlage, eine Waschmaschine, einen Fernseher. Mehr führt zu mehr. Jetzt schon verhandeln die beiden Gründer gemeinsam mit Fleck die Vorverträge zu Poro Power 2, 3 und 4. Afrika braucht Strom. Der Fortschritt hungert nach mehr. »Wir fangen gerade erst an«, sagt Jean-Marc. »Die Zukunft der Solarkraftwerke liegt hier.«

+++ Smart Blood +++ Motorradfahrer retten Leben +++ Lauter Helden aus einem Marvel-Film +++ Der Moloch an der Lagune +++ Ein Modell für die ganze Welt +++ Es sollen weniger Mütter bei der Geburt sterben +++ Der Ritter in schimmernder Rüstung +++ Ein ganzer Tag im Stau, in Lagos, Nigeria +++

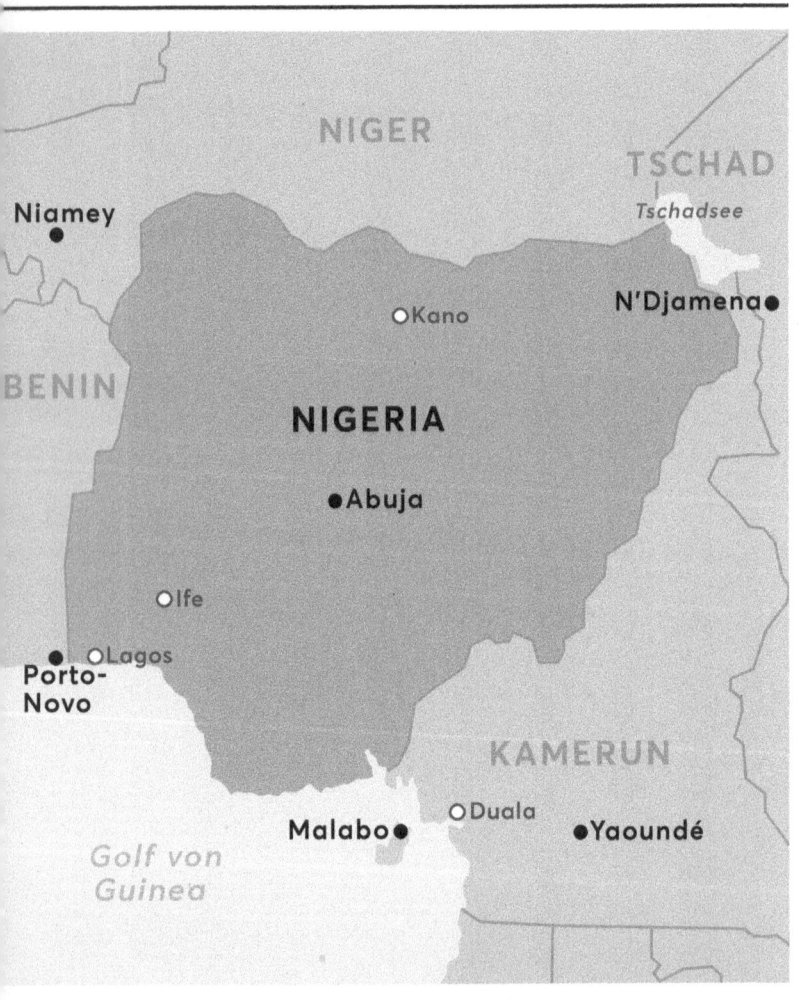

NIGERIA:
Temie Giwa-Tubosun | Lifebank

DER BLUTLIEFERDIENST

IN NIGERIA GEHEN viele Leben verloren. Weil Terroristen morden und das Militär sie nicht aufhält. Weil Straßen kaputt und Autos alt sind. Weil die Kriminalität hoch, weil die Polizei korrupt, weil das Gesundheitssystem schlecht ist. Aber eine der häufigsten Todesursachen ist viel trivialer: Leben gehen verloren, weil Hilfe zu spät kommt. Jeden Tag werden Menschen schwer verletzt, sind krank oder liegen in den Wehen. Sie brauchen Blut, sie warten auf Blut – aber das Blut kommt nicht. Es steht im Stau, es verdirbt in der Hitze und die Menschen sterben. Nicht Gewalt oder Krieg sind ihr Todesurteil, sondern Nigerias Infrastruktur. Und genau das will Temie Giwa-Tubosun, Gründerin von Lifebank, ändern – mit einem Online-Marktplatz für Blut samt Lieferdienst. Meta-Chef Mark Zuckerberg sagte einmal: »Wenn ihr das gelingt, wird sie nicht nur Lagos verändern, nicht nur Nigeria, sondern Länder überall auf der Welt.«

Es ist acht Uhr morgens in Lagos, und die Frau, die die Welt verändern soll, wird seit zwei Stunden geschminkt. Temie Giwa-Tubosun thront auf einem Hocker im Zentrum ihres Büros: eine kleine Frau, rund wie eine Nana-Figur. Zwei Mitarbeiterinnen aus ihrem Team umkreisen sie auf engen Bahnen. Eine Frau macht ihre Haare, die andere das Gesicht. Temie schwitzt. Sie ist genervt. Ihr Kostüm zwickt. Die Pumps sind zu klein. Und alles dauert ihr zu lang. Temie könnte jetzt mit ihrem Büro in Kenia telefonieren. Aber das tut sie nicht. Sie könnte Lieferungen von Blut, von Sauerstoff, von

Impfstoffen organisieren. Aber das muss warten. Erst einmal wird Temie angemalt. Denn an diesem Morgen muss sie vor die Kamera, ihre große Geschichte erzählen, mal wieder.

2016 hat Temie ihre Firma Lifebank gegründet – und seitdem viel Aufmerksamkeit erregt. Nicht nur Zuckerberg hat die Firma gelobt, Alibaba-Gründer Jack Ma hat sogar investiert. Temie ist ein Shootingstar der afrikanischen Start-up-Branche und über den Kontinent hinaus berühmt. Ihre Firma hat in nur fünf Jahren geschafft, woran viele Regierungen und internationale NGOs seit Jahrzehnten scheitern: Sie hat kritische Infrastruktur neu gedacht – und verbessert.

9 Uhr morgens, Lagos, Lifebank-Hauptquartier: Männer in Autos werden langsam wütend, hupen, schreien. Seit einer Stunde ist die Straße für Temies Werbevideodreh gesperrt. Der Verkehr staut sich, Kinder gaffen. Quer über der Fahrbahn stehen die Motorräder der Lifebank-Blut-Kuriere. Daneben die Fahrer, in grauen Körperpanzern, roten Helmen. Drohnen surren am Himmel. Kameramänner schwitzen. Dann rauscht Temie auf die Straße. »Action!«, ruft der Regisseur, und ein Mikrofon taucht auf die Chefin herab. »Wir von Lifebank glauben, dass kein Afrikaner sterben sollte, weil wichtige Hilfsgüter nicht verfügbar sind.« »Gut«, sagt der Regisseur, »noch einmal.« Aber Temie ist schon wieder auf dem Weg nach drinnen. »Das reicht«, ruft sie über die Schulter, »das wird heute noch ein langer Tag.« LKW werden angelassen, Motorräder weggeschoben. Der Verkehr schwappt in die Straße wie eine wütende Welle.

Nigeria ist ein chaotisches Land und vor allem ein riesiges. Bis 2100 wird es nach China und Indien die drittgrößte Nation der Welt sein. Schon heute ist es die größte Volkswirtschaft Afrikas und der bevölkerungsreichste Staat des Kontinents, ein Land, in dem mehr als 200 Ethnien mehr als 500 Sprachen sprechen. »Eigentlich«, sagt Temie, »ist es gar

nicht ein Land, es sind mindestens sechs.« Nigeria ist vielfältig – und hat viele Probleme. Allen voran: das Gesundheitssystem. Auf 10.000 Einwohner kommen in Nigeria nur
knapp vier Ärzte. In Deutschland sind es 45. 97 Prozent der
Bevölkerung haben keine Krankenversicherung. Über 70 Prozent aller Gesundheitsausgaben werden deswegen privat
gezahlt. Patienten blechen selbst, für Krankenhauszimmer,
Pillen, Ärzte – und auch fürs knappe Blut. Zwei Millionen
Einheiten Blut bräuchte Nigeria jedes Jahr. Tatsächlich verab-
reicht werden gerade einmal 500.000. Deswegen kann jede
Verletzung tödlich sein und vor allem: jede Geburt. In Europa
sterben nur zehn von 100.000 Gebärenden an Blutverlust. In
Subsahara-Afrika sind es durchschnittlich 511, in Nigeria: 917.
Es gibt nur drei Länder auf der Welt, in denen noch mehr
Mütter ihr Leben bei der Geburt verlieren: Sierra Leone,
Tschad und Südsudan.

Temie Giwa-Tubosun wurde 1985 in Ife geboren, fünf
Autostunden von Lagos entfernt. Ife liegt im Südwesten
Nigerias, eine Universitätsstadt, Heimat berühmter Schriftsteller. Die Yoruba, Nigerias zweitgrößte Volksgruppe, glauben: Es ist der Ort, an dem die Welt erschaffen wurde. Dort
unterrichtete Temies Vater an der Uni. Sein Haus war voller
Bücher, von Anfang an prägten die großen Geschichten das
Leben seiner Töchter. »Meine Schwester wollte eine Brontë-
Sister werden«, sagt Temie, »und ich Drehbücher schreiben.« Also schaute sie amerikanische Serien, las amerikanische Bücher. Als ihre Eltern ihr sagten, die Familie ziehe
in die USA, dachte Temie: »Wir gehen nach New York oder
Kalifornien.« Es wurde: Minnesota. Temie war 15 Jahre alt.
Sie hatte Nigeria noch nie verlassen. Jetzt saß sie im Norden
Amerikas, der anders aussah als in den Filmen, wo nirgendwo Palmen wuchsen und es keine Hochhäuser gab,
nur leere, lange Straßen und im Winter viel Schnee.

10 Uhr 30, Lagos, Nigeria, Stadtautobahn: Ein Motorradfahrer mit grauem Körperpanzer und rotem Helm drückt die
Beine an seine Maschine und gibt Gas. Er weicht Fußgängern
aus, Lastkarren, Verkäufern, er fährt Slalom durchs Chaos.
In seinem Anzug mit Panzerplatten sieht er aus wie der Held
eines Marvel-Films. An seiner Maschine hängt ein Metall-
kasten, krankenhausweiß und alarmrot lackiert. »Achtung!«,
steht darauf, »Lebensrettender Inhalt«. Der Fahrer biegt ab.
Er muss sich beeilen. Der Fahrer heißt Dammy Asemokhai.
Er ist 30 Jahre alt und einer von 50 Männern, die für Lifebank
Blut transportieren. Das ist die eine Seite von Temies Geschäft: Ihr Start-up liefert Blut. Die Firma sorgt dafür, dass es
rechtzeitig ankommt, beim richtigen Patienten, am richtigen
Ort.

Dammy und seine Kollegen transportieren das Blut auf
Motorrädern durch die Stadt, in Schnellbooten übers Wasser,
per Drohne in den Slum – eine gefährliche Aufgabe. Ihr Ein-
satzgebiet ist Lagos. Und Lagos heißt Chaos. Lagos bedeutet
Moloch. Es ist die größte Stadt südlich der Sahara. Mehr als
23 Millionen Menschen leben in der Metropolregion rund
um eine dampfende Lagune. In Lagos wird gekämpft, um
jeden Dollar und jeden Zentimeter. In Lagos sind die Straßen
immer voll und das Gewühl ist immer dicht. Jeder Weg kann
Stunden dauern, jede Autofahrt einen halben Tag. Alles hier
kostet Zeit – mehr Zeit, als ein Patient, der Blut braucht, in
der Regel hat. Deswegen fährt Dammy so schnell er kann –
wie lange er braucht, entscheidet über Leben und Tod.

11 Uhr, Lagos, Lifebank-Hauptquartier: Temie trippelt
wuchtig durchs Büro, in ihrem Kielwasser Assistenten. Sie
nimmt die Treppe in den ersten Stock. Die Wände sind über
und über mit Herzen beklebt. Auf jedem steht ein Name und
ein Datum: »Okere, 12/16/2018« oder »Charity, 07/21/2019«.
»Das sind die Menschen, die Lifebank gerettet hat«, sagt

Temie, »die Empfänger des Blutes.« Sie weiß, wie man Geschichten erzählt. Deswegen die Herzen im Treppenhaus. Deswegen die Rüstung der Kuriere. Als Kind wollte Temie Drehbücher schreiben, jetzt schreibt sie den Plot für ihr Start-up: Lifebanks-Fahrer sind Helden, die Firma rettet Leben. Das ist die Zahl, in der die Chefin Erfolg misst: 10.401 gerettete Leben seit 2016. Bei Lifebank gehört das zu den Kennzahlen. Aber natürlich gibt es auch weltlichere KPIs.

»Seit unserer Gründung haben wir jedes Jahr unseren Umsatz verdoppelt«, sagt Temie. Wie hoch der genau ist, will sie nicht verraten. Aber 2018 sagte sie einem Reporter: 100.000 US-Dollar. Wenn ihre Wachstumszahlen stimmen, müsste Lifebank 2022 also mehr als eine Million machen. Mittlerweile gibt es die Firma in drei Ländern, in Nigeria, Kenia und Äthiopien. 130 Menschen arbeiten für sie. Aber nur ein Drittel davon sind Fahrer. Denn Blut auszuliefern, ist nur die eine Hälfte von Temies Geschäft.

Ayo Olufemi ist Lifebanks Chief Technical Officer (CTO), 32 Jahre alt, gerader Rücken, strenger Blick. Bleibt man bei Temies Superhelden-Narrativ, ist er wohl James Bonds Q oder Batmans Lucius Fox – der Mann, der den Helden die Technik baut. »Die Fahrer stehen im Vordergrund«, sagt Ayo, »aber dahinter regieren Daten.« Denn Lifebank liefert nicht nur aus. Die Firma ist ein digitaler Marktplatz, eine Onlineplattform für Blut. Über die Lifebank-App können Blutbanken ihre Vorräte listen – und Krankenhäuser Blutkonserven bestellen wie eine Pizza bei Lieferando. »Bevor es uns gab«, sagt Temie, »kamen Nachfrage und Angebot nicht zueinander.« In Nigerias größter Stadt herrschte Klein-Klein und Chaos. Blut blieb liegen. Blut verfiel. »Die Konsequenzen waren unvorstellbar.«

Temie Giwa-Tubosun wollte schon immer die Welt retten, nur wusste sie lange nicht wie. Als Teenager in Minnesota dachte sie, sie würde Anwältin werden. »Ich war davon

besessen«, sagt sie. Und in ihrem Fall hieß das: von Anwalts-
romanen, -filmen, -serien. Aber als sie aufs College ging, änderte sich das. »Ich wollte kein amerikanisches Leben«, sagt
Temie, »keine amerikanische Anwältin sein.« An der Uni fand
sie Freunde aus Asien, Afrika, Europa. Und stellte fest: »Ich
will international arbeiten.« Damals, im Jahr 2006, war Kofi
Annan UN-Generalsekretär. »Ein schwarzer Mann, ein Afrikaner«, sagt Temie. »Ich dachte: Wenn er eine UN-Person sein
kann, kann ich das auch.« Sie studierte Öffentliche Verwaltung
und Gesundheitsmanagement. Sie machte ein Praktikum in
der Schweiz, bei der WHO. Und eines in Nigeria, bei einer
NGO. »Da habe ich gesehen«, sagt Temie, »wie schlimm die
Dinge hier wirklich waren.«

12 Uhr 45, Lagos, ein Hinterhof, Mittagshitze: Dammy
Asemokhai stellt sein Motorrad ab. Die Maschine tickt leise
nach. Rundherum flache Gebäude, bröckelnder Putz. In einer
Ecke stapeln sich Autoreifen. Auf einer Wand steht: »Der
Herr ist mein Hirte.« Dammy schultert seine Transportbox
und betritt das Gebäude. Drinnen gibt es ein Wartezimmer
und ein Labor. Ein Dieselgenerator betreibt den Blutkühl-
schrank. In den Hinterhöfen von Lagos gibt es viele solcher
Blutbanken. Wie viele genau, weiß keiner, aber es müssen
Hunderte sein. Sie sind nicht zentral organisiert. Die privaten
Firmen verkaufen nur wenige Liter am Tag, häufig ohne
Bankkonto, werden betrieben von nur einer Person, einem
Laboranten mit der staatlichen Lizenz zum Blutverkauf. Der
Mann, der diese Blutbank betreibt, heißt Nelson Ekpe.

Nelson sieht aus wie ein Wissenschaftler aus einem Hollywoodfilm: ein gut trainierter Typ, mit Kinnbart und blüten-
weißem Kittel. 200 Einheiten Blut spenden Menschen ihm
jede Woche für Geld. 2500 Naira zahlt Nelson den Spendern –
etwas mehr als fünf Euro. Nur 5 Prozent aller Blutkonserven
Nigerias kommen aus unbezahlten Spenden. Der Rest kostet

Geld. Die Blutbanken zahlen die Spender, die Krankenhäuser die Blutbanken – am Ende liegen dann alle Kosten: bei den Patienten.

»Ohne Lifebank«, sagt er, »würde es mein Geschäft nicht geben.« Etwa 35 Tage lang ist eine Einheit Blut haltbar. Vor der Gründung von Lifebank kam es vor, dass Nelson Konserven wegwerfen musste, weil kein Krankenhaus sie rechtzeitig kaufte. Aber seit er die Plattform nutzt, ist kein Beutel mehr liegen geblieben. Und: »Lifebank ist mein Büro«, sagt er. Wie viele andere hatte er seine Vorräte nur auf Papier gelistet. Jetzt managt er seine Bestände über die App. Nelson geht zum Kühlschrank. Er nimmt einen Beutel A Rhesus positiv und legt ihn in Dammys Transportbox. Dunkel, dick und marmeladig schwappt das Blut im Plastik. Dammy befestigt die Box, steigt auf sein Motorrad, gibt Gas. Ein Krankenhaus in der Nähe hat bestellt. Eine Frau liegt in den Wehen. Sie blutet.

Als Temie Giwa-Tubosun 22 Jahre alt war, saß sie während ihres NGO-Praktikums auf dem Boden einer Hütte und hielt die Hand einer jungen Frau, die mit dem Tod rang. Das Dorf, in dem die Hütte stand, lag in Kano, im Norden Nigerias. Es mangelt dort an vielem, auch an Ärzten und Blutkonserven. Die Frau auf dem Boden war 19. Sie hieß Aisha und lag in den Wehen. Das Kind wollte nicht kommen. Aisha blutete stark. »Niemand konnte etwas tun«, sagt Temie. Es war heiß, überall Schweiß, Blut. »Die Menschen schauten ihr einfach beim Sterben zu.« Aisha kämpfte die ganze Nacht. Sie überlebte. Aber ihr Baby starb. »Ich bin zusammengebrochen«, sagt Temie. Drei Tage lang schloss sie sich in ihr Zimmer ein. »Als ich herauskam«, sagt sie, »war ich besessen vom Thema Gesundheit.«

14 Uhr, Lagos, Lifebank-Hauptquartier: »Wer hat die Übersicht?«, fragt CTO Ayo und schaut in die Runde. Um ihn herum Mitarbeiter, jung und mit Laptops. Telefone klingeln, Handys

vibrieren. Das Sales-Team spricht mit Krankenhäusern, das Callcenter antwortet Kunden. »Momentan haben wir 600 Kliniken auf unserer Plattform«, sagt Ayo. »Und es werden immer mehr.« Mit ihnen verdient das Start-up Geld. Für jede gelieferte Blutkonserve berechnet Lifebank eine Gebühr. Wie hoch die ist, will keiner sagen. Der genaue Preis variiert ohnehin von Kunde zu Kunde. »Wir quersubventionieren«, sagt Temie. »Wer mehr hat, zahlt mehr, wer weniger hat, zahlt weniger.« Noch passiert das meistens bar und pro Lieferung. »Aber wir arbeiten an einem Abo-Modell«, sagt der CTO. Das Start-up will weg vom Ad-hoc-Geschäft und Tausenden Einzelaufträgen. In Zukunft sollen Krankenhäuser ihren Bedarf mit den von Lifebank erhobenen Daten im Voraus berechnen können – und dafür pro Monat zahlen. »Wir entwickeln uns weiter«, sagt Temie. »Bereits jetzt sind wir etwas anderes, als ich am Anfang geplant hatte.«

Als Temie mit 27 nach Nigeria zog, war sie keine Geschäftsfrau und wollte auch keine sein. Sie hatte geheiratet – einen Linguisten aus Lagos – und arbeitete bei der Gesundheitsbehörde. Dort beriet sie Krankenhäuser beim Aufbau von Infrastruktur. »Es war die Hölle«, sagt sie heute und lacht. Die Strukturen waren alt, die Kollegen faul. »Ich habe ein Problem«, sagt Temie, »ich arbeite gerne.« Das ist ihre hervorstechendste Eigenschaft, nicht Ehrgeiz, eher Arbeitswut. Sie schmiss bei der Behörde hin und wechselte zu einer NGO: In Nigerias Filmindustrie Nollywood erklärte sie Regisseuren, wie Krankenhäuser funktionieren und Schauspielern, wie Ärzte sprechen. Temie machte aus Filmen Gesundheitsaufklärung. Es hätte ein perfekter Job für sie sein müssen, zwischen Drehbüchern und Gesundheitssystem. Aber: Es war ihr nicht genug. Temie gründete selbst, eine eigene NGO, das One Percent Project. Sie sammelte Blut an Universitäten, überzeugte Studenten, zu spenden. »Aber wir hatten nicht genug Impact«, sagt sie. Temie war jetzt 30. Sie hatte das Gefühl, dass jetzt etwas Großes kommen müsste. Und es kam: die Idee für Lifebank. »Nur eine private Firma kann wirklich etwas verändern«, sagt sie. »Nur, wenn jemand bereit ist, für etwas zu zahlen, kann man sicher sein, dass man ein echtes Problem löst.«

»Wenn du nur eine Person überzeugst, in dich zu investieren«, sagte Temies Mann zu ihr, »bin ich an Bord.« Also zog die Gründerin los und überzeugte nicht nur eine Person, sondern gleich einen ganzen Hub: den CC Hub, Lagos' wichtigsten Start-up-Inkubator. 25.000 US-Dollar Startkapital bekam sie für ihre Plattform-Idee. Einzige Auflage: Sie brauchte einen Tech-Profi. Also holte Temie Ayo Olufemi. Er war ein Freund, jung und motiviert. Er arbeitete als Programmierer für Banken, aber für Lifebank gab er das auf. Heute sagt er: »Ich wusste von Anfang an: Damit können wir etwas verändern. Und Millionen verdienen.«

Aber der Reichtum ließ auf sich warten. Die Plattform war entwickelt, doch die Kunden blieben aus. »Wir hatten einige Krankenhäuser an Bord«, sagt Temie, »aber die Blutbanken nicht.« Die Labors misstrauten dem Start-up. Sie hielten Lifebank für Konkurrenz. Sechs Wochen brauchte es, bis Temie eine der größeren Blutbanken überzeugte – dann folgte der Rest. Im Mai 2016 war es so weit: In Lifebanks Hauptquartier ging die erste Bestellung ein. Und mit ihr kam das zweite, das eigentliche Problem. Temie wollte nur vermitteln, bloß die Software stellen, nicht liefern. Aber jetzt rief das Krankenhaus an, und ein Mann fragte: »Wo bleibt unser Blut?« »Ich war geschockt«, sagt Temie. Ihr wurde klar: »Ich brauchte ein neues Geschäftsmodell.« Die Chefin sprang selbst in ihr Auto, um das Blut zu holen. Sie stand im Stau. Sie schwitzte, starrte nervös auf die Transportbox. »Es waren mit die schlimmsten 25 Minuten meines Lebens.«

15 Uhr 30, Lagos, Saint-Lucas-Krankenhaus: Lifebank-Kurier Dammy Asemokhai stapft in Motorradstiefeln durch die Tür. Er hat Blut dabei. 30 Minuten hat er diesmal gebraucht. Eine gute Zeit. Er kennt sich in Lagos aus, er ist hier geboren. Trotzdem navigiert er wie all seine Kollegen per Handy. Lifebanks App zeigt ihm, welche Route er nehmen, wo er Blut abholen und wohin er es liefern muss. Im Saint Lucas bringt Dammy seine Fracht ins Labor. Im Flur riecht es antiseptisch. Er begrüßt den Laborchef, übergibt das Blut, unterschreibt. Er muss wieder los.

Der Arzt im Labor heißt Ogutiée Mipuita: ein schmaler Mann mit dem müden Blick eines Menschen, der schon lange im Krankenhaus arbeitet. 15 bis 20 Patienten nimmt das Saint Lucas jeden Tag auf: Unfälle, Tuberkulose, Geburten. Seit acht Jahren leitet Ogutiée hier das Labor. Seit drei Jahren arbeitet er mit Lifebank. »Erst war ich skeptisch«, sagt er. Aber jetzt hat er nur Gutes zu sagen. Die Fahrer seien zuverlässig, die Blutgruppe sei immer richtig. Seit er mit Lifebank arbeite, sei ihm kein Patient mehr verblutet. Fast 3000 private Kliniken wie seine gibt es in Lagos. Dazu kommen mehr als 250 öffentliche Gesundheitszentren und 26 staatliche Krankenhäuser. Und alle brauchen Blut. Warum haben sie also keine eigenen Blutbanken? So wie in Deutschland oder England. »Sie dürfen es nicht«, sagt Temie. Nur die großen, staatlichen Kliniken lagerten noch selber Blut. Früher hätten das auch private Krankenhäuser getan, allerdings dermaßen schlecht, dass der Staat vielen die Lizenz entzog. Deswegen entstanden so viele unabhängige Blutbanken – und eine Lücke für Lifebank.

2016, nachdem sie die ersten Bestellungen selbst ausgefahren hatte, stellte Temie Kuriere ein, kaufte Motorräder. Nachdem das Geschäft in Lagos lief, übernahm Lifebank die Blutversorgung in Nigerias Hauptstadt Abuja, dann im Rest des Landes. 2020 expandierte die Firma nach Kenia, 2021 nach Äthiopien. Sierra Leone, Togo, Malawi und Liberia sollen jetzt folgen. Fast eine Million US-Dollar wurden inzwischen in Lifebank investiert. »Aber mir gehört noch immer die Mehrheit«, sagt Temie. Als Covid über Afrika kam, begann sie, neben Blut auch Sauerstoff zu liefern. »Airbank« nannte sie diesen Teil ihres Geschäfts. 2021 machte er schon 20 Prozent ihres Umsatzes aus. Aber Temie will mehr: »Stockbank« soll Krankenhauszubehör liefern, »Coldbank« ab 2022 Impfstoffe. Ihr CTO baut an Blockchain-Verschlüsselungen, Machine Learning und Echtzeit-Nachbestellungen. Lifebank soll werden wie ein Amazon der Zukunft für Krankenhäuser: ein System, das alles liefern kann, noch bevor jemand merkt, dass es fehlt.

16 Uhr 45, Lagos, Lifebank-Hauptquartier: »In meinem Kopf«, sagt Temie, »führe ich schon lange das Lifebank der Zukunft.« Ihr Büro ist schmucklos, nur ein Poster hängt an der Wand. »Lifebank Global« steht darauf, darunter eine Weltkarte. Nigeria, Kenia und Äthiopien sind bereits eingefärbt. Ganz Afrika und Südamerika, große Teile von Asien, sogar die Hälfte der USA sind schraffiert. »Da könnte es als Nächstes hingehen«, sagt Temie. Auch da gibt es Stau, schlechte Infrastruktur, unterversorgte Krankenhäuser. »Natürlich fange ich nicht mit Darmstadt oder Norwegen an«, sagt sie. Aber der Rest der Welt soll bald von Lifebank hören. Es sind große Pläne, die Temie da in ihrem Büro entwirft. Und vieles spricht dafür, dass sie aufgehen könnten.

Laut WHO haben weltweit nur 28 Prozent der einkommensschwachen Länder eine nationale Blutversorgung. Und selbst unter den Industrienationen sind es nur knapp 80 Prozent. Überall könnten Gesundheitssysteme von Lifebank profitieren – nicht nur in Afrika, sondern auch in Ländern wie Indien, wo jedes Jahr Hunderttausende Einheiten Blut wegen schlechter Infrastruktur verderben. Und auch Temies neue Dienstleistungen – Cold-, Stock- und Airbank – werden weltweit gebraucht. In Florida zum Beispiel fehlte es Krankenhäusern während der Corona-Pandemie an Sauerstoff – weil es nicht genug Fahrer gab, um das Gas auszuliefern. Deswegen traut sich Temie zu, die Welt zu verändern. Weil sie genug Ehrgeiz hat und die Welt genug Mangel. Aber auch: weil dieser Kampf für sie ein persönlicher ist.

Zwei Jahre bevor sie Lifebank gründete, wurde Temie schwanger. Alles verlief normal. Zumindest zunächst. Ein paar Monate lang arbeitete sie weiter in Lagos. Dann flog sie zu ihren Eltern nach Minnesota. »Die Ärzte dort stellten fest«, sagt sie, »dass ich einfach alles hatte.« Sie litt unter Schwangerschaftsdiabetes und -vergiftung. Das Baby lag nicht gut, es wurde eine Steißgeburt. Ein Team von Ärztinnen machte einen Notkaiserschnitt, kämpfte, gab ihr Blut. Temie und ihr Baby überlebten nur knapp. »In Nigeria«, sagt sie, »wären wir beide gestorben.«

Heute ist ihr Sohn acht Jahre alt – und gesund. »Er ist schlank und sportlich«, sagt sie und lacht. »Keine Ahnung, woher er das hat.« Auch für ihn hat sie Lifebank gegründet: eine Firma, in der junge Afrikaner ein großes Problem lösen. »Mein Sohn soll lernen, dass wir die Helden unserer eigenen Geschichte sein können«, sagt sie. »Dass wir nicht immer die Jungfrau in Nöten sind, sondern auch der Ritter in schimmernder Rüstung.«

17 Uhr 40, Lagos, auf der Straße: Inzwischen ist es dunkel. Dammy Asemokhai hockt neben seinem Motorrad. Er hat den Helm abgesetzt, sieht müde aus. Das Licht einer Straßenlaterne schimmert gelb auf seiner Rüstung. Die Luft ist warm und zäh vom Blubbern Zehntausender Motoren. Dammy hat noch eine letzte Tour vor sich. Es geht nach Lagos Island, raus auf dieses schmale Band Land, das die Lagune

umkränzt. Das kann eine gefährliche Fahrt sein, jetzt, in der Dunkelheit. Zwei Unfälle hatte Dammy schon. Aber er stand wieder auf. Einmal wurde er ausgeraubt, von vier Männern mit Waffen. Das Blut wollten sie nicht. Dammy fuhr weiter. »Ich bin Kurierfahrer«, sagt er. Und: »Besser man riskiert sein Leben für Blut als für eine Pizza.«

+++ Der Reichtum unter der Straße +++ Das Schwarz-Weiß-Südafrika +++ Wird sich je etwas ändern? +++ 2,5 Billionen Dollar +++ Sun City Casino +++ Die Quotenregelung aller Quotenregelungen +++ Erst kommt das Fressen, dann das BEE-Bingo +++ Tebogo Mosito soll für alle die Frau aus Stahl sein +++ Rustenberg and around +++ Wo das Platin herkommt +++

SÜDAFRIKA:
Tebogo Mosito | Ditsogo

KALTES LAND

JA, SÜDAFRIKA, das kennt man. Darüber weiß jeder irgendetwas. Dort war das Apartheids-Südafrika, dieser Pariastaat:
Rassentrennung, Ausbeutung, ein ungeheuerliches Verbrechen an Millionen, die, eingepfercht in Townships, nicht
frei leben durften in ihrem eigenen Land. Und dann: 1994!
Die Geschichte vom Regenbogen-Südafrika. Freiheit, er-
kämpft mit der Faust in der Luft. Das angebliche Ende der
Ungerechtigkeit. Die vermeintliche Aussöhnung. Und natürlich und über und vor allem: Nelson Mandela! Die ganze Welt
dachte: endlich. Und irgendwo im Hintergrund sang sicher
Rodriguez: »You're the answer that makes my questions dis-
appear.« Dann verblasste das alles und wurde überlagert vom
aktuellen Südafrika, dem Immer-noch-Schwarz-Weiß-Südafri-
ka, dem Südafrika der Gegensätze, mit neuer Schwarzer Elite
und alter Schwarzer Armut. Es kamen: der korrupte ANC, der
African National Congress, und Präsident Jacob Zuma, der
Thief in Chief, der Häuptling der Diebe. Es blieben: all der
Hass aufeinander, die Kriminalität, die Gewalt. Und natürlich,
hinter und vor allem: Paranoia – der Weißen, der Schwarzen,
der Reichen gegenüber den Armen. Leuchtschilder auf den
Highways: »High crime area: Do not stop!« Und trotzdem.
Es gibt ja auch schöne Seiten. Das Touristen-Südafrika, wo
die Sonne vor dem Tafelberg untergeht, wo deutsche Flitter-
wöchler auf Weintour durch Stellenbosch ziehen. Surfen vor
Durban. Das Kap der Guten Hoffnung. Die ist noch nicht
tot. Das alles sind Annäherungen, Versatzstücke, nur Teile

der Wahrheit. Südafrika ist ein großes, kompliziertes, verwirrendes Land.

Rustenburg. So heißt die Stadt, in die wir fahren. Der Name bedeutet auf Afrikaans »Ort der Ruhe«, und als wir den Stadtrand erreichen, ist tatsächlich nichts los. Nur ein paar Staubfahnen tanzen über die Straße. Wir sind von Johannesburg hierhergefahren, zwei Stunden lang, in einem Kleinstmietwagen, der sich die Hügel nur mühsam heraufzitterte, und immer wieder überholten uns schwere, rauchende Laster. Die Landschaft hier hat eine brutale Offenheit. Kilometerweit schaut man über Sandgelb und Geröllgrau bis zu Bergen am Horizont, die so nackt sind wie Abraumhalden. Der Himmel ist kalt und klar. Und am Straßenrand ragen die Skelettfinger alter Industrieanlagen auf. Das ganze Land sieht aus, als habe man es umgegraben und wieder aufgeschüttet. Und genau das ist zum Teil auch passiert.

Auf dem Weg nach Rustenburg sehen wir Riesenparkplätze, Riesenstraßen, Rieseneinkaufszentren, aber kaum Menschen. Alles wirkt überdimensioniert. Ein Werbebanner, so groß wie ein ganzer Häuserzug: MEAT WORLD: REAL MEAT – REAL FLAVOUR! Es ist Anfang Juni, das heißt: tiefster Winter. Die Sonne scheint, aber das Thermometer zeigt fünf Grad. Die Leute am Straßenrand tragen abgegrabbelt aussehende Daunenjacken. Alles hier wirkt, als hätte es lange im Wind gestanden, als wäre es von der Zeit flachgelutscht worden wie ein Kiesel am Strand. Es wirkt ärmlich. Dabei ist Rustenburg reich. Es könnte sogar ungeheuer reich sein. Denn nur ein paar Meter unter dem Boden liegt das Merensky Reef, eine Lage magmatischen Gesteins und in ihr: die größten Platinvorkommen der Erde. In Rustenburg befinden sich die zwei ertragreichsten Platinminen der Welt. Der Bergbau stellt die Hälfte aller Arbeitsplätze der Region. Der einzige andere bedeutende Arbeitgeber: Sun City, ein (natürlich überdimensionierter) Freizeitkomplex mit Hotels und Kasino. Aber die Arbeitsplätze werden weniger. Den Minen – und der an ihnen hängenden Industrie – ging es schon mal besser. Den Menschen auch. Rustenburg and around – das ist, wie viele Bergbaugebiete, eine harte, eine Schwielige-Hände-Gegend. Und es sieht so aus, als würde sie in Zukunft noch härter werden.

Wir sind hierhergekommen, um eine Frau zu treffen, die inmitten dieser rostigen Vergangenheit die Zukunft sein soll. Tebogo Mosito ist 41 Jahre alt. Sie führt ihre Firma, Ditsogo, seit sieben Jahren. Auch sie lebt von den Minen, macht ihr Geld als Zulieferer des Platin-Bergbaus. Ditsogo stellt Stahlprodukte her: Schienen, die in den Tunneln der Minen verlegt werden, schwere Träger, die Decken stützen. Vor allem aber schweißen Tebogos Männer Hopper zusammen: Wagen, auf denen Metall und Abraum aus den Bergwerken transportiert werden. Das Design ist simpel und extrem robust. Ditsogos Hopper sehen aus wie stählerne Badewannen auf Rädern. Tebogo Mosito macht also oldschool Industrie, ganz klassisch, mit Schweißgerät-Funkenschauern, Fabrikhallen, Stahlkappenstiefeln. Nur tut sie das als eine der sehr wenigen Frauen im Geschäft. So was ist immer schwierig. Damit könnte die Geschichte auch auserzählt sein. Eher: müsste sie. Ist sie aber nicht. Denn in Südafrika ist nichts so einfach. Noch nicht einmal die Selbstbeschreibung auf der Firmenwebsite.

»Ditsogo Projects is a 100 % black-female-owned established business since 2015, specializing in metal fabrication, steel engineering services, plant maintenance and supply of related products. We are a local Tier 1, doorstep BBBEE Level 1 business (...)«

BBBEE, das steht für Broad-Based Black Economic Empowerment, ein staatliches Quotensystem nach Hautfarbe.

Und BBBEE Level 1, das heißt: as black as it gets. Wem eine Firma gehört, wer im Aufsichtsrat sitzt und wer am Fließband steht, in Südafrika ist das alles politisch, geprägt und bestimmt von den Altlasten der Vergangenheit. Jedes Unternehmen hat einen Platz im Koordinatensystem der Hautfarben. Wie schwarz ist ein Betrieb? Wie weiß? Wie männlich, weiblich, lokal? Das entscheidet über Erfolg und Misserfolg, über jeden größeren Auftrag. Keine Firma hier ist nur eine Firma, keine Gründerin nur eine Frau, die Geld verdienen will. Alles, wirklich alles, ist Teil einer gigantischen Antwort, die Politik und Gesellschaft seit 1994 formulieren. Und die große Frage, die hinter und über allem steht: Wird sich jemals etwas ändern?

Tebogo Mosito steht auf der Straße vor ihrer Fabrik: eine kleine, ganz runde Frau, die uns mit beiden Händen winkt. Sie trägt eine dicke Fleecejacke über einem schwarz-weiß gestreiften T-Shirt und einem fest gewickelten schwarzen Turban auf dem Kopf. Wir steigen aus. Tebogo beäugt unseren silbernen Kleinstwagen. »You must be safe«, das ist das Erste, was sie uns sagt. »Die Straßen sind gefährlich.« Sie macht sich Sorgen um uns, die Ausländer, ihre Gäste. Wir sind das gewohnt. Eine typisch südafrikanische Begrüßung geht ungefähr so: »Wie war die Fahrt? Gut? Nichts passiert? Ihr musstet nicht anhalten? Keine Leute auf der Straße? Wart ihr im Dunkeln unterwegs? Nein? Sehr gut. Denkt dran: Autos immer von innen abschließen, sobald ihr sitzt.« Ja, Südafrika kann gefährlich sein. Wo Reichtum und Armut koexistieren, herrscht Kriminalität. Aber viel größer als die Gefahr ist in Südafrika häufig die Angst davor. Auch das ein Erbe von früher, Misstrauen, Paranoia.

Wir folgen Tebogo eine Schotterpiste entlang. Der Wind bläst Sand in unsere Gesichter. Dann erhebt sich Ditsogos Fabrik aus flachen Dünen: Rotklinker-Fertigungshallen,

Wellblechdächer, Parkplätze für Lastwagen, alles umgeben von einem Sicherheitszaun. Hier könnten Hunderte arbeiten. Aber Ditsogo ist gerade erst eingezogen. Oder eher: zieht immer noch ein. Bisher hat Tebogo Schienen, Träger und Hopper ein paar Kilometer von hier entfernt schweißen lassen. Der Produktionsort war kleiner. Das reichte aus. Aber jetzt soll die Firma wachsen, dieses Areal die Zukunft sein, der nächste Schritt. Der Standort ist also ganz neu, die Anlage selbst ist es definitiv nicht. Früher einmal gehörten die Hallen einer Papierfabrik – aber die ist schon lange verschwunden. An den Gebäuden stapeln sich morsche Paletten. Rost hat sich durch schwere Metalltüren gefressen. Gekappte Kabel baumeln im Wind. Und aus dem geborstenen Beton wuchert Gestrüpp. Wir treten in die größte der Hallen und in metallgefiltertes Dämmerlicht. Unsere Schritte werfen Echos. Über uns glitzert die Sonne durch Löcher im Dach.

»Sorry«, sagt Tebogo, »sorry, sorry, sorry.« Sie will sich rechtfertigen für diese Fabrik, die sie ja noch renoviert. Das alles sei erst der Anfang. Aber trotzdem: sorry. Und dass es so kalt ist, das tue ihr auch leid. Dabei ist das wirklich nicht ihre Schuld. Vielleicht sei es in ihrem Büro ja wärmer, sagt Tebogo. Aber auch nur vielleicht. Sie war heute noch nicht da. Einfach zu viel zu tun. Ihr Handy klingelt. Sie geht ran. Draußen ruft ein Mann. LKW-Reifen knirschen. Was jetzt? Und wir stehen auch noch da und wollen herumgeführt werden. Tebogo hat etwas Fahriges, die unterschwellige Unkonzentriertheit eines Menschen, der regelmäßig zu wenig schläft. Sie hat vier Kinder. Sie ist alleinerziehend. Sie führt eine Stahlfabrik. Das kann hart sein, das kann fertigmachen, müde. Tebogo gähnt. »Sorry.« Und plötzlich lacht sie. Laut und strahlend. Da blitzt eine ganz andere Frau auf. Witz und Selbstironie und das Wissen, wie absurd das ist, dass sie hier schon wieder für die Zukunft stehen muss, vor Reportern aus dem Ausland. Sorry, sagt sie noch einmal. Und diesmal strahlt sie dabei. »Und das auch noch in diesem Outfit!« Die Fleecejacke, die ausgelatschten Arbeitsschuhe. Sie hat das heute Morgen einfach aus dem Schrank gezogen, blind, weil es noch dunkel war. »Kommt mit«, sagt Tebogo, und mit einem Mal hat hier alles eine ganz andere Energie. »Wir gehen ins Büro. Ich zeige euch ein paar Bilder. Ich bin nämlich eigentlich richtig elegant.«

Im Internet findet man Bilder von Tebogo mit Goldschmuck, mit Lippenstift, Lidschatten und glitzernden Turbanen, sieht sie lachend auf Podien, an Rednerpulten, vor Publikum. Immer wieder wurde über Tebogo Mosito berichtet. »Ditsogo gives mining a feminine touch.« »Mosito is made of the steel she works with.« CNN hat sie bis ins US-Fernsehen gebracht: »South Africa's Woman of Steel«. Die Story dahinter ist immer die gleiche: Unglaublich, diese junge schwarze Frau im alten weißen Männersektor des Bergbaus. Was für ein Lob! Aber auch: was für eine Verantwortung. Tebogo soll die Zukunft sein, nichts weniger. Das hat sie mit ihrem Land gemeinsam – auch von Südafrika wurde nach 1994 viel erwartet, von Menschen überall auf der Welt. Wahrscheinlich zu viel. Ihr Land hat diese Erwartungen häufig enttäuscht. Tebogo bisher noch nicht. Ditsogo war lange eines der am schnellsten wachsenden Unternehmen der Branche. Tebogo hat Arbeitsplätze geschaffen, ihren Sektor – ein bisschen – verändert. Sie ist zum Vorbild geworden für junge Unternehmerinnen. Sie hat geschuftet und geschuftet und schuftet auch weiter. Jetzt will sie diese Fabrik renovieren lassen, die aussieht wie etwas, worin am Berliner Stadtrand Raves gefeiert werden. »Hier«, sagt Tebogo, »wird Stahl angeliefert werden.« Da drüben sollen Duschen eingebaut werden, für die Arbeiter. Heißes Wasser, ganz neue Fliesen. Daneben soll eine Kantine entstehen. »Mit gutem Essen!« Und hier wird ein Kran in die Luft wachsen, der all die nagelneuen Hopper auf Ladeflächen hebt.

Tebogo sieht schon Schweißgeräte aufflammen. Aber noch muss sie warten. Dieser Umbau wird teuer werden. Er wird Geld kosten, das Tebogo (noch) nicht hat: 12 Millionen Rand, umgerechnet 700.000 Euro. Wer soll das bezahlen? Die Antwort: die Regierung, zumindest zum Teil. Tebogo hat sich auf einen Kredit bei der südafrikanischen Entwicklungsbank beworben. Ob sie ihn bekommt, wird in diesen Wochen entschieden. Heute will ein Team ihre Fabrik besuchen, Menschen von der Bank und von lokalen Behörden. Aber Tebogos Chancen stehen gut, sehr gut sogar. Sie erfüllt alle Kriterien, auf die es hier ankommt. Sie ist eine Frau. Sie ist schwarz. Und: Sie kommt aus der Gegend.

Tebogo Mosito wurde 1981 geboren, in einem kleinen Dorf, hier, in diesem kalten Land rund um Rustenburg. Die Häuser waren schlicht und aus Beton, in ihren Gärten zogen die Menschen Maniok und Mais. Tebogos Mutter war Putzfrau. Ihr Vater fuhr Taxi. Geld war fast immer knapp – Dorfleben im Apartheids-Südafrika. Wer hier aufwuchs, hatte ziemlich beschränkte Karriereoptionen. Männer wurden Fahrer oder gingen in den Untertagebau der Platinminen. Frauen kassierten in Rustenburgs Supermärkten oder bedienten die Gäste in Sun City, diesem Kasino-Hotel-Freizeitkomplex, den gab es schon damals. Nie passierte irgendetwas Neues. Dann wurde Tebogo 13 Jahre alt. Es kam: das Jahr 1994.

Das Ende der Apartheid war nicht irgendein Regierungswechsel in irgendeinem Land südlich der Sahara. Es war eine historische Zäsur, wie das Ende des Zweiten Weltkriegs oder der Fall der Berliner Mauer. Nelson Mandela wurde der erste Schwarze Präsident des Landes. Seine Partei, der African National Congress, triumphierte. Nichts sollte mehr sein, wie es war. Regenbogen- statt Apartheids-Südafrika. Aufbruch! Massen feierten auf den Straßen das »Wunder am Kap«. Um die ganze Welt rollte diese Erregung: Südafrika, endlich frei!

Und nur zwei Autostunden von Tebogos Dorf entfernt, lag eines der Epizentren dieser Revolution: Johannesburg und damit, natürlich, Soweto. Der Name des Townships wurde zum Synonym für den Freiheitskampf. Hier hatten sie fast alle gelebt, die ganz Großen, Mandela und Desmond Tutu. Auch Cyrill Ramaphosa, der heutige Präsident Südafrikas, spielte als Kind auf den Straßen Sowetos. Ein armes Viertel wurde weltbekannt. Und das gleich um die Ecke von Tebogos Zuhause.

»Bei uns im Dorf«, sagt Tebogo, »hat sich mit 1994 eigentlich nichts verändert.« Die Häuser blieben klein, die Gärten steinig, die Menschen arm. Tebogo hätte jetzt auf eine andere Schule gehen können, auf eine, die auch weiße Kinder besuchten. Aber so eine Schule gab es hier nicht. Im Dorf waren ohnehin alle Schwarz. Die Revolution war über das Land geschwappt. Aber in Rustenburg und Umgebung blieb erst einmal alles, wie es schon immer gewesen war. Nur in Tebogos Kopf hatte sich etwas verändert. Die Welt schien ihr jetzt zugänglicher. Sie wollte raus aus dem Dorf, dem Stillstand, dem Abseits. Sie wollte studieren und die Welt sehen. »Ich hatte große Pläne«, sagt Tebogo. Niemals hätte sie gedacht, dass diese Pläne sie 20 Jahre später wieder genau hierher zurückführen würden, zu den Minen, nach Rustenburg.

Wir sitzen inzwischen in Tebogos Büro. Sie hatte es geahnt: Auch hier ist es kalt. Ein Fenster schließt nicht richtig, die Tür hängt schief. Überall Zettel, Pappkartons, zusammengewürfelte Stühle: Umzug. Das soll sich in den nächsten Monaten ändern – wenn der Kredit da ist. Solange noch geht der Blick vom Büro aus (durch eine sehr blau getönte und sehr staubige Scheibe) auf rissigen Beton, wo der Kran steht, und den Anbau, der eine Kantine werden soll. Dahinter sieht man bis in die Ferne: weites Land. Ganz weit weg Berge. Keine Gebäude, keine Straße. Nur Erde und Hügel, an denen der Wind zerrt. Ditsogos Fabrik ist eine der letzten Anlagen hier, wie ein Haus am Waldrand. Nur kommt da kein Wald, sondern der Pilanesberg-Nationalpark. Auf fast 600 Quadratkilometern grasen Büffel und Giraffen, Nashörner und Elefanten. Und das in direkter Nachbarschaft zu Rustenbergs Bergbaugebiet. Das ist, als erhöbe sich mitten im Ruhrpott ein Kleingebirge mit Bären und Wölfen.

Der Nationalpark lockt Touristen an. Sun City tut das auch. Es gibt in der Gegend tosende Wasserfälle und ein paar alte Zitrusfarmen. Wer will, kann im Heißluftballon über die Landschaft schweben. Oder wandern gehen. Oder Golf spielen. Die Region lebt also nicht ausschließlich vom Bergbau. Aber doch sehr. Knapp drei Viertel allen weltweit gehandelten und verarbeiteten Platins kommen aus Rustenburg. Der Abbau des Metalls macht 65 Prozent des örtlichen Bruttosozialprodukts aus. Und Hunderte lokale Unternehmen hängen – wie Ditsogo – mittelbar von den Minen ab, als Zulieferer, Auftragnehmer, Kunden. Das ist wirtschaftlich nicht ideal, Monostrukturen sind das nie. Besonders, wenn es um Rohstoffabbau geht. Und ganz besonders in Südafrika.

Kaum ein anderes Land verfügt über vergleichbare Bodenschätze. Bergbau – das war schon immer ein großer Motor hier. Er hat die Kolonialherren reich gemacht. Er hat die Apartheid finanziert. Jetzt füllt er die Taschen der ANC-Eliten. Mitte des 19. Jahrhunderts wurden im Orange River, Oranje genannt, Diamanten gefunden. Dann kam: Diamantenfieber. Im Städtchen Pilgrim's Rest stieß man auf Gold. Dann kam: Goldrausch. Und in den Jahrzehnten darauf wurde klar: Diamanten und Gold – das war nur der Anfang. Südafrika hatte alles: Kohlenflöze, Uranvorkommen, Eisenerz, Nickel, Titan, Platin, Chrom, Mangan. Man musste den Reichtum nur ausgraben. Seitdem durchlöchern die Menschen das Land wie eine besonders gierige Ameisenkolonie. Sie gruben, baggerten, bohrten und sprengten sich ihren Weg in den Boden. Zehntausende Kilometer Stollen wurden in die Berge getrieben. Noch in zwei, drei Kilometern Tiefe zerlegten Männer Gestein, in Saunahitze und Finsternis. In Südafrika, im Witwatersrandgebiet, liegt auch die tiefste Mine der Welt: Ihre Schächte führen 4000 Meter nach unten. Ein hartes Geschäft, überall auf der Welt. Ein grausames in einem Apartheidsstaat. Zehntausende starben. Und einige wurden pervers reich. Südafrikas Bergbaukonzerne gehören noch immer zu den größten der Welt: African Rainbow Minerals, Anglo Gold Ashanti, Impala Platinum. Der Hype um Diamanten und Gold ist zwar (ein bisschen) abgeklungen. Südafrika ist nur noch der elftgrößte Gold- und der siebtgrößte Diamantenexporteur der Welt. Aber die große Buddelei geht weiter. Das Land hat global gesehen die größten Ausfuhren von Chrom, Mangan, Platin und Vanadium. Und ist Nummer zwei bei Palladium, Zirkonium und Titan. Südafrika ist Nummer vier bei der Förderung von Kohle, Nummer fünf bei Uran und Nummer sieben bei Eisenerz. Und die Reserven sind noch lange nicht erschöpft.

»Aus Rustenburg kommen 70 Prozent allen Platins der Welt.« Tebogo sagt das und schreibt es gleichzeitig auf einen Zettel. Sie dreht ihn kurz um, damit wir das sehen können. Als würde sie diesen Fakt unterstreichen. Trommelwirbel: 70! Das ist eine Angewohnheit von ihr: Sie zeichnet mit. Dafür hat sie ihren Schreibtisch freigeräumt, ein paar Blätter sind zu Boden gesegelt. Jetzt erklärt sie uns ihr Geschäft – und kritzelt mit, wie eine Echtzeit-PowerPoint-Show. Ein Dreieck mit vier kleinen Kreisen: ein Hopper. Striche, Querverbindungen, Kilogrammangaben: ein Stahlgerüst. »Mein größter Kunde«, sagt Tebogo, »ist Impala Platinum.« Impala hat 50.000 Mitarbeiter und macht mehr als 2 Milliarden Euro Umsatz im Jahr. Gemessen daran ist Ditsogo dann doch sehr klein, ein Putzerfisch neben einem Walhai. Tebogo Mosito mag eine Marke sein und berühmt – ihre Firma ist bestenfalls auf dem Weg dahin. Während der Covid-Pandemie ist der Umsatz eingebrochen. Ditsogo machte 2020 gerade einmal 7 Millionen Rand, das ist eine knappe halbe Million Euro. Und jetzt, wo das Geschäft ohnehin fast stillsteht, wegen des Umzugs in die Papierfabrik, hat Tebogo nur noch zwölf feste Mitarbeiter. Früher, in den guten Zeiten (Tebogo zeichnet einen Pfeil nach oben), setzte ihr Unternehmen mehr als 12 Millionen Rand um. Aber das scheint gerade sehr weit weg zu sein. Für Tebogo lief alles schon einmal besser. Eigentlich gilt das für die ganze Branche.

Zu Apartheidszeiten war Bergbau die Nummer eins im südafrikanischen Wirtschaftsgeflecht. Aber das ist vorbei. Seit 1994 hat sich die Wirtschaft diversifiziert. Andere Branchen sind wichtig geworden. VW, BMW, Daimler und Toyota bauen Autos in Südafrika. Der Finanzsektor setzt pro Jahr 40 Milliarden US-Dollar um. Die Börse von Johannesburg ist die größte Afrikas. Und 10 Prozent aller Jobs hängen am Tourismus, an den Weintouren also, den Nashörnern und Elefanten, dem Tafelberg-Sonnenuntergang. Daneben wirkt der Bergbau immer blasser. 2019 machte er nur noch knapp 9 Prozent des BIP aus. Zwischen 2010 und 2018 sank der Ertrag der Minen um 10 Prozent. 50.000 Jobs gingen verloren. Schuld daran waren Innovationsstau, die schlechte Stromversorgung, der Zustand von Hafen-Infrastruktur und Schienennetzen. Die Minenindustrie leidet. Und mit ihr leiden Tausende Zulieferer, die ganze Kette runter, bis zu Tebogo Mosito und Ditsogo. Dabei könnten die Bodenschätze Südafrikas auch ein Teil seiner Zukunft sein. Zirkonium ist der Hauptbestandteil von Brennelement-Ummantelungen in Kernkraftwerken. Palladium wird benötigt für Zahnersatz, Implantatbeschichtungen, Nanotechnologie, Halbleiter-Katalysatoren. Der Wert der

Reserven, die noch unangetastet im Boden Südafrikas warten, wird auf 2,5 Billionen US-Dollar geschätzt. Cyril Ramaphosa – seit 2018 Präsident – glaubt deswegen, Bergbau könnte ein Schlüssel sein, um die Covid-Wirtschaftskrise zu überwinden. Er fordert Innovation. Er hofft, dass die steigenden Weltmarktpreise die Branche boomen lassen. Aber ob das passieren wird, ist fraglich – dafür sind die Probleme der Minen viel zu sehr auch die Probleme Südafrikas.

Das am meisten industrialisierte Land des Kontinents, das immer noch pro-Kopf-reichste, ist auch eines der ungleichsten der Welt. Südafrika ist ein Land der Gegensätze, der bissigen Extreme: Hütten neben Hochhäusern, Slums neben Supersportwagen, hartes Elend und überflüssiger Luxus. 28 Jahre nach dem Ende der Apartheid besitzen 10 Prozent der Südafrikaner 90 Prozent des Landes, des Geldes, des Kapitals. Die Arbeitslosigkeit ist bedrückend. Mehr als die Hälfte der jungen Südafrikaner hat keinen Job. Der ANC hat in den letzten Jahrzehnten zwar Wasser- und Stromleitungen in Townships legen lassen, Millionen Menschen Sozialhilfe gezahlt und ein beispielloses Wiederaufbauprogramm aufgelegt. Aber: Es herrschte auch Korruption im größtmöglichen Maßstab. Viele Politiker stahlen haarsträubende Summen aus der Staatskasse. Vor allem Jacob Zumas Regierungszeit glich einem achtjährigen Raubzug. Die Familie des Präsidenten häufte Reichtümer an; Nepotismus und staatszersetzende Gier zerstörten die nationale Fluglinie, zerrissen den größten Stromversorger des Landes, kosteten Milliarden. Zuma verdiente sich seinen Spitznamen: Thief in Chief, der Häuptling der Diebe. Motto der Eliten: Was meins ist, ist meins und was deins ist, ist auch meins. Südafrika wurde ein Land, in dem obszöner Reichtum öffentlich zelebriert wurde. Es kam zu comichaften Entgleisungen: Während Millionen vergeblich nach Arbeit suchten, trat (nur ein Beispiel von vielen) der Unternehmer und Ex-Sträfling Kenny Kunene in seiner Reality-Show auf und goss französischen Champagner auf den heißen Auspuff seiner Harley-Davidson. Und im Bergbaugeschäft war die Lage – wenig überraschend – dementsprechend.

Die Kumpels in den Minen wurden schlecht bezahlt – und das für extrem gefährliche Arbeit. Seit 1985 starben mehr als 11.000 Menschen bei Arbeitsunfällen im Bergbau. Immer wieder kam und kommt es zu Streiks. Die Arbeiter legen die Arbeit nieder. Die Antwort ist: Tränengas. Die Polizei schießt. Es gibt Tote. Zu Recht misstrauen viele Kumpel ihrer Regierung – dafür sind zu viele ANC-Kader zu reich geworden. Und wenn sich doch einmal ein Politiker hinter die Bergleute stellt (oder zumindest so tut, als ob) sind das häufig Leute wie Julius Malema. Der »Commander-in-Chief« von Südafrikas drittgrößter Oppositionspartei EFF hetzt gerne wutsprühend vor Publikum herum, gibt sich als Anwalt der Entrechteten, der Armen und Abgezockten, aber im Hintergrund wird auch er ominöserweise immer reicher. 2012 legten Tausende Minenarbeiter in Rustenburg ihre Arbeit nieder und streikten. Es waren Kumpel von Impala Platinum, Tebogos größtem Kunden. Kurz zuvor hatte die Firma 17.000 Arbeitsplätze gestrichen. Die Menschen demonstrierten. Die Polizei schoss. 34 Männer starben im Kugelhagel. Und so geht die Zukunft der Bergbauindustrie Stück für Stück verloren, in einem Nebel aus Tränengas und Misswirtschaft, wie so vieles in Südafrika.

»Früher hat sich alles anders angefühlt«, sagt Tebogo. Nach Aufbruch und Zukunft. Vielleicht aber auch nur, weil damals ihr eigenes Leben gerade erst anfing. Draußen vor dem Büro scheint die Sonne. Aber drinnen sitzen wir hinter den blau getönten Fenstern wie unter Wasser. Tebogo kramt in einer Kiste. Sie sucht nach Fotos, von früher. 2000 verließ sie ihr Dorf, sie hatte die Schule mit Bestnoten beendet. Sie zog nach Johannesburg, schrieb sich an der Uni ein, studierte BWL und Personalwesen. Das erschien ihr wie eine sichere Bank. Es wäre falsch, zu schreiben, diese Zeit sei sorgenfrei gewesen. So etwas gab es in ihrem Leben nie wirklich. Tebogos Mutter war spielsüchtig geworden – und verprasste ihr schmales Gehalt im Sun-City-Kasino. Der Vater war krank und konnte sein Taxi nicht fahren. Das Geld war – wie immer – knapp. Aber trotzdem war es für Tebogo eine gute Zeit. Sie mochte Johannesburg. Die Bars, die Partys, den Buzz. All die Leute in der Großstadt, nach einer Kindheit auf dem Land. Aber vor allem mochte Tebogo ihr Studium. »Bildung ist alles«, sagt sie. Sie machte ihren Bachelor, hätte gerne einen Master drangehängt.

Tebogo hat ihre Fotos gefunden. Eines schiebt sie uns rüber. Es zeigt sie Arm in Arm mit einem jungen Typen. Beide lachen. »You know the story«, sagt Tebogo. Alles typisch, ihr kennt die Geschichte. Irgendwann in diesem Johannesburger Studentenleben hatte sie ihn kennengelernt: ihren Kerl. Sie verliebte sich. Sie wurde schwanger. Sie war 21 Jahre alt. Sie heiratete. Den Master an der Uni konnte sie sich jetzt nicht mehr leisten. Stattdessen begann sie zu arbeiten: im Personalwesen der Stadtverwaltung. Ihr Mann hatte eine Werkstatt am Stadtrand, eine Firma für Stahlarbeiten, wo er Garagentore und Zäune schweißte für die neue Eigenheim-Elite in Johannesburg. Das Geschäft lief gut, und bald gehörten Tebogo und ihr Mann selbst zum Mittelstand. »Hier«, sagt Tebogo, »und hier und hier.« Sie schiebt immer mehr Fotos über den Tisch. Ein kleines, helles Haus mit getrimmter Vorgarten-Hecke. Eine gepflasterte Auffahrt für zwei Familienautos. Ein Wassertank auf dem Dach, den wollte sie unbedingt, weil in ihrem Dorf ständig die Leitungen versagt hatten. Es war ein kleines Glück, Vorstadtidylle.

Und Tebogos Kind bekam zwei Geschwister. Immer mehr Zeit verbrachte sie in der Werkstatt ihres Mannes. Sie mochte das, die Arbeit mit Stahl, den Feuerwerkskörpergeruch heißen Metalls. Der Betrieb hatte inzwischen 19 Mitarbeiter, und sie führte die Bücher, das hatte sie ja studiert. Dann kündigte Tebogo den Job bei der Stadt. Sie stieg voll ins Familiengeschäft ein. So kam sie zum Stahl-Business.

Es hätte der Beginn einer steilen Karriere sein können. Eine Frau im Stahlgeschäft – das war auch damals schon eine Schlagzeile wert. Lokalzeitungen berichteten, ein Fernsehbeitrag zeigte Tebogo im Schweißgerät-Funkenregen. Kurz darauf gewann sie einen Wettbewerb für Kleinunternehmer – und 180.000 Rand Investment für die Firma. Sie war jetzt für den Erfolg verantwortlich, nicht mehr ihr Mann. Das kränkte sein Ego. Er gab zu viel Geld aus, für zu edle Klamotten und teuren Schnaps. Aber die Firma lief weiterhin gut, sehr gut, so gut, dass Tebogo nach Deutschland eingeladen wurde. Sie hatte einen weiteren Wettbewerb gewonnen. Der Preis: sechs Wochen Training an der Stahlfräse, bei Trumpf in Pforzheim. Tebogo ließ die Kinder bei ihrem Mann. Sie flog nach Europa. »Pforzheim war ein bisschen langweilig«, sagt sie und lacht. »Stuttgart auch nicht viel aufregender.« Aber es lohnte sich. Sie konnte jetzt fräsen. Sie war bereit für den nächsten Schritt ihrer Karriere. Sie hatte ihr Leben im Griff. Dachte sie.

Als Tebogo Mosito zurückkam, hatte ihr Mann alles Geld ausgegeben, für Alkohol und Prostituierte, hatte Partys gefeiert, die Kinder alleingelassen, den Betrieb fast ruiniert. Es war schon vorher schwierig geworden zwischen ihm und seiner Frau, jetzt wurde es katastrophal. Er wurde gewalttätig. Er schlug zu. Er begann schwer zu trinken. Dann kamen die Drogen. Die nächtlichen Wutanfälle. Noch mehr Gewalt. Der Firma gingen die Aufträge aus. Die Mitarbeiter flohen vor ihrem Chef. Immer häufiger schlief Tebogo mit ihren Kindern draußen im Auto, bei Freunden, ein paar Mal sogar in der Polizeistation. »Ich hatte Angst, dass er mich umbringt«, sagt sie. Das war es dann. Tebogo ließ sich scheiden. Der Mann hatte das Haus verpfändet, die Geräte der Firma verkauft, die Konten geleert. Tebogo nahm ihre Kinder. Sie versetzte ihr Iphone, das war alles, was sie noch besaß. Von dem Erlös kaufte sie: Busfahrkarten. Sie fuhr zurück nach Rustenburg, ins Dorf ihrer Eltern, nach Hause.

Heute, fast zehn Jahre später, sitzt Tebogo in ihrem neuen Büro, wo wieder alles im Umbruch ist, und betrachtet ihr Leben auf Fotos. Sie erzählt ihre Geschichte ganz ohne Schnörkel. »So war es eben«, sagt sie. »Warum etwas verstecken?« Sie hat Fehler gemacht. Auch das gibt sie zu. Aber immer machte sie weiter, stoisch, klug und gelassen. So ist sie. Und genau so ehrlich, wie sie über ihren Ex-Mann spricht und über die Traumata ihres Lebens, redet Tebogo übers Geschäft. Wie sieht die Marge von Ditsogo aus? »25 Prozent.« Ist das gut? »Nicht wirklich. Die Großen machen 35, aber da sind wir nicht, so gut können wir nicht skalieren.« Bei alldem ist Tebogo nicht unbescheiden. Warum sollte sie auch? Sie hat mit Ditsogo wieder Auszeichnungen gewonnen: für das am schnellsten wachsende SME (**S**mall and **m**edium-sized Enterprises) der Branche; für die Förderung von Frauen. 2015 hat sie ihr Unternehmen gegründet. 2016 machte sie schon 6 Millionen Rand Umsatz. 2017 waren es 10, 2018 mehr als 12 Millionen. »Woher kam dieser Erfolg?«, fragt Sophia. »Bist du so gut?« »Ja«, sagt Tebogo und lacht. »Aber er kam auch daher, dass ich Schwarz bin.«

BEE, davon spricht Tebogo. Von Black Economic Empowerment, dem vielleicht schwerwiegendsten ökonomischen Erbe, das fast 30 Jahre ANC-Regierung dem Land hinterlassen haben. BEE ist der Grund, weshalb Südafrikas

Wirtschaft funktioniert, wie sie funktioniert. Und einer der Gründe dafür, dass sie so häufig nicht funktioniert. Dabei war die ursprüngliche Idee eigentlich recht simpel. Jahrzehnte der Apartheid hatten die weißen Südafrikaner reich gemacht. Es gab Millionäre, Milliardäre, Industriekapitäne und Konzernbosse – und keiner von ihnen war Schwarz. Der Reichtum war enorm ungleich verteilt. Und das wollte die Regierung ändern. Deswegen führte sie 2003 das BEE ein, eine Reihe von Verordnungen mit dem Ziel, mehr Schwarze Südafrikaner an der Wirtschaft zu beteiligen. Inzwischen ist BEE durch mehrfache Überarbeitung zu einem sehr (sehr!) umfangreichen Regelwerk geworden. Es legt fest, wie hoch der Anteil Schwarzer Südafrikaner in den Vorständen von Unternehmen sein muss, in der Belegschaft, bei den Anteilseignern und Neueinstellungen. BEE ist die Quotenregelung aller Quotenregelungen, und wer ihr nicht folgt, wird von staatlichen Ausschreibungen ausgeschlossen, bekommt keine Aufträge mehr und keine Lizenzen. Hat es seinen Zweck erfüllt? War BEE erfolgreich? Um es kurz zu machen: Nein.

Die Quoten machten einige Schwarze Südafrikaner reich, und das über Nacht. Cyril Ramaphosa ist einer von ihnen, der aktuelle Präsident. Er verdankt einen großen Teil seines Vermögens (geschätzt 500 Millionen US-Dollar) einer vom Black-Economic-Empowerment aufoktroyierten Anteilseignerschaft an mehreren Bergbauunternehmen. Schwarze Millionäre hat BEE also erschaffen. Auch Milliardäre. Aber das Wohlstandsgefälle in Südafrika ist so extrem wie eh und je. Wenige sind reich, viele sind arm, nur die Hautfarben der Elite sind ein bisschen diverser. Vor allem war das Quotenwerk aber ein neues Einfallstor für Korruption. Freunde, Familie und Parteigenossen wurden Posten zugeschanzt. Die politische Spitze übernahm die Wirtschaft. Erst kam das Fressen, dann kam die ... Na ja. Und weil BEE nicht nur für wenige Konzerne galt, sondern für alle Unternehmen im Land, verbreiteten die Verordnungen ein unglaubliches Chaos. Jede Firma hatte plötzlich ein BEE-Level. Das bemisst sich an einer Scorecard mit über hundert Punkten und fünf Kategorien. Wo im Betrieb wer welche Hautfarbe hat, welches Geschlecht und welchen Geburtsort (Stadt-Elite versus lokales Personal) – das kann über Erfolg und Misserfolg der Firma entscheiden. Diese Kombination aus Chaos, Korruption und Bürokratie verursachte eine Welle von Firmenpleiten. Allein zwischen 2009 und 2019 verdoppelte sich die Anzahl der Arbeitslosen in Südafrika fast: aus 5,4 wurden 9,2 Millionen. Kaum jemand außer Südafrikas Regierung hält BEE noch für eine gute Idee. Der *Economist* nennt die Verordnungen »a euphemism for crony capitalism«. Und der französische Star-Ökonom Thomas Piketty sagte 2015 bei einer Rede in Johannesburg, die Ungleichheit der Einkommen sei in Südafrika heute zum Teil höher als zu Apartheidszeiten. Von der Wirtschaftspolitik des ANC haben vermutlich nur zwei Gruppen profitiert: Millionäre – und Staatsbeamte. Deren Gehälter sind seit 2007 nämlich um zwei Drittel gestiegen.

Tebogo weiß das alles. Sie macht sich keine Illusionen, was die Wirtschaft Südafrikas angeht, die Politik, die Probleme. »Aber ohne BEE«, sagt sie, »hätte ich niemals einen Fuß in die Tür bekommen.« 2015 gründete sie in Rustenburg Ditsogo. Sie hatte keine Kontakte und war neu im Geschäft. Aber sie konnte mit Stahl arbeiten, wusste, wie man ein Unternehmen führt und vor allem: dass sie gebraucht wurde. In Rustenburg wird seit mehr als einhundert Jahren Bergbau betrieben. Und alte Industrie, das heißt alte Unternehmen, heißt Mittelständler in Familienhand, häufig in zweiter, dritter, vierter Generation. Und fast alle diese Betriebe hatten und haben das gleiche Problem: Die Chefs sind weiß. Die Politik machte Druck. Die BEE-Verordnungen zogen. Und die Minen, die das Platin der Welt schürfen, brauchten für ihre Scorecards Zulieferer, die Schwarz waren und am besten noch weiblich, jung und lokal. Tebogo erfüllte all diese Kriterien. »I checked all boxes«, sagt sie. Sie war ein BEE-Bingo. Alles, was sie brauchte, war Geld für die Gründung, aber das hatte sie nicht. »Keine Bank gab mir einen Kredit«, sagt Tebogo. Sie hatte keine Sicherheiten, die hatte ihr Mann alle verbrannt. Also tat sie sich zusammen mit einem (weißen) Mittelständler aus der Stahlproduktion. Der Deal war: Tebogo nutzte die Produktionshallen, das Gerät und am Anfang auch die Arbeiter ihres Partners. Dafür holte sie die Aufträge rein. BEE Level 1, eine Symbiose. Den Erlös teilten sie sich, Tebogo bekam 30, ihr Partner 70 Prozent. Das machte sie ein Jahr lang. Dann nabelte sie sich ab. Sie hatte genug gespart. Ditsogo bekam eine eigene Halle. Tebogo war wieder unabhängig.

Aber auch jetzt, selbstständig und mit eigener Fabrik, profitiert sie weiter von Südafrikas BEE. Ihre Hautfarbe und ihr Geschlecht sind Wettbewerbsvorteile bei der Auftragsvergabe. Und: Tebogo Mosito ist inzwischen Business Development Direktorin eines viel größeren Unternehmens, für das sie eigentlich gar nicht arbeitet. Nicht Vollzeit zumindest. Also: Es ist kompliziert. Dieser Betrieb kam 2019 auf Tebogo zu. »Sie riefen mich an«, sagt sie, »sie hatten von Ditsogo gehört.« AME, so heißt das Unternehmen, handelt mit Bergbau-Equipment, stellt es her und wartet es. Der Konzern ist ein großes Schiff, mit 7000 Kunden in Südafrika, darunter alle Minen in Rustenburg. Aber: AME hatte nur BEE-Level 6. Das ist wie mit Schulnoten. 6 heißt: ganz schlecht. Oder in diesem Fall: zu weiß. Also gründete AME eine Tochterfirma für die Region Rustenburg. Sie boten Tebogo einen Posten an, einen Sitz im Vorstand und Anteile am neu gegründeten Unternehmen. AME kann seitdem auf seiner Website verkünden: »[We] include a 30 % black-female-owned enterprise development initiative that supports the Government's objectives for the development of previously disadvantaged individuals (...).« Damit stieg das BEE-Level der Firma in Rustenburg and around von sechs auf zwei. AME konnte weitermachen. Diese Art von Operation ist in Südafrika typisch. Ein Geschiebe im Kleingedruckten, eine Alchemie der Anteilseigner, bis es passt.

Als Tebogo davon erzählt, schaut sie uns unglücklich an. Sie blickt zu Boden, kritzelt nervös auf ihren Notizblock. Sie will das nicht sein: ein Quotengesicht. »Ich bin ja nicht nur irgendein Name«, sagt sie, »ich bin gut in meinem Job.« Aber als AME ihr das Angebot machte, konnte sie es nicht ausschlagen. Die Pandemie hatte die südafrikanische Wirtschaft schwer getroffen. Bei den Minen und damit auch bei den Zulieferern brachen die Umsätze ein. »Ich brauchte das Geld für meine eigene Firma«, sagt Tebogo. Die BEE-Dividende subventioniert Ditsogo. Tebogo sagt: »Ich arbeite jetzt einfach doppelt. Ich bin tatsächlich zu AMEs Business Developer geworden.« Sie schweigt. Sie sieht wirklich müde aus, nach mindestens zwei Jobs. Dann sagt sie: »Ich werde meine Seele nicht verkaufen. Mir ist bei diesem Deal nicht wohl.«

Vor ihrem Büro geht die Sonne unter. Die Fabrikhallen werfen tiefe Schatten. Der Wind frischt auf, wir hören ihn an den Dachstreben rütteln. »Da kommen sie endlich«, sagt Tebogo. Zwei Landrover halten vor dem Büro. Männer und Frauen steigen aus. Die meisten tragen dicke Daunenjacken. Sie stehen auf dem Parkplatz, wie Touristen ohne Stadtplan: die Leute von der Entwicklungsbank und den lokalen Behörden, die über Ditsogos Kredit entscheiden. »Gut, dass ihr heute da seid«, sagt Tebogo zu uns. »Vielleicht macht das ja Eindruck.« Sie geht raus. Wir folgen ihr. Sie führt die Besucher herum. Hier der Kran, hier die Kantine. Die Fragen aus der Gruppe machen deutlich: Niemand hier ist vom Stahl-Fach. Aber die Männer und Frauen sind alle ganz angetan. Der Plan gefällt ihnen. Tebogo lacht wieder. Auch wir schütteln ein paar Hände. Ja, das fühlt sich alles gut an, nach der Zukunft der Industrie.

Auf dem Rückweg fährt Tebogo noch ein paar Kilometer weit vor uns her. In unserem silbernen Kleinstwagen folgen wir ihrem weißen Pick-up. Die Sonne ist untergegangen. Das Land ist jetzt so blau, als schauten wir immer noch durch die getönten Bürofenster der Ditsogo-Fabrik. Irgendwann verabschiedet sich Tebogo von uns. Links geht es zum Sun City Resort, mit dem Kasino, wo Tebogos Mutter ihr Geld verzockte, mit zwei Golfplätzen und einem Fünf-Sterne-Hotel namens »Palace of the Lost City«. Tebogo setzt den Blinker. Er flammt ganz hell und orange in der Dämmerung auf. Sie lässt das Fenster herunter und winkt. You must be safe. Dann biegt sie ab – nach rechts. Wir fahren zurück in Richtung Johannesburg, wo einmal eine Revolution stattfand. Wir passieren wieder die Riesensupermärkte und die leeren Plätze aus Beton. Jetzt ist kaum jemand mehr unterwegs. An einer Kreuzung ragt ein Straßenschild in den Himmel. Es verspricht einen Ort, der »Million Dollar« heißt. Darunter sitzt ein Mann mit Wollmütze neben zwei Plastiktüten auf dem Boden. Südafrika, das war einmal ein großes Versprechen. Und vielleicht ist es das ja immer noch. Es ist ein großes, kompliziertes, verwirrendes Land.

+++ Was für eine Zeit, um Schwarz zu sein
+++ Hosen, Hashtags und eine globale Bewegung
+++ Warum Beyoncé Jumpsuits aus Dakar trägt
+++ Überall Freundinnen und Freundinnen von
Freundinnen +++ Yves Saint Laurent und eine
Clutch aus dem Senegal lang wie ein Baguette
+++ Afrika ist jetzt überall erhältlich +++

SENEGAL:
Sarah Diouf | Tongoro Studios

EIN KONTINENT
FÜR ALLE

SARAH DIOUFS großer Moment dauert drei Sekunden. Das Youtube-Video beginnt. Gesang setzt ein: »Uishi kwa muda mrefu mfalme.« Lang lebe der König, auf Suaheli. Ein Kind blinzelt in den neuen Morgen. Ein Löwe sitzt auf einem Berg. Die Musik schwillt an. Und dann scheint sie auf – Beyoncé in einer Stoffwolke von Valentino. Sie singt – Beyoncé in einem Kleid von Norma Kamali. Sie schreitet – Beyoncé in einem schwarz-weißen Jumpsuit von Tongoro Studio, dem Label von Sarah Diouf aus dem Senegal. Ein, zwei, drei Sekunden lang. Chöre jubeln, Wasserfälle tosen. Der Himmel reißt auf. Sonne und Staub. Afrika.

Das ist »Spirit«, ein Song und ein Musikvideo von Beyoncé Knowles, dem vielleicht größten Popstar der Welt. Mehr als 70 Millionen Mal wurde der Clip seit 2019 geklickt. Drei Sekunden in diesem Video bedeuten drei Sekunden auf der Weltbühne. Und das spielt sicher eine Rolle für Sarah Dioufs außergewöhnlichen Erfolg: dass Beyoncé ihre Kleider trägt, nicht erst seit diesem Clip. Aber noch viel ausschlaggebender ist, dass im Jahr 2020 das Lied eines US-Popstars auf Suaheli beginnt. Viel ausschlaggebender ist, dass Afrika jetzt cool ist.

»Was für eine Zeit«, sagt Sarah Diouf, »um Schwarz zu sein.« Sie ist 31 Jahre alt und schon jetzt eine der berühmtesten Modedesignerinnen Afrikas. Ihr Label, Tongoro, wurde in der *Vogue* besprochen, in der *Business of Fashion*, bei CNN. Sarah entwirft und produziert Kleider im Senegal und verkauft sie auf der ganzen Welt. Sie reitet auf einer hohen Welle, die immer höher wird. Denn in ihrer Branche geschieht etwas, was schon lange prophezeit wurde: Afrika erwacht – und das weltweit. Afrikanische Muster werden Mainstream, afrikanische Musik wird Pop. »Afrika wird das nächste große Ding«, sagt Sarah. »Die Frage ist nur, wer davon profitiert.«

Senegals immer windige Hauptstadt Dakar ist die nordafrikanischste Stadt Westafrikas – eine Halbinsel voller sandgelber Häuser, gegen die der Atlantik tost. Hitze flimmert über flachen Dächern und um die Spitzen der Minarette. Und über allem liegt der Staub, den der Harmattan, der Wüstenwind, aus der Sahara trägt. Dakar ist nicht wie Lagos, Accra oder Abidjan. Weniger Flip-Flop, mehr Babouche. Weniger tight, mehr flowy. Dakar ist nicht prall und laut. Es wirkt ein bisschen melancholisch, dieselqualmig und blauschattig.

Sarahs Büro sieht aus wie die Z A R A-Version dieser Stadt. Auf niedrigen Tischen liegen Creolen und Halsketten, auf dem Boden ein sandfarbener Teppich. Alles ist durchgestylt, alles sagt: Concept Store. »Hier sitze ich«, sagt Sarah und sinkt auf einen Korbhocker. Sie trägt eine schwarze Plisseehose mit passendem Oberteil – eine kleine Frau mit runden Schultern und weichem Gesicht, die viel lacht. Neben ihr steht eine Louis-Vuitton-Tasche, hinter ihr Sitzkissen, glattbrauner Holz-Nippes, Kerzen und Vasen mit weiblichen Rundungen – Hinternvasen, Busenkerzen. Sarahs Büro ist wie ihre Mode: Afrika zum Wohlfühlen, Afrika für alle. »Mode ist ein fantastisches Medium, um Geschichten zu erzählen«, sagt sie. »Und das hier ist die Geschichte einer afrikanischen Renaissance.«

»Hairitage« schreibt Sarah auf Instagram unter das Bild einer Frau, deren Haare wie schwerelos in die Luft ragen. #Tongoro. Nächstes Foto, nächster Hashtag: Beyoncé, wie

eine Königin behängt, im Tongoro-Gewand. #BlackIsKing.
Eine Frau in Schwarz-Weiß, mit Fächer, Sandalen: »My an-
cestors dream«. Alle Models sind #black und natürlich #be-
autiful, jedes Muster hat #roots in #Africa. Ein bisschen ist
das wie Beyoncés »Spirit«-Song: Sonne, Wasser, Staub; Gold
glänzt auf dunkler Haut. Alles sagt: #MadeInAfrica.

Das ist Sarahs großes Versprechen, der Kern ihrer Marke:
Mode, von einer Afrikanerin erdacht, in Afrika gemacht. »Das
hier könnte der nächste große Produktionsstandort werden«,
sagt sie, »davon träume ich.« Doch zwischen Sarahs Traum
und der Wirklichkeit stehen bisher noch die Zahlen. 2,5 Billionen U S-Dollar – so groß ist der globale Modemarkt. 31 Milliarden U S-Dollar – nur gut ein Prozent davon – wird in Subsahara-Afrika umgesetzt. Wenn McKinsey einen Bericht zur
»State of Fashion 2020« schreibt, kommt Afrika als Region
nicht einmal vor. Nur Nigeria, mit einer Bevölkerung von
200 Millionen Menschen, schafft es in einen Halbsatz. Aber:
»Afrika wird sichtbarer«, sagt Bethlehem Tilahun Alemu,
Gründerin von soleRebels, Afrikas erfolgreichster Schuh-
marke. Und das liegt vor allem am Internet. Der E-Commerce
mit Mode in Afrika wuchs in den vergangenen Jahren be-
trächtlich: Der Umsatz hat sich seit 2017 alle zwei Jahre auf
insgesamt mehr als 8 Milliarden Dollar verdoppelt. Hält dieses Wachstum weiter an, könnte Sarahs Traum wahr werden.
Die Frage ist nur, wann.

»Bald wirst du die Welt erobern« – das klingt nicht nur
nach Glückskeks, das kommt aus einem. Sarah hat ein Foto
von ihm auf Instagram gepostet: »Biscuit Porte Bonheur For-
tune Cookie« steht auf der Verpackung. Darunter schreibt
sie: »Ich wollte gerade ausgehen, aber dieser #Glückskeks hat
mich motiviert, weiterzuarbeiten. Es gibt keine #Zufälle.«

Sarah Diouf glaubt ans Schicksal und an die eigene Zukunft. »Ich bin Schütze«, sagt sie. Und wer nicht weiß, was

das heißt, kann das nachlesen, zum Beispiel bei brigitte.de: »Sternzeichen Schütze: Der große Visionär«. Für Sarah hängt alles mit allem zusammen. »Alles hat einen Grund«, sagt sie. Die Sache mit Beyoncé, ihr Leben im Senegal, die afrikanische Renaissance. »Nichts passiert einfach so«, sagt Sarah. Noch nicht einmal der Unfall, der sie fast umbrachte, mit dem alles begann.

Sarah Diouf war 19 Jahre alt, als sie in Paris überfahren wurde. Sie fuhr einen Motorroller. Es regnete. Sie sah das Auto nicht kommen. Sechs Monate lang lag sie im Bett, bewegungsunfähig eingegipst. Sie konnte nichts tun, nur lesen. Also las sie *Vogue, Elle, Harper's Bazaar*. Und sah: »nur dünne weiße Mädchen.« »Ich war nie weiß und auch nie dünn«, sagt Sarah. »Ich wurde nicht repräsentiert.«

Noch aus dem Krankenbett heraus gründete sie *Ghubar* – ein digitales Modemagazin für *People of Colour*. So etwas hatte Frankreich noch nie gesehen. *Ghubar* war knallig und laut, die Modewelt feierte es. Und Sarah wurde berühmt. Sie präsentierte *Ghubar* auf den Fashion Weeks in New York, London und Paris. Ihr Magazin bot all das, was sie bei den Etablierten vermisste. Auf dem ersten Cover: eine Schwarze Frau. Auf dem zweiten: ein schwules Paar. »An wen richtet sich das?«, wurde Sarah gefragt. »An jeden«, antwortete sie. »An möglichst viele.« Das ist der Wettbewerbsvorteil von Vielfalt. Diversität hat die größtmögliche Zielgruppe: alle.

Globale Kundschaft. Internationaler Erfolg. Darunter macht es Sarah nicht. Das galt in Paris für *Ghubar* und gilt in Dakar für Tongoro. »Träume groß oder träume gar nicht«, schreibt sie auf Instagram. #BuildingAnAfricanDream. »Monsieur Ortega von Zara hat auch klein angefangen«, sagt sie. »Und jetzt führt er ein Imperium.« Zara. Imperien. Das ist es also, was Sarah will, kein schickes, kleines Label, keine Boutique in Dakar. Ihr African Dream ist nicht groß, sondern gigantisch. Tongoro soll ein Powerhaus werden, nach *zarai*-schem Vorbild. #TakeOver.

Aber dem Bagdad-beigen Betonblock im Herzen Dakars, in dessen oberstem Stockwerk Tongoros Geschäftsräume liegen, sieht man von außen schon an, dass sich Sarahs Imperium noch im Bau befindet. Die Fassade bröckelt. Das Treppenhaus ist eng. Es riecht nach Putzmitteln. Ganz oben dann Tongoro Studios: drei Zimmer, Küche, Bad; Design, Finanzen, Schneiderei – ein Hauptquartier in Wohnungsgröße.

Zur Straße raus liegt Sarahs Büro, mit Hinternvasen und Busenkerzen, wo sie Kleider entwirft und Werbekampagnen, wo sie zeichnet und rechnet. Dann kommt der Flur, wo sie Klamotten faltet und Pakete packt. Im Zimmer hinten links rattern Nähmaschinen. Der Raum davor ertrinkt in Kleidern: drei Wände voller Jumpsuits und Hosen, Röcke und Blusen, abstrakte Muster auf weicher Seide, ausladend, aufregend, anschmiegsam, wie Strand-Kaftan und Großstadtdschungel. Nur eine Wand bleibt frei. Die ist schwarz-weiß. Vor ihr fotografiert Sarah Tongoros Models, auch das macht sie selbst. #LetsWork.

Tongoro ist berühmt, aber trotzdem klein. Sarah hat nur acht Angestellte: fünf Schneider, zwei Lehrlinge, einen Assistenten. Das Label, das von Beyoncé getragen und in der Weltpresse besprochen wird, machte 2020 so viel Umsatz wie eine gut laufende Kneipe: 258.000 US-Dollar im Jahr.

»Aber die Marge«, sagt Sarah, »kann sich sehen lassen.« Wie groß die genau ist, will sie nicht verraten. Dafür redet sie gerne über Umsätze. 2021 sollen die sich verdoppeln. 2022 will Sarah die Million knacken. Tongoro ist wie der afrikanische Fashion-Markt: im Kommen. Bereits jetzt verkaufen sich Sarahs Kleider auf der ganzen Welt. 60 Prozent aller Bestellungen gehen in die USA, über 20 Prozent der Ware nach Europa, nur 12 Prozent werden innerhalb Afrikas verkauft.

Jeden Monat stellt Sarah neue Teile auf ihre Webseite. Und immer ist alles ausverkauft. »Die letzten zwei Jahre sind fantastisch gelaufen«, sagt sie. Das lag an Beyoncé, natürlich, am von Corona-angeheizten E-Commerce-Boom – und an einer globalen Bewegung.

Black Lives Matter – ein Aufschrei, den die Welt hörte. Überall protestierten Menschen, marschierten und skandierten: I can't breathe. No Justice, no Peace. Es ist eine der großen Bewegungen unserer Zeit: eine Forderung nach Respekt, ein Kampf um Sichtbarkeit. Schaut uns an, riefen die Demonstranten, wir sind Schwarz, wir sind wertvoll. Wir sind viele und vielfältig. Wir sind nicht Sub, wir sind Kultur. Wir sind Malcolm X und Nelson Mandela, Naomi und Rama Yade, Afrobeat und Basquiat, Beyoncé und Obama. Schwarze Kultur war nie nur amerikanisch. Sie ist kubanisch, jamaikanisch, ghanaisch, britisch, bunt. Sie ist überall dort, wo Schwarze Menschen leben. Und sie war immer und wird immer verbunden sein mit dem Mutterland, dem Ursprungsort, dem Schwarzen Kontinent, mit Afrika.

»Tongoro«, sagt Sarah, »hat von Black Lives Matter sehr profitiert.« Jahrhundertelang war es ein Handicap, Schwarz zu sein, Afrikaner zu sein. Aber jetzt könnte genau das für Sarah zum Vorteil werden. Weltweit steigt die Nachfrage nach Produkten von »Black-owned Businesses«; Oprah Winfrey, Nummer 64 auf *Forbes'* Mächtigste-Menschen-Liste, wirbt für ihre liebsten »Black-led-Companies«, und die *InStyle* empfiehlt »7 deutsche black-owned Beauty-Brands«. Sarah sagt: »Immer mehr Menschen suchen nach Identität.« Und einen Teil dieser Identität verkauft Tongoro: afrikanische Mode – eine Haltung zum Anziehen.

Sarahs Großeltern kamen aus dem Senegal, der Zentralafrikanischen Republik und dem Kongo. Ihre Eltern flogen für Air Afrique, als Pilot und Stewardess. Sarahs erstes Zuhause war dort, wo Air Afriques Heimatflughafen lag: in Abidjan, in der Elfenbeinküste. Dort wuchs sie auf, ein Kind der gehobenen Mittelschicht, das eine Privatschule besuchte. Aber als Sarah elf Jahre alt war, brach diese Welt zusammen. »Morgens ging ich noch zur Schule«, sagt sie, »mittags kam der Bürgerkrieg.« 2002 putschte ein Teil der ivorischen Truppen: Der Innenminister wurde erschossen, es herrschte Chaos auf den Straßen. Ein Schulbus brachte Sarah nach Hause. Ihre Mutter weinte. Sarah schrie. »Noch am selben Tag wurde ich zu meiner Tante nach Paris geschickt«, sagt sie. »Ich werde das niemals vergessen.«

Fast 20 Jahre später sitzt Sarah in ihrem Büro in Dakar, in dieser Blase aus glattem Holz und schönen Kleidern und atmet tief durch. »Die letzten Tage«, sagt sie, »habe ich mich kaum aus dem Haus getraut.« Seit zwei Wochen erschüttern Proteste den Senegal. Die Polizei verhaftete einen Oppositionellen, die Jugend ging auf die Straße, Staub mischte sich mit Tränengas. Mindestens zehn Menschen starben in diesem März 2021. »Das hat mich sofort an damals erinnert«, sagt Sarah. »Der Lärm, der Geruch – alles war wieder da.«

Sie hasst dieses Gefühl, wenn der Boden nachgibt, wenn keiner mehr weiß, was morgen passiert. Auch deswegen liebt sie den Senegal. Denn eigentlich ist Dakar eine friedliche Stadt und das Land eines der stabilsten auf dem Kontinent. Aber auch der Senegal hat Probleme. Das Klima ist trocken, viel Land unfruchtbar und über die Hälfte der Menschen arbeitslos. »Wir brauchen mehr Bildung, mehr Chancen, mehr Jobs«, sagt Sarah. Sie könnte jetzt in Paris sein, in London oder New York. Aber sie ist hier, in Dakar. »Weil ich im Senegal Arbeitsplätze schaffen will«, sagt sie. »Weil von Tongoros Erfolg Afrikaner profitieren sollen.«

»Made in Africa«, sagt Aissa Dione, »ist fast immer auch Made in China.« Dione ist Senegals berühmteste Stoffdesignerin. »La reine du tissue« wird sie genannt – und tatsächlich hat sie etwas Royales, mit ihrem französischen Akzent und der Nofretete-Nase. Aber Aissa Dione, die Königin der Stoffe, regiert ein untergegangenes Reich. »Bis in die 80er-Jahre gab es in Afrika einen großen Textilsektor«, sagt sie. In Kenia allein beschäftigte er 500.000 Menschen. Heute stellt Kenias Textilwirtschaft nur noch 20.000 Jobs. Auch der Senegal blickt zurück auf Jahrhunderte Weberkultur, doch Dione ist dort die letzte Stoffproduzentin. Einhundert Handwerker arbeiten in ihrer Manufaktur, für Luxusmarken wie Hermès und Dior. »Wir können gut überleben«, sagt Dione, »aber nur weil wir high-high end sind.« Stoffe in Masse für Fashion zu weben, das gehe in Afrika kaum, das koste zu viel. »Mit China und Indien können wir nicht mithalten.«

Dione kennt Sarah, aber Tongoro gehört nicht zu ihren Kunden. »Kein afrikanischer Designer bestellt bei mir«, sagt sie, »wir sind einfach zu teuer.« Die Labels kauften ihre Stoffe auf lokalen Märkten: günstigere Textilien – aus China und Indien. »Die Baumwolle wächst vielleicht in Afrika«, sagt Dione, »doch die Wertschöpfung findet woanders statt.« Rohstoffe fließen billig aus Afrika ab, werden in Asien zu Produkten und im Westen teuer verkauft – am Ende landen sie wieder in Afrika. Second-Hand-Mode flutet die Läden in Dakar und Accra, in Nairobi und Lagos. Bis zu 80 Prozent aller Afrikaner tragen Klamotten aus zweiter Hand. In Ghana gibt es sogar einen eigenen Begriff dafür: »Obroni Wawu« – die Kleidung toter weißer Menschen. »Im cercle de globalisation«, sagt Dione, im weltweiten Kleiderkreislauf, »sitzt Afrika ganz unten.«

Als Sarah anfing, im Senegal Kleider zu produzieren, tat sie das nicht für Afrika, sie tat es für ihre Freunde. Sie war 24, und *Ghubar* lief gut. Sie arbeitete viel, verreiste viel, erreichte viel – und brauchte eine Pause. Also flog Sarah in den Senegal, zu ihrer Familie, suchte Ruhe und fand: Inspiration. Sarah entdeckte Dakars Musik, Dakars Restaurants und Dakars Marché HLM, den Schneider- und Stoffmarkt. Überall ratterten Nähmaschinen. Buntes türmte sich zu Stoffbergen und Farblawinen. Und mittendrin warf Sarah auf ihren Skizzenblock: ein Crop Top, eine Hose, einen Kimono. »Ein schlichter Entwurf«, sagt sie. »Etwas für mich.« Das ließ sie sich nähen. Dann flog sie zurück nach Frankreich.

Fashion Week, Paris, 2015: Schaulaufen der Modeelite, der Designer, Influencer, Supermodels, Stars, der Wichtigen und Wichtigtuer. Alles glitzerte, glimmerte, glänzte. Gucci, Gucci, Gucci. Models liefen, Models standen. Niemand aß, aber alle waren hungrig auf Neues, Neues, Neues und das nächste große Ding. Mittendrin Sarah, in ihrem Outfit aus Dakar. Blicke blitzten begeistert hinüber und saugten sich fest an Crop Top, Hose, Kimono. Kameras klickten und Fashionistas fragten: »Wo kommt das her?« »Aus Dakar«, sagte Sarah. »Wer hat das designt?« »Ich«, sagte Sarah. »Wann kommt dein Label?« »Echt jetzt?«, fragte Sarah. Und eine Redakteurin der *Elle* flüsterte: »Ruf mich an.«

Die Modewelt ist eine Blase, und deshalb gehören Freundinnen und Freundinnen von Freundinnen zu Tongoro wie Stoffe, Schneider und die richtigen Hashtags. Sarah flog zurück nach Dakar, produzierte mehr Kleider, flog nach Paris und verkaufte. Freundinnen waren ihre ersten Kunden. Freundinnen empfahlen ihre Kollektion weiter. Freundinnen pushten das Label. 2016 zog Sarah in den Senegal, ließ *Ghubar* sein, für Tongoro. Heute hat sie Freundinnen in Accra, Lagos und Abidjan und in Dakar Freunde mit noch mehr Freunden. Einer davon kennt Naomi Campbell, das Supermodel und Alicia Keys, die Sängerin. Es gibt ein Bild, auf Instagram natürlich: Sarah, Naomi, Alicia – alle tragen Schwarz-Weiß. #TongoroTribe.

Sarah lebte seit einem Jahr in Dakar, als ein Freund anrief und sagte: »Du wurdest bestohlen.« Er schickte ein Foto von einer Clutch, lang wie ein Baguette. »Ich war geschockt«, sagt Sarah. Die Tasche war ihre, der Name darauf nicht. Da stand nicht Tongoro, sondern Yves Saint Laurent. »Es war mein Design«, sagt Sarah, »meine Mburu Bag.« Mburu heißt Brot auf Wolof, der Sprache des Senegals. Die Tasche war Sarahs Hommage an den täglichen Hustle ums Brot, ums Geld, ums Weiterkommen. Sie war inspiriert vom Alltag in Afrika – nicht vom Leben in Frankreich. Sarah schlug Alarm. Ihre Freunde twitterten, Zeitungen berichteten, die *Teen-Vogue* sprach vom »Kampf zweier Marken«. Für einen kurzen Moment blickte die Presse nach Senegal – und aus Sarahs Start-up wurde die Marke Tongoro. Als Designerin sei sie heute noch traurig, sagt Sarah. Als Marketing-Profi weiß sie: Das war Tongoros erster großer Moment.

Der zweite war dann, natürlich, Beyoncé.

Paris, 15. Juli 2018, Stade de France, rasende Lichter, Menschenmassen. Beyoncé stand auf der Bühne und Sarah im Publikum. Die Fans tobten. Beyoncé sang. Sarah schaute sich um und entdeckte eine Freundin, Serena. Bussi links, Bussi rechts. »Sarah«, schrie Serena, »lass uns morgen zum Frühstück treffen.« »Serena«, schrie Sarah, »machen wir.«

Wenn Beyoncé auf Tour geht, ist jeden Tag Fashion Week. Queen B hat Bühnen-, Alltags- und Urlaubs-Stylisten, mehrfach am Tag wird sie an-, aus- und umgezogen. Sie muss immer perfekt sein – für Fans vor Ort und mehr als eine Viertel Milliarde Instagram-Follower. In diesem Reiseköniginnentum ist Sarahs Freundin Serena die Heim-Stylistin Beyoncés, zu Hause, in den USA. Aber: »Wir hatten einen Kleidernotstand«, erzählte Serena Sarah beim Frühstück, »ich wurde in letzter Sekunde eingeflogen.« So viel sei zu tun: Konzerte, Auftritte, der Frankreich-Urlaub, die

Jacht-Outfits. Und Sarah nickte und sagte: »Ich habe Kleider dabei.«

Zwei Wochen später riss Sarahs Handy sie aus dem Schlaf. Nachricht auf Nachricht ploppte auf den Bildschirm, Foto auf Foto: Beyoncé auf einer Jacht, mit Sonnenhut und Blick aufs Meer, in einem Jumpsuit, den Sarah sofort erkannte, hochgeschnitten und weit, mit blau-rosa Muster. Sarah ging auf die Knie. »Erst habe ich meine Mutter angerufen«, sagt sie. »Dann alle anderen.« »Schmeißt die Nähmaschinen an«, rief sie, »postet alles, haut alles raus.« Aber da war es schon lange zu spät. Die Website war down, der Online-Shop offline, zusammengebrochen unter der Last der Anfragen. »The Beyoncé factor«, sagt Sarah, »is real.«

Seitdem geht es mit Tongoro steil aufwärts. Beyoncé trug Sarahs Mode sieben Mal. Die *Vogue* nennt das eine »Liebesbeziehung«. 2019 launchte Sarah ihre Linie für Männer. Auch die ist immer ausverkauft. 2021 kam Tongoro Home dazu, mit Hinternvasen für alle und Handy-Haltern aus Holz. 2022 soll Sarahs Label gefeaturt werden: bei Net-a-Porter, dem bekanntesten Online-Versandhaus für Luxusmode.

Afrika ist das nächste große Ding, hatte Sarah gesagt. Und damit könnte sie recht haben. Denn Vielfalt ist das neue Ideal – und die Modewelt hungert nach mehr. In den letzten drei Jahren erhielt Thebe Magugu als erster Afrikaner den LVMH-Nachwuchspreis. H&M kooperierte mit einem afrikanischen Label. Und Ikea machte Möbel mit Designern aus Afrika. Net-A-Porter, Farfetch und Asos – alle verkaufen afrikanische Mode. Und die Kaufhauskette Bloomingdales wirbt mit dem Slogan: »Africa, your time is now.«

Die internationale Konsummaschine wittert: Afrika ist da. Und es sieht gut aus. Es ist anders. Es ist neu. Es hat unangetastete Style-Vorkommen. Afrika kann werden wie Asien: weltweit konsumierbar. Dort fing es an mit Sannyasins, mit

Hippies und Goa-Girls. Heute gibt es Curry in Pinneberg und Tai-Chi in Heilbronn. Jetzt also: Afrika. Das Gleiche noch mal. Aus der Nische in den Mainstream. Was mit Black-owned-business und #Tongoro beginnt, kann enden mit Fast-Food-Injera und Fufu bei Lieferando.

Sarah hat dafür die richtige Strategie – und den richtigen Stil. Tongoro ist nicht ethno-schick, sondern großstadt-modern, nicht speziell, sondern besonders. Sarahs Kleider schmeicheln jeder Figur, jedem Typ und jedem Alter. Und sie sind für viele bezahlbar: Tongoros teuerstes Stück kostet 300 Euro. Das ist Mode für Millionen. Das könnte Afrika für alle sein. »Ich bin nicht nur die Frau, deren Label Beyoncé mal trug«, sagt Sarah. »Ich will die Welt erobern, mit einem globalen Ding, das aus Afrika kommt.«

Beyoncés Video »Spirit« – mit Sonne und Staub, dem Löwen und Sarahs schwarz-weißem Jumpsuit – wurde übrigens vollständig in Arizona gedreht. Aber das ist egal. Afrika kann ja überall sein.

+++ Alles am Fuße der Ngong-Berge +++
Giraffen im Garten +++ Brunch bei Kenias
jüngstem Millionär +++ Barfuß zur Schule, im
Mercedes zur Arbeit +++ Ein unheimlicher
Mensch, bei dem immer alles stimmt +++ Von
der Politik des Reality-TV +++ Jeder
Präsident braucht einen Fernsehsender +++

KENIA:
Eugene Mbugua | Young Rich

SUPER SELFMADE STORY

MANCHE MOMENTE SIND einfach zu perfekt. Da passt alles, greift alles ineinander, als führe jemand Regie. Da sagt jemand etwas Erhellendes, begreift etwas Großes und – bling! – genau in diesem Moment geht das Licht an. Oder es gibt einen Streit, einer stürmt aus der Wohnung, wütend, knallt die Tür, tritt auf die Straße und – bumm! – da donnert es und beginnt zu regnen. Ja, das kann alles passieren. Das tut es auch. Aber nur ganz selten. Der Alltag ist halt kein Hollywoodfilm. Die meisten Leben holpern eher so vor sich hin.

Aber es gibt Menschen (nur ganz wenige), bei denen das anders zu sein scheint. Da passt wirklich alles, greift tatsächlich perfekt ineinander, als führe jemand Regie. Jedes Detail stimmt, jedes Erlebnis wird zur Story, auch die tragischste Episode hat eine Moral. Als Zuschauer wähnt man irgendwo ein Schattenteam aus Requisiteuren und Souffleusen. Und spätestens, wenn zum wiederholten Mal zufällig im Hintergrund der genau richtige Song das Geschehen auf den Punkt bringt, wie ein Off-Kommentar aus der Bluetooth-Box, denkt man: Das kann doch nicht wahr sein. Oder etwa doch?

»Ich bin ziemlich gut darin, zu wissen, was Leute sehen wollen«, sagt Eugene. Wir sitzen zu dritt in seinem Garten am Stadtrand Nairobis, hinter hohen Hecken, an einer langen Tafel mit weißem Tischtuch. Die Sonne funkelt in Martinikelchen, Sektflöten, Whiskey-Tumblern, Longdrink- und Wassergläsern, einer Orangensaft-Karaffe aus Kristall. »Wie wäre es mit einem Drink?«, fragt Eugene – und aus dem

Nichts erscheint ein Mann mit einem Kübel voll Eis. Die Luft ist warm und riecht nach Sommer. Der Rasen ist frisch gemäht. Kühl kitzeln kurze Halme an unseren nackten Füßen. Ostern 2021, Samstagvormittag: Brunch bei Eugene Mbugua, dem vielleicht berühmtesten Fernsehproduzenten Ostafrikas.

Früher einmal – auch darum wird es in dieser Geschichte gehen – war Eugene sehr arm. Dann wurde er sehr reich. Auch das eine perfekte Story, vom Tellerwäscher und so weiter. Eugene war mit Anfang 20 Kenias jüngster Selfmade-Millionär, war auf der Liste von »Forbes 30 under 30«, war auf dem Cover von Magazinen und in Cannes bei den Filmfestspielen. Jetzt ist er 31 Jahre alt und nicht mehr wegzudenken aus Kenias Fernsehlandschaft. Seine Firma produziert einige der beliebtesten Serien des Landes. Eugene hat das Showbiz revolutioniert mit einem Format, das neu war in Ostafrika: Reality-TV. Für Europäer mag das abgestanden klingen, nach »Big-Brother«-Dramen oder dem Sozialabendelend von RTL2. Aber in Kenia war das Format unbekannt. Es gab Filme und Serien und Fußballübertragungen sowieso. Aber niemand drehte bei den Menschen zu Hause, zeigte sie in ihren Wohnzimmern, wie sie leben, essen und sich streiten. Dann kam Eugene. 2012 feierte er seinen ersten Hit: »Young Rich«, eine Show über junge Millionäre in Nairobi: Sportwagen, Swimmingpools, Krokolederschuhe. Das wollten alle sehen. »Young Rich« machte Eugene selbst jung reich – und war nur der Anfang. Er produzierte weiter: erst »Kenya's Perfect Wedding«, dann »Foods of Kenya«, schließlich »My Story«, eine netflix-hafte Hochglanzserie, in der Politiker, Künstler und Unternehmer ihre Erfolgsgeschichten erzählen. Das alles (und noch ein paar andere Shows mehr) sind Hitformate, die immer noch laufen. Aber Eugenes vielleicht größte Inszenierung ist eine andere. Sie wurde bisher noch nicht ausgestrahlt, ist aber immer auf Sendung. Es ist die Geschichte seines eigenen Lebens: die Eugene Mbugua Show. Wegen ihr sind wir hier.

Schon die Fahrt zu diesem ersten Treffen war filmreif gewesen, ein Trailer für das, was noch kommen sollte. »Es gibt Cocktails«, hatte Eugene geschrieben. Und: »Ich lasse euch abholen.« Um Punkt zehn Uhr morgens hielt sein Fahrer vor unserer Tür, in einer dunkelgrünen Mercedes-Limousine. Er sprang aus dem Wagen, öffnete uns den Schlag. »Sollten Sie Durst haben«, sagte er, wieder am Steuer, »finden Sie Wasser und Saft in der Mittelkonsole. Mister Mbugua hat für alles gesorgt.« Dann gab er Gas, wir schwiegen hinter getönten Autofenstern, in einer klimatisierten Mercedes-Blase, die nach Ledersitzen roch. Draußen zog Nairobi vorbei, erst staubig, dann immer grüner, je weiter wir rauskamen. Aus den Stadtautobahnen wurden Alleen, das Menschengedränge der Straßenränder wich Blumenbeeten, dann gab es keine Hochhäuser mehr, nur noch Gärten und Villen, geschützt von hohen Hecken. Karen, so heißt dieser Stadtteil. Hier lebt Eugene und auch jeder andere, der in Nairobi etwas gilt. Sogar Uhuru Kenyatta, der Präsident, hat hier einen seiner (vielen) Wohnsitze. In Karen gibt es französische Bäcker, einen Organic Farmers Market und ein 5-Sterne-Hotel, in dem Touristen Giraffen kraulen können, die ihre Hälse durch Fenster ins Herrenhaus strecken auf der Suche nach Frühstücksbuffetfrüchten. Karen ist ein nobler Vorort, eng verbunden mit der Geschichte der Europäer in Kenia, vor allem mit der der Briten. Aber Karen ist auch der Ort, wo berühmte Filme und Bücher, wo große Storys spielen. Denn Karen heißt Karen nach Karen Blixen. Hier hatte die dänische Schriftstellerin ihre »Farm am Fuße der Ngong-Berge«. Hier spielt ihr berühmtestes Buch, das in den 80ern verfilmt wurde, mit Meryl Streep und Robert Redford: »Jenseits von Afrika«.

Eugene trat aus seinem Haus, aus dem Schatten ins Sonnenlicht, genau in der Sekunde, als wir vorfuhren – ein zierlicher Mann, mit breitem, leicht schiefem Grinsen und langen Dreads fast bis zur Hüfte. »Mann, so schön, dass ihr es geschafft habt«, sagte er. Er war barfuß und trug ein Hemd mit hochgekrempelten Ärmeln, als hätte er gerade noch etwas erledigt. »Kommt mit«, sagte er, »wir essen im Garten.« Und so landeten wir an diesem Frühstückstisch, mit einer Batterie von Cocktailgläsern und einem Buffet wie aus einer stylishen Hotel-Broschüre. Ein runder, weicher Brie lag verführerisch auf einem Holzbrett, daneben fächerte fettschimmernd italienischer Schinken auf. Ein Haufen Weintrauben erhob sich aus Himbeeren, Brombeeren, Erdbeeren. Der Himmel: postkartenblau. Das Tischtuch: persilwerbungsweiß. Der Garten: so grün, als wäre er nachkoloriert worden. Zwei Schoßhunde federten über den Rasen auf uns zu. Sie waren klein und flauschig und bellten nicht. Und aus unsichtbaren Lautsprechern tröpfelte Musik in die Szene, irgendwas Klassisches, Streicher zum Brunch. Surreal. So wirkte das auf uns. Wie eine Mischung aus *Alice im Wunderland* und Eugenes Reality-Shows. Und das war, ganz bestimmt, Absicht.

Es ist nicht leicht, über Eugene zu schreiben. Das liegt daran, dass er uns schnell sympathisch wurde. Er ist ein guter Typ, wir haben in Nairobi viel Zeit miteinander verbracht und sind seitdem in Kontakt geblieben. Aber das liegt vor allem daran, dass Eugene die Kontrolle über all seine Formate hat – und seine eigene Biografie gehört dazu. Er ist ein Mensch, der in perfekten Storys denkt. Jede Anekdote hat Anfang und Ende, Höhe- und Wendepunkte, Cliffhanger, eine Moral. Das macht ihn zu einem guten Fernsehproduzenten – und zu einem unmöglichen Interviewpartner. Eugene antwortet nicht. Er erzählt. Nie erlebt man ihn spontan. Immer in Szenen, die er selbst entworfen hat. Dazu gehört auch unser erstes Treffen, Überschrift: Brunch bei einem jungen Millionär. Eugene kennt Einsamkeit, Armut, Elend, Leid. Auch er ist gescheitert, in Sackgassen gelaufen. Aber er erzählt von seinem eigenen Leben als perfekte Geschichte: Aus der Not seiner Kindheit entstand der Wunsch, sie zu überwinden, wurde Arbeitswut, dann Erfolg, schließlich Erlösung. Alles hängt mit allem zusammen, wird Teil der Eugene-Story, sogar die Politik Kenias, sogar Präsident Kenyatta. Aber während Eugene davon erzählt, blitzt immer wieder ein anderer Mann auf – ein Zweifler, ein einsamer Mensch, bis heute weniger Selfmade-Millionär als vielmehr immer noch Oliver Twist. Aber schließlich ist auch das nur eine Story, eine ziemlich alte sogar.

»Ich wurde in einer Stadt namens Kitale geboren, im Westen Kenias, im November 1990.« So fängt Eugenes Geschichte an. Dann starb seine Mutter, da war er sieben Jahre alt. Sein Vater wollte den Sohn nicht haben. Vielleicht war er grausam. Vielleicht nur verloren. Eugene weiß es nicht. Ein paar Jahre lang lebte er bei seiner Großmutter, dann wurde sie zu alt. Eugene kam zu einem Onkel, der reichte ihn weiter. Er kam zu einer Tante, der fiel er zur Last. Keiner wollte ihn, das ließen sie ihn spüren. Eugene erzählt davon mit stählerner Stimme und ohne zu blinzeln. Er ist ehrlich, gnadenlos in den Details. »Ihr sollt das wissen«, sagt er. »Aber die Einzelheiten, schreibt die nicht auf. Es reicht zu sagen, dass ich eine schreckliche Kindheit hatte.« Auch in der Schule blieb er lange allein. Die Mitschüler mieden ihn. Er war zu anders als sie, kleiner, ärmer, ungeliebter – auch schlauer. Einmal ging Eugene ein paar Wochen lang nicht zur Schule, aber es fiel niemandem auf, dass er weg war. Er zog sich zurück – und entdeckte die Bücher. Eugene las, was er finden konnte: Romane, Zeitschriften, Sachbücher. Und besonders gerne las er Sidney Sheldon. Sheldon, das ist der amerikanische Schrift-

steller, dem die Welt »Bezaubernde Jeannie« verdankt, diese
Fernsehserie, in der ein Astronaut einen hübschen, weiblichen Flaschengeist entkorkt und dann mit ihm flirtenderweise Abenteuer erlebt. Sheldons Romane wurden Eugenes
Zuflucht. Er las »Rache ist ein süßes Wort«, »Zorn der Engel«,
»Ein Fremder im Spiegel«. Und da erwachte Eugenes Lust
an Unterhaltung, an der perfekten Story – der Grundstein für
seinen späteren Erfolg. Er hatte jetzt eine Leidenschaft, aber
kaum Freunde, mit denen er sie teilen konnte. Und irgendwann, da war er ein Teenager, ein magerer Kerl mit wirren
Haaren, der keine richtigen Schuhe besaß, aber die bezaubernde Jeannie kannte, akzeptierte Eugene Mbugua etwas
eigentlich Inakzeptables: dass er allein war und es bleiben
würde; dass es in diesem Leben nur ihn geben würde. »Es
gibt ein Zitat aus ›Jenseits von Afrika‹«, sagt Eugene. Er denkt
nach, aber er kommt nicht auf den genauen Wortlaut. »Es
geht ungefähr so: Ich habe meine Entscheidung getroffen
und bin bereit, den Preis zu zahlen – manchmal einsam zu
sein, alleine zu sterben, wenn es sein muss.«

»Kommt, das reicht«, sagt Eugene. Cliffhanger! Jetzt etwas
Positives, neue Szene. Er springt auf. Läuft ins Haus. Bringt
Bücher mit, Romane, Sachbücher, den aktuellen *Economist*
(»Africas long Covid«). Er liest noch immer alles. Wir reden
über Musik. Reden über Diktatoren. Eugene macht Gin Tonic,
macht Negroni, macht Martini, spielt mit den Hunden. Ein
Gummiball hüpft über den Rasen. Eugene flackert durch den
Garten. Die Szene ›Brunch bei einem Millionär‹ scheint abgedreht worden zu sein. Nächste Klappe! Auftritt jetzt: das
exzentrische Genie. »Das ist doch eine Idee!«, ruft Eugene.
»Und das auch!« Er zückt ein Notizbuch, kritzelt. »Daraus
könnte man ein Format machen, oder?« Er strahlt, klatscht in
die Hände. Im Hintergrund hat die Musik gewechselt. Die
Frühstücksstreicher sind verklungen. Jetzt pulst Afropop aus

den Boxen, Sauti Sol, eine der großen Bands Kenias, Freunde von Eugene. Auch über sie hat er eine TV-Show produziert. Der Song, der läuft, heißt »Extravaganza«. »Wakaja na madrama«, singt die Band auf Suaheli, »Sinema zetu ni telenovela.« Auf Deutsch: »Sie kamen mit ihrem Drama. Aber unsere Skandale sind wie eine Telenovela. »Kommt!«, ruft Eugene, »ich zeige euch mein Haus.« Und so beginnt unsere ganz private Live-Episode von »Young Rich«.

Eugene Mbugua ist ein Junggeselle, das merkt man seinem Haus an – hier wohnt nur einer. Wohn- und Schlafzimmer, Küche, Fitnessraum, innen ist alles so ordentlich wie draußen der Garten. Auf dem Esstisch liegt ein Filzuntersetzer. Bloß keine Wasserringe auf dem Holz. Es gibt einen großen Fernseher. Es gibt viel Kunst, auf Leinwänden, von kenianischen Künstlern. Es gibt ein Regal voller Erinnerungsnippes aus Andenkenshops: ein Eiffelturm aus Paris, ein Bierglas aus Bayern, Sand von der Côte d'Azur. Und dann: Eugenes »Wand der Helden«: Porträts von Menschen, die ihn inspirieren. Ganz oben hängt ein Bild von Ruby Bridges, die 1960 eines der ersten Schwarzen Kinder war, die in New Orleans, Louisiana, eine vorher rein weiße Schule besuchen durften. Das Foto zeigt sie an ihrem ersten Schultag: Ein kleines Mädchen zwischen drei Polizisten, vor dem Schultor, wo ein rassistischer Mob auf sie wartete, geiferte, schrie; wo das Schulgebäude leer stand, weil die Kinder zu Hause geblieben waren, weil die Eltern nicht wollten, dass ihr Nachwuchs den Klassenraum mit einer Schwarzen teilte; wo nur eine einzige Lehrerin erschienen war, die Ruby alleine unterrichtete, monatelang, bis die Wellen sich legten. Daneben ein Foto von Nelson Mandela, mit diesem Teddybärengesicht, das so sehr zum Symbol wurde für den Kampf um ein freies Afrika. Und Ali hängt da auch, Faust und Boxhandschuh in die Luft gereckt, der Mann, der Joe Frazier schlug, beim »Rumble in the

Jungle«, in Kinshasa, damals in den 70ern, als der Kongo noch Zaire hieß und noch Hoffnung bestand, dass das Land etwas anderes werden würde als nur schrecklich. Ein einziges weißes Gesicht hängt auch an der Wand: Malik Bendjelloul, der schwedische Dokumentarfilmer. Bendjellouls berühmtester Film war »Searching for Sugarman«, eine Doku über die Suche nach dem Musiker Sixto Rodriguez, der in Südafrika ein Star war, aber in seiner Heimat Detroit davon nichts wusste und arm blieb. Eugene singt eine Zeile aus einem Rodriguez-Song: »And I wonder about the loneliness that's mine.« Er hat eine gute Singstimme. Dann sagt er: »Erfolg alleine reicht nicht.« Bendjelloul erhielt 2013 einen Oscar für »Searching for Sugarman«. 2014 nahm er sich das Leben.

»Mir war immer klar, warum meine Kindheit so unglücklich war«, sagt Eugene. »Weil wir arm waren.« Also fasste er einen Entschluss: Er wollte der reichste Mensch werden, den seine Familie jemals hervorgebracht hatte. »Ich wusste genau, dass niemand kommen und mich retten würde. Entweder ich würde es alleine schaffen. Oder auf der Straße landen.« Reichwerden also. Das ist ein ziemlich typischer Traum, aber den meisten, die ihn träumen, fehlt eine Strategie – und Eugene war da keine Ausnahme. Er schrieb sich an der Uni Nairobi ein, für Buchhaltung, das klang nach Geld. Er studierte. Aber vor allem arbeitete er. Er machte Nebenjob auf Nebenjob – und einer davon brachte ihn zum Film. Ein Cousin von ihm war Tontechniker beim kenianischen Fernsehen. Er heuerte Eugene an, erst als Statist für Massenszenen, dann als Mädchen für alles. Also trug Eugene Kabel zum Set, schleppte Stative, brachte Schauspielern Essen. Und das alles tat er nicht für irgendeine Sendung, sondern für einen der größten Erfolge des Landes, eine Serie, die Kenia seit zwanzig Jahren feierte: »Inspector Mwala«.

Es gibt Fernsehshows, die man wahrscheinlich nur schät

zen kann, wenn sie zur eigenen Kindheitskultur gehören. In Deutschland ist das dieser ganze biedere, tatortige Polizeikosmos von »Soko München« bis »Notruf Hafenkante«. In Kenia ist das: »Inspector Mwala« – ein kleinwüchsiger Polizeibeamter, der in seiner Nachbarschaft im Slapstickstyle Verbrechen aufklärt. »Es ist eine absurde Show«, sagt Eugene. Er lacht, klappt seinen Laptop auf, geht auf YouTube, klickt ein Videoporträt von »Inspector Mwala«. »Hier«, ruft er, »schaut euch das an!« Eine Frauenstimme trällert: »This weekend Citizen TV brings you a little love and lots of laughter. And what better way than to bring you the man who has been making Kenya laugh for years!« Wir sehen einen kleinen Mann mit einer großen Knarre hantieren, um Autos schleichen, Banditen verhaften. »Fantastisch!« Eugene bekommt sich kaum noch ein. Die Frau im Video sagt: »He is one of the few actors to take Kenyan TV to the next level.« Und Eugene: »Das stimmt! Das stimmt wirklich.« »Inspector Mwala« mag lächerlich wirken, aus der Zeit gefallen – aber die Sendung war eines der ersten Erfolgsformate made in Kenya. Fernsehen wurde, wie fast überall in Afrika, aus dem Ausland importiert. Die Sender strahlten mexikanische Seifenopern aus, Serien aus den Philippinen, schlecht synchronisiertes Second-Hand-Fernsehen. In Nairobi fieberte man bei Serien mit, die Tausende Kilometer weit weg gedreht worden waren. Europäer, Amerikaner, Asiaten flimmerten über die Bildschirme. Keine Afrikaner. Dann kam »Inspector Mwala« und bewies: Kenianer wollten auch kenianisches Fernsehen. Da war Geld drin. Viel Geld. Das witterte Eugene. Also ließ er das mit der Buchhaltung sein und studierte fortan Film. »Aber nur Teilzeit«, sagt er. Denn er lieh sich das Geld für die Studiengebühren zwar bei einem entfernten Verwandten. Aber zum Leben reichte es nicht. »Neben dem Studium«, sagt Eugene, »betrieb ich sechs bis acht unterschiedliche Geschäfte.«

Als Erstes, das konnte er als Filmstudent, unterrichtete Eugene Kameraführung an einer teuren Privatschule. Weil er kein Geld für den Bus hatte, lief er zu Fuß zum Unterricht, eine Stunde lang, durch den Feinstaubnebel Nairobis. »Mann, sah ich abgefuckt aus«, sagt Eugene. »Mit zerrissenen Jeans. Wie ein obdachloser Typ. Aber ich wusste: Nichts konnte mich aufhalten.« 150 Dollar bekam er für den Filmunterricht im Monat. Nicht viel. Aber genug, um es ins nächste Business zu stecken. Eugene eröffnete einen Straßenstand in der Nähe der Uni – und vertrieb illegal gebrannte Filme. Das war (und ist) ein großes Geschäft in Nairobi: Man lädt einen Film runter, brennt ihn auf DVD, verkauft ihn für 50 Cent. »Das lief gut«, sagt Eugene. So gut, dass er einen eigenen Laden eröffnete: einen Game-Shop. Er stellte Fernseher auf, kaufte Spielkonsolen. Kenias Jugend kam zum Zocken – und zahlte pro Minute. Nebenbei schrieb Eugene Episoden für »Inspector Mwala«, arbeitete als Freelancer für eine große Zeitung, organisierte Ausflüge in die Natur für Touristen und irgendwann sogar Kenias erstes Body-Art-Festival für Tätowierer und Tätowierte. (Das ist in Ostafrika unüblich, genauso wie lange Haare. In manchen Artikeln wird Eugene deswegen als das »tätowierte, langhaarige Genie« vorgestellt. Sein Tattoo: Auf Eugenes Arm steht ein Gedicht der amerikanischen Jahrhundertwende-Dichterin Jessie Rittenhouse: Life is just employer / He gives you what you ask / But once you have set the wages / Why, you must bear the task ...)

Es war eine atemlose Zeit, schweiß-glänzende und straßen-staubige Jahre – aber es waren die bisher besten in Eugenes Leben. Er fand Freunde, vielleicht sogar sich selbst. Er feierte. Er entdeckte etwas, das ihn weiter begleiten sollte, die Subkulturen Nairobis, die der Tätowierten, der Musiker, der Gamer, der Business-Leute, der Outdoor-Freaks, der Sportler, der Künstler. Er lernte ihre Codes, lernte, wer was sehen wollte. Und neben alldem studierte Eugene weiter, schlief nur vier Stunden pro Nacht, war besessen, war gnadenlos, war inspiriert. Jeden Tag hatte er neue Ideen. Sie füllten ganze Notizbücher: Geschäfte, Geschäfte, Geschäfte! Und pünktlich zum Ende seines Studiums, da war er 22 Jahre alt, erfand Eugene ein Konzept für eine TV-Show, er hatte auch einen Namen dafür, es war: »Young Rich«.

Eine Woche nach unserem Frühstück in seinem Garten treffen wir Eugene wieder. Dieses Mal holt uns nicht sein Fahrer ab, sondern er selbst. Und er fährt auch nicht im Mercedes vor, sondern in einem silbergrauen Vierradantrieb-Geländemonster. Es ist fünf Uhr morgens und stockfinster. Noch zwitschert es nicht in Bäumen und Büschen. Stattdessen schnarrt irgendwo unsichtbar ein letzter Nacht-Vogel. Es regnet. Kalt tropft uns das Wasser auf die Köpfe. Wir rennen zum Auto, retten uns auf die Rückbank, dann geht es los, nicht hinein nach Nairobi, sondern hinaus, aufs Land. Eugene will uns zeigen, wofür seine Heimat berühmt ist: Natur. Zwei Millionen Touristen kommen jedes Jahr nach Kenia. Und fast alle wollen Safaris, wollen Savannen sehen, Sandstrände, Sonnenuntergänge. KENIA: ein Reisekatalog-Sehnsuchtsort. Da denkt die Welt ans schöne Afrika. Ach, Giraffen! Und Elefanten-Silhouetten am abendlichen Horizont. Und natürlich, die dürfen nie fehlen, die sind ja das Natur-in-Afrika-Symbol überhaupt: Schirmakazien! Kein Wunder, dass dieses Land so häufig beschrieben wurde, dutzendfach verwertet in Filmen und Büchern, stellvertretend zum Teil für seinen ganzen Kontinent. *Die weiße Massai, Der ewige Gärtner, Jenseits von Afrika, Nirgendwo in Afrika* – alles Kenia. Sogar die Namen der Landschaften hier klingen groß. Serengeti, Masai Mara, Mount Kenya, Lake Nakuru. Und natürlich: die Ngong-Berge, an deren Fuße Karen Blixen ihre Farm hatte. Dort fahren wir mit Eugene hin. Da will er mit uns wandern gehen. Deswegen rauschen wir durch die Dunkelheit, in dieser Riesenkarre, auf deren Frontscheibe der Regen trommelt.

Von Karen aus geht es Richtung Südwesten. Die Straßen sind leer, bis auf ein paar mürrische Frühaufstehergesichter. Wir halten an einer Tankstelle. Eugene kauft Nüsse. Nach ein paar Kilometern sammeln wir einen Polizisten ein – einen schweigsamen Mann, der in feuchter Uniform an einer Kurve wartet. Er und seine Maschinenpistole werden mit uns wandern gehen, weil es in den Ngong-Bergen immer wieder zu Überfällen kommt. Die Straße wird jetzt steiler. Der Wagen furcht durch Matsch und holpert über Steine. Dann sind wir da – im Nirgendwo. Der Morgen ist ganz grau. Wir steigen aus, in wattedichten Nebel, der unsere Stimmen schluckt. Bis jetzt sehen wir von Kenias berühmter Natur nur ein paar Quadratmeter erdigen Boden und Reifenspuren, in denen das Wasser steht. Und uns wird klar: Für diesen Trip sind wir schlecht ausgerüstet. Paul hat zu leichte Schuhe an. Sophia friert. Der Polizist grinst. »Wartet«, sagt Eugene, »ich habe alles dabei.« Er kramt im Kofferraum, findet Jacken und Schals. »Ich muss hier irgendwo noch eine Mütze haben«, sagt er zu Sophia, »die kannst du tragen.« Die Mütze ist schnell gefunden, ist grau und schön dick. Auf ihrer Vorderseite steht: »Forbes 30U30«. Der Polizist ist schon vorgelaufen und im Nebel verschwunden. Wir folgen, ganz langsam, beginnen den Aufstieg.

Eugene ist immer viel gelaufen. Heute tut er das, weil es ihm Spaß macht, früher tat er es, weil er es musste. Als Kamera-Lehrer / DVD-Pirat / Game-Shop-Betreiber verdiente er nie genug für ein Auto und meistens auch nicht genug für den Bus. Also lief Eugene zu Fuß durch Nairobi, diese Autofahrerstadt mit viereinhalb Millionen Einwohnern. Kenia ist die drittgrößte Volkswirtschaft südlich der Sahara, ein Fünftel der Wirtschaftsleistung erbringt die Hauptstadt alleine. Das

sieht man ihr an. Natürlich gibt es in Nairobi auch Armenviertel, sogar ein paar der größten Slums Afrikas. Aber im
Stadtzentrum erheben sich Hochhäuser, Bürotürme und
Apartment-Komplexe mit Glasfassaden hinter hohen Mauern.
An all diesem Luxus lief Eugene vorbei. Jeden Tag beäugte er
sehnsüchtig das Leben der Reichen. Draußen, vor den Wohn-
anlagen, bewarben Werbeplakate ihr Inneres, zeigten marmor-
glänzende Kücheninseln, Fitnessräume, Swimmingpools.
Darunter standen die Monatsmieten. Für Eugene waren es
fantastische Summen. »Ich war besessen von diesen Anlagen«, sagt er. Er sah die Menschen, die dort lebten, Frauen mit
hohen Absätzen, Männer in Anzügen, Kinder, die im Benz
zur Schule gebracht wurden. Eugene wollte sein wie sie, wollte
haben, was sie hatten, mehr als alles andere. Wie wird man
so reich?, fragte er sich. Das ließ ihm keine Ruhe. Und bei
einer dieser Wanderungen durch Nairobi kam ihm dann seine
Idee: »Young Rich« – eine Reality-Show über Kenias junge
Millionäre, die die unersättliche Neugier der Armen befriedi-
gen würde, wie es wohl sein musste, reich zu sein. Eugene
schrieb sein Konzept, pitchte die Idee allen großen Sendern –
und wurde überall abgelehnt. Niemand wollte »Young Rich«
haben. Die Programmchefs fragten: Gibt es überhaupt so viele
Millionäre in Kenia? Und warum sollten sie dir vertrauen? So
verging ein halbes Jahr, und Eugene war bereit, aufzugeben.
Sein Studium näherte sich dem Ende. »Young Rich« schien
niemanden zu interessieren. Aber eine Zeitung hatte ihm ein
Jobangebot gemacht, wollte ihn als Reporter einstellen. Wer
weiß, vielleicht wäre Eugene Journalist geworden. Aber dann
kam – !!! – der Plottwist.

»Achtung!« Eugene tänzelt vor uns den Hang hinauf.
»Vorsicht«, ruft er, »hier wird's glatt.« Er war immer ein zierlicher Mann, aber früher war er noch dazu mager. »Und ziemlich unsportlich«, sagt er. Heute ist Eugene das nicht mehr.

Heute ist er fit, sehr fit. Er dreht bei sich zu Hause nebenbei Trainingsvideos und stellt sie ins Internet. Auch die sind perfekt. Auch das wollen offenbar alle sehen. Es muss manchmal anstrengend sein, Eugene Mbugua zu sein. Wir schleppen uns hinter ihm die Ngong-Berge empor (die, um ganz ehrlich zu sein, eher große grüne Hügel sind), und Eugene eilt immer wieder davon, lässt sich dann zurückfallen, trippelt hyperaktiv um uns herum. Er ist nicht mehr der junge Millionär oder das exzentrische Genie. Nein, wir sind unterwegs mit: Eugene Mbugua, dem Sportler. Er hüpft. Wir stolpern. Er erzählt. Wir keuchen. An uns, sagt der Polizist, würde man schon sehen, warum Kenianer die größten Marathonläufer der Welt seien und die Deutschen nicht. Sophia murmelt irgendetwas über ihre Mutter aus Addis Abeba und die berühmten äthiopischen Langstreckenläufer, aber da ist der Mann schon wieder weg, verschluckt vom Nebel. »Macht euch keine Sorgen«, sagt Eugene. »Manchmal sind oben auf dem Gipfel Männer, die einen massieren. Wenn man Glück hat.« Und so, wie er das sagt, ahnen wir schon: Wir werden (ganz zufällig, aber ganz sicher) Glück haben. Und tatsächlich: Wir erreichen den Gipfel, und da warten schon zwei Massai. Sie haben Decken auf dem kalten Boden ausgebreitet. Und darauf dürfen, nein müssen wir uns legen, und die zwei Masseure reißen an unseren Gliedern und knuffen und kneten unsere Körper und Eugene filmt das alles mit dem Handy, Wackelbilder, Reality-TV-Style.

Dass »Young Rich« am Ende doch noch realisiert wurde, liegt auch an einem Mann, dem Eugene noch nie begegnet war: Uhuru Kenyatta, dem heutigen Präsidenten. Kenyatta regiert Kenia seit 2013. Er trägt einen großen Namen, vielleicht den größten des Landes. Sein Vater, Jomo Kenyatta, war auch der Vater der Nation. Er führte das Land 1963 in die Unabhängigkeit und regierte es 15 Jahre lang bis zu seinem

Tod 1978. Sein Sohn Uhuru – der Name bedeutet ›Freiheit‹ auf Suaheli – erbte das Familienvermögen (und den Machtanspruch). Er gilt als einer der reichsten Menschen Afrikas, aber nicht unbedingt als überzeugter Demokrat. 2010 ermittelte der Internationale Strafgerichtshof gegen ihn, wegen Anstiftung zum Mord, Vertreibung und Raub. Und auch wenn die Anklage aus Mangel an Beweisen fallen gelassen wurde, bleibt Kenyatta umstritten. Bei den letzten Wahlen, 2017, kam es zu Protesten, Unregelmäßigkeiten, Gewalt; aber nach dem Rücktritt seines Herausforderers wurde Kenyatta mit 98 Prozent der Stimmen im Amt bestätigt. Dieser Mann also beschloss, ungefähr zu dem Zeitpunkt, als Eugenes Studium zu Ende ging, Präsident zu werden. »Und wenn man so einen Wahlkampf anfängt«, sagt Eugene, »ist es in Kenia üblich, sich zuerst einmal einen Fernsehsender zu kaufen.« Und genau das habe Kenyatta getan, mit viel Geld. Er wilderte in den Reihen berühmter Journalisten, warb sie ab für seine Formate. Er kaufte sich Medienmacht – und der ganze Markt veränderte sich. Plötzlich gab es neue Konkurrenz. Plötzlich mussten die Zuschauer umworben werden, neue Ideen her, neue Shows. Und bei Eugene klingelte das Telefon, und der Programmchef eines der Sender, die ihn hatten abblitzen lassen, sagte: »Sie hatten doch eine Idee für eine Reality-Serie.« »Young Rich« erschiene ihm plötzlich äußerst interessant. »Sie haben einen Piloten, oder?«, fragte der Mann. Und Eugene antwortete: »Geben Sie mir eine Woche, und ich drehe Ihnen einen.«

Wir sitzen auf dem Gipfel der Ngong-Berge und erholen uns von der Massage. Eugene erzählt von seinem unternehmerischen Durchbruch. Und selbstverständlich reißt genau jetzt der Himmel auf, der Nebel weicht zurück, die Sonne greift mit glühenden Fingern durch die Wolken und wir schauen kilometerweit in dieses Land, auf Kenia, diese Bühne so großer Storys und Sagen mit all ihren Helden. Um die ginge es auch beim Fernsehen, sagt Eugene. Darum, sie zu finden. Darum, sie zu erschaffen. Und genau dazu hatte »Young Rich« das Zeug. 2.500-US Dollar zahlte der Sender Eugene für seinen Pilotfilm. Aus heutiger Sicht ist das nichts, damals erschien es ihm wie ein Vermögen. Eugene raste zur Uni. Er rief seine Kommilitonen zusammen. Er hielt eine Ansprache. Er rekrutierte seine Crew aus Freunden, die Film studierten. Er lieh sich das Equipment, klaubte es aus den Uni-Beständen, Stative und Kameras, Mikrofone, Leuchten. Er hatte jetzt ein Team. Er hatte jetzt die Technik. Was er nicht hatte war: ein Millionär. Die sind nämlich dünn gesät in Nairobis Studentenszene. Eugene lacht. »Ich hatte mich ziemlich weit aus dem Fenster gelehnt.« Nur eine einzige Person kannte er damals, die wie ein Millionär wirkte: ein Mann namens Ken, dem der Nachtclub gehörte, in dem Eugene gern feierte. »Ich wusste nicht, wie viel Geld Ken hatte«, sagt Eugene. Aber er besaß zwei Autos, und in seinem Büro stand ein großes Aquarium – wie viel mehr Millionärsvibe braucht ihr?« Heute ist dieser Ken übrigens lange bankrott. Aber tatsächlich: Damals hatte er Millionen. Eugene schlug bei ihm auf, nervös, begeistert. Er flehte ihn an mitzumachen. Und Ken sagte: »Okay.«

Schon in dieser ersten Folge von »Young Rich« fanden die Zuschauer alles, was die Show später so berühmt machte. Die schnellen Schnitte. Die treibende Musik. Der schusselige Moderator (auch ein Kommilitone von Eugene), der zuverlässig in jeder Episode einen peinlichen Fehler machte. Und natürlich: die gierigen Kamerafahrten vorbei an teuren Kleidern und vibrierenden Sportwagen-Auspuffrohren. »Mann«, sagt Eugene, »das war zum Teil echt prollig.« Aber tatsächlich war »Young Rich« viel mehr als nur Bling-Bling. Es war eine Serie ernst gemeinter, gut recherchierter Business-Porträts.

»Eines habe ich früh gelernt«, sagt Eugene. »Sobald du die Kamera anmachst, fangen die Leute an zu reden.« Kenias Geschäftsleute packten in seiner Show aus. Sie verrieten, wie hoch ihr Privatvermögen war, welchen Umsatz ihre Firma machte, wie die Marge aussah. Sie beschrieben ihre Geschäftsmodelle. Sie erzählten, wie sie in Kenias zum Teil sehr willkürlicher Bürokratie Steuern zahlten – und nicht zahlten. »Young Rich« war nichts weniger als eine Anleitung zum Reichwerden. So war in Kenia noch nie über Geld geredet worden, übers Gründen, über die Probleme unterschiedlicher Industrien. Eugenes Doku-Serie schuf eine eigene, neue Subkultur: Zehntausende junge Erfolgs-Aspiranten machten sich in Nairobis Internetcafés zu jeder Folge Notizen. Auf der anderen Seite wurde das Format zum Statussymbol der Elite: Wer noch nicht bei »Young Rich« war, konnte kein echter Millionär sein. Und Eugene lernte von all seinen Protagonisten, freundete sich mit ihnen an, erfuhr, wie man investiert, wie man Reichtum vermehrt. Sein Leben folgte seinem Produkt. Mit 23 hatte Eugene Mbugua seine erste Million gemacht. Schon die Pilotfolge (mit Ken, dem Aquariums-Enthusiasten) war ein Erfolg gewesen. Mehr als eine Million Menschen hatten sie in wenigen Tagen gesehen. Aber das Phänomen selbst wurde noch größer. Inzwischen sind einhundert Episoden von »Young Rich« abgedreht worden. Die Serie ist in ganz Ostafrika bekannt. Und vor Kurzem hat Eugene Produktionslizenzen für sie ins Ausland verkauft, nach Nigeria und Südafrika, in die größten Entertainment-Märkte des Kontinents.

Ein paar Tage nach unserem Trip in die Berge sitzen wir in Eugenes Büro. Natürlich ist es ein Eckbüro, auf zwei Seiten verglast, ewiges Symbol filmreifen Erfolgs. Natürlich liegt es hoch oben, man schaut über ganz Nairobi. Und natürlich blickt Eugene von seinem Schreibtisch aus tief herab, genau

auf den Pausenhof der Schule, in der sie ihn damals igno-
rierten, in der er ein Niemand war. Er hat es ihnen gezeigt.
In einem Bücherregal stehen Autobiografien und Erfolgs-
ratgeber, *How to sell like Crazy* und *The Deals that made the World*.
Daneben liegt eine verkratzte Handkamera. Es ist eine Sony
DRC-DVD602E, das Gerät, mit dem die erste Folge »Young
Rich« gedreht wurde. Eugene trägt eine graue Anzughose,
Lederschuhe und eine neue Persönlichkeit. Er lacht weniger
als auf den Bergen oder in seinem Garten. Seine Sätze sind
geschliffen. Seine Gestik wie ein Handbeil. Er ist jetzt: der
Chef. Von diesem Büro aus lenkt der Chef seine Firma. Auch
die heißt Young Rich, nach dem ersten Hit. »Alle meine Formate folgen klaren Regeln«, sagt Eugene. »Mein Erfolg ist
keine Magie.« Erstens: Menschen wollen sich selbst sehen.
Zweitens: Menschen wollen mitmachen. Und drittens: Details, Details, Details. »Die machen eine Geschichte erst
glaubhaft«, sagt Eugene.

Er greift zu einer Fernbedienung. Der Raum wird dunkel, ein Bildschirm erwacht. Eugenes Firma hat inzwischen
elf Shows produziert – und alle waren erfolgreich. Jetzt ha-
geln Trailer dieser Serien auf uns ein, ein Best-of Reality-TV,
Eugene Mbugua kommentiert Eugene Mbugua, Vorhang auf,
Show ab! Nummer eins: »Get in the Kitchen«. Der Bildschirm
flammt auf. E-Gitarren schrammeln zu Nahaufnahmen von
Flammen, rußenden Pfannen, fluchenden Typen. Jetzt der
Ansager aus dem Off: »Get Kenyan men off the couch and
into the kitchen!« Show-Prämisse: Kenianische Männer sind
Nieten in der Küche. Ihre Frauen zahlen ihnen das heim –
und nominieren die Chauvis bei »Get in the Kitchen«, wo
die Kochunfähigen sich duellieren, im Fernsehen wettbraten
und schnippeln, was das Zeug hält. Am Ende entscheidet
eine Jury aus Frauen, Müttern und Töchtern der Männer, wer
am wenigsten versagt hat. Kreisch! Rauchalarm garantiert.

»Get in the Kitchen«, ein Riesenerfolg, läuft jetzt auch in Südafrika und Nigeria. »Viele meiner Formate«, sagt Eugene aus der Dunkelheit, »haben panafrikanische Qualitäten.« Er schaltet weiter, zu Show Nummer zwei, wieder ein Ding mit Essen: »Foods of Kenya«. Ein Jeep, ein Mann, eine raue Piste. Der graumelierte Host blickt sinnend in die Kamera – er scheint so eine Art kenianischer Anthony Bourdain zu sein. Das Konzept: Kenia ist groß und kocht ganz unterschiedlich. Eine Abenteuerreise mit Chilischoten, traditionellen Tänzen, zurückgezogenen Stämmen und optischen Schärfenverlagerungen vor dramatischer Bergkulisse. Auch das: ein Hit. Eugene sagt: »Die Show hat den Kenianern gezeigt, wie vielfältig ihre Kultur ist.« Und irgendwie gilt das auch für das nächste Format: »Our perfect Wedding«. Jetzt wird es emotional. Das Konzept: Paare lassen das ganze Land an ihrer Hochzeit teilhaben – und auch an den drei Tagen davor, an denen alle durchdrehen. Serien-Catchphrase: »With 42 different cultures in play clashes are about to happen ...« Ein letztes Format noch, Eugenes neuester Wurf, noch gar nicht gesendet: »Millionaire Influencer«. Die Idee: Menschen, die mehr als eine Million Follower auf Instagram haben. Dass das ein Hit wird, steht fest. In Kenia gilt, wie überall auf der Welt: Was die Leute sehen wollen, verrät viel über sie. So. Licht an. Die Show ist vorbei. Später wird es noch mehr geben. Eugene springt auf, verlässt den Raum und nimmt uns mit zu einer kleinen Führung.

Das Büro von Young Rich ist groß, hell und so glatt wie eine Netflix-Serie. Männer und Frauen sitzen an weißen Tischen vor Apple-Geräten. Alle sind jung, alle sind hip. In einem Vorführraum läuft dramatische Musik, dazu wird auf einem Bildschirm eine Kartoffel geviertelt. Wenn Eugene einen Raum betritt, schauen seine Mitarbeiter auf – und arbeiten noch fleißiger. Eugene ist freundlich zu ihnen, nett sogar, aber auf keinen Fall kumpelig. »Ich bin nicht im Show-biz«, sagt er, »sondern im Fernsehgeschäft.« Das müsse klar sein: Young Rich sei keine Traumfabrik, sondern ein Unternehmen, das auf Profit schaut. 50 Angestellte hat die Firma inzwischen. 5 Millionen U S -Dollar Umsatz macht sie im Jahr. »Die Marge«, sagt Eugene, »ist off the record.« Nur so viel können wir sagen: Sie ist beeindruckend. Young Rich produziert Formate für alle großen, privaten Fernsehsender Kenias, für K24, KTN, NTV, Maisha Magic East, Showmax, Iflix, Kwese, Startimes und Kirk TV. 2020 inszenierte Eugene das größte Entertainment-Event der kenianischen Fernsehgeschichte: Concert Nyumbani, ein Musik-Benefiz-Megaspektakel, das simultan von zwölf Sendern ausgestrahlt wurde, das gleichzeitig Verneigung vor den Helfern in der Covid-Pandemie war als auch Gesundheitsaufklärung für die Massen. Aber kommerziell am erfolgreichsten war für Young Rich bisher: »Our perfect Wedding«. »Dafür zahlen die Sender gerne«, sagt Eugene. »Es ist schließlich Liebe.« Auch in Kenia gilt: Alle wollen Crime, wollen Sex, wollen Liebe. Und Young Rich liefert. Schon seit ein paar Jahren steht Eugene nicht mehr selbst hinter der Kamera. Dafür hat er sein Team. Er führt nicht mehr Regie, sondern ein Unternehmen. Aber nach wie vor stammen alle neuen Show-Konzepte von ihm. »Jeden Montag komme ich mit zehn Ideen ins Büro«, sagt Eugene. Und ganz langsam verändern sich diese Ideen. So wie sich das Publikum ändert. So wie sich Kenia ändert. So wie sich Eugene verändert hat. Er träumt jetzt nicht mehr von Millionen, von Luxus-Apartments und teuren Autos. Das hat er alles. Jetzt träumt er deutlich größer.

»Von allen meinen Formaten mag ich dieses am liebsten«, sagt Eugene. Wir sitzen wieder in seinem Eckbüro. Draußen geht über Nairobi die Sonne unter. Drinnen leuchtet der Bildschirm. Serien-Vorstellung, die zweite. Es kommt: »Stori

Yangu« (»My Story«). »Stori Yangu« ist eine Porträt-Serie.
Jede Episode erzählt vom Leben eines Menschen, der Kenia
verändert hat. Da ist die ehemalige Vizepräsidentin des Landes. Der Gouverneur, der gegen Korruption kämpft. Die erste
Pilotin Kenias. Die vielleicht berühmteste Investigativ-Journa-
listin Ostafrikas. »Stori Yangu« erzählt von großen Leben und
spart dabei an nichts. Im Hintergrund brausen Streicher auf.
Fanfarenklänge, Paukenschläge, ganz nahe Nahaufnahmen
gegerbter Gesichter. Zitate werden als Schrift eingeblendet,
auf einem Hintergrund wie altes Papier: »Power is a very
temporary thing ...« »Ich habe meine Firma mit nur 2000
Shilling gegründet«, sagt eine Frau. »Ich bin Christ geworden, um etwas zu essen zu bekommen«, sagt ein Mann. »Es
ist eine sehr dramatische Show«, sagt Eugene. Und wie aufs
Stichwort eine Frau im »Stori Yangu«-Trailer: »Ich musste
eine Vergewaltigung überleben.« Das also ist das Format, das
Eugene am wichtigsten ist. Früher war er arm. Dann drehte
er einen Publikumsliebling über Millionäre und lernte, reich
zu sein. Jetzt produziert er eine Serie über Menschen, die eine
ganze Nation geprägt haben, über Anführer. Eugene ist nicht
mehr nur ein Fernsehproduzent, CEO von Young Rich. Er
ist ein Geschäftsmann, den Kenia kennt. Auf dem Land betreibt er eine große Rinderfarm. In Nairobi hat er zwei Nachtclubs. Er besitzt Immobilien, spielt Golf mit Kenias Elite.
Eugene steht auf Bildern neben den mächtigsten Männern
des Landes, im Anzug, auf Empfängen. Sieht er darin Vater-
figuren? »Jeder braucht reiche Eltern«, sagt Eugene, »aber
keiner hat gesagt, dass es deine eigenen sein müssen.« »Hast
du vor, in die Politik zu gehen?«, fragt Sophia. Und Eugene
antwortet: »Viele, die glauben, sie seien zu schlau für Politik,
enden unter der Herrschaft von Idioten.«

Kenia geht es besser als vielen Nachbarstaaten. Gut geht
es dem Land trotzdem nicht. Eugene hat eine lange Liste,

Dinge, die sich ändern müssen, seit Langem schon: die Korruption, das Steuersystem, die Infrastruktur, die Bildung, die Chancengleichheit. »Ich habe Angst, dass wir unser Potenzial niemals erreichen«, sagt Eugene. »Aber ich will nicht von der Seitenlinie aus meckern. Lieber mische ich selbst mit.« Er tut das bereits – als Fernsehproduzent. Young Rich wird immer politischer. »Stori Yangu« ist dafür nur ein Beispiel. Als Nächstes will Eugene ein Diskussionsformat auf den Markt bringen, eine Sendung, in der junge Menschen Politik besprechen. Helden. Die will er erschaffen, hat er gesagt. Und am besten solche, die weit über Kenia hinaus strahlen. »Was wir brauchen«, sagt er, »ist ein globaler Hit, ein Format, das die ganze Welt sieht.« Hat er schon eine Idee dafür? »Ja, natürlich!«, sagt Eugene. »Ich werde ...« Und da – zack! – klingelt sein Telefon. »Ja«, sagt Eugene. »Ich verstehe. Das machen wir.« Er dreht sich zu uns um, bedeckt den Hörer mit der Hand. »Sorry«, sagt er, und jetzt muss er selbst darüber grinsen. »Ich kümmere mich nur schnell um diese Sache, dann erzähle ich euch alles darüber.«

+++ Die Sache mit dem perfekten System +++ Chaos und Struktur +++ Was tun nach so einem Verbrechen? +++ Präsident Kagame ist auch auf Twitter +++ Ein Postergirl der Ruanda-Story +++ Alles muss digitalisiert werden +++ Die guten Seiten des Lockdowns +++

RUANDA:
Clarisse Iribagiza | Hehe

DER VIELLEICHT
PERFEKTE MARKT

ORDNUNG. DARUM GEHT ES. Ordnung. Das fällt als Erstes auf. Ruandas Hauptstadt Kigali wirkt wie ein Stück Schweiz in Afrika: helle Häuser vor Bergidyll, getrimmte Hecken, Blumen auf Verkehrsinseln. In Kigali läuft das Internet. Die Unis sind gut, viele Menschen krankenversichert. Dafür ist das Land bekannt: Ruanda funktioniert. Zumindest sagt das die Regierung. 27 Jahre nach dem Genozid, nach Morden, Trümmern, Blut, soll das Land ein Vorbild sein für Afrika, ein Phoenix aus der Asche mit eins a Wirtschaftswachstum. Aber Ruanda ist eben auch eine Diktatur. Das Regime unterdrückt die Opposition, macht Journalisten mundtot, lässt Kritiker ermorden. Aber die Welt soll das nicht sehen. Die Regierung präsentiert: Ruanda, ein perfekter Ort für Business, für junge Unternehmer und große Ideen.

Clarisse Iribagiza war 22 Jahre alt, als sie ihr Unternehmen Hehe gründete. Sie war 23 Jahre, als sie eine Start-up-Castingshow gewann, die sie in ganz Ostafrika berühmt machte. Mit 24 reiste sie als Teil von Ruandas Wirtschaftsdelegation mit Ministern und Konzernchefs ins Ausland. Mit 27 listete *Forbes Africa* sie als eine der »30 under 30«. Mit 31 machten die Vereinten Nationen sie zur E-Commerce-Botschafterin für Entwicklungsländer.

Clarisse Iribagiza war sehr jung sehr erfolgreich. Und: Sie ist es noch immer. Heute ist sie 34 und eine der berühmtesten Software-Unternehmerinnen Afrikas. Also genau das, was ihr Land so gerne verkauft: Erfolgsgeschichte made in Ruanda.

»Ich hatte Glück«, sagt Clarisse und lächelt. Sie sitzt in Kigali, in einem Café auf dem Dach eines Einkaufszentrums. Der Boden ist teppichweich, die Sessel sind aus Leder. Es ist ruhig, vor den Fenstern regnet es. Normalerweise wäre Clarisse jetzt in ihrem Büro – aber in Kigali herrscht Covid-Lockdown im Sommer 2021. Und wie alle anderen Regelungen und Verordnungen setzt Ruandas Regierung auch diese kompromisslos durch. Die Menschen sind im Home-Office, die Straßen leer. »Die Pandemie«, sagt Clarisse, »hat uns gezwungen, zu handeln.« Mit ›uns‹ meint sie ihr Land, aber auch ihre Firma. Für die war Covid ein Wendepunkt: schlecht zuerst, ein Segen danach. Das ist eines von Clarisses Talenten: Sie macht aus Problemen Chancen.

Hehes CEO ist zierlich und klein, hat dunkle Locken und große Augen. Wenn sie spricht, wählt sie jedes Wort mit Bedacht. Was Clarisse Iribagiza sagt, meint sie ernst und am ernstesten nimmt sie ihre Firma. Hehe hat nur 25 Mitarbeiter, und auch der Umsatz ist überschaubar: 2021 setzte das Software-Unternehmen 800.000 US-Dollar um. Das klingt nach kleiner Butze, aber Hehes Einfluss ist groß. Clarisses Team entwickelte als eines der ersten in Ruanda E-Commerce-Lösungen für kleine und mittlere Unternehmen. Seit seiner Gründung 2010 hat Hehe Hunderten Firmen dabei geholfen, ihr Geschäft zu digitalisieren – und damit den Handel Ruandas ins Internet gebracht.

E-Commerce ist in dem Land relativ jung und – wie alles hier – relativ klein. Ruanda hat nur 13,5 Millionen Einwohner und nur ein Drittel der Fläche Bayerns. Aber: Der Onlinehandel wächst und soll weiter wachsen, bis 2025 jedes Jahr um über 20 Prozent. Diese Entwicklung hat Hehe mit angekurbelt. Das hat die Firma bekannt gemacht, auch über die

Grenzen Ruandas hinaus. Aber jetzt will Clarisse Iribagiza noch mehr. 2019 lancierte ihr Unternehmen seine eigene E-Commerce-Plattform, einen Marktplatz für lokale Produkte, für alles von Lammkoteletts bis Kunsthandwerk. »Wir sind die Ersten, die Ruandas Produzenten und Konsumenten direkt miteinander verbinden«, sagt Clarisse. Sie hat einen großen Plan, wieder eine Pionieraufgabe: Hehe will Angebot und Nachfrage optimal aufeinander abstimmen, einen vollkommenen Markt schaffen, ein perfektes System. »Meine Erfolgsgeschichte«, sagt sie, »wäre in keinem anderen Land Afrikas möglich gewesen.«

Clarisse Iribagiza wurde 1988 geboren, nicht in Kigali, sondern 500 Kilometer weiter nördlich, in Kampala, Uganda. Ihre Eltern und Großeltern waren aus Ruanda geflohen. Das Land war zu mörderisch, das Chaos zu groß. Seit Jahrzehnten schwelten ethnische Konflikte. Hutu mordeten Tutsi, Tutsi mordeten Hutu. Millionen Ruander emigrierten in die Nachbarländer, nach Burundi, in den Kongo, nach Uganda. Dort wuchs Clarisse auf. Ihre Mutter war Unternehmerin, stellte Schuluniformen her, betrieb Restaurants, Schönheits- und Waschsalons. Ihr Vater war Lehrer für Mathematik – »und ein echter Nerd«. Seinen Kindern gab er Roboternamen. Clarisse nannte er D2, für Daughter two, Tochter zwei. »Als Softwareunternehmerin«, sagt sie, »bin ich die perfekte Mischung meiner Eltern.« Die Familie ging ins Kino und flog im Urlaub ans Meer. Es war ein gutes Leben, das sie in Kampala führte. Aber auch: ein Leben im Exil. Aus der Ferne verfolgten ihre Eltern die Politik in Ruanda. 1990 brach dort der Bürgerkrieg aus.1994 kam der Genozid.

Von April bis Juli starben in Ruanda bis zu eine Million Menschen. 75 Prozent der dort lebenden Tutsi wurden ermordet. Leichen stapelten sich in den Straßen. Es war eines der großen Verbrechen des 20. Jahrhunderts, das an großen

Verbrechen nicht arm war. Das Massaker in Ruanda beschäftigte die ganze Welt – auch, weil die Vereinten Nationen tatenlos zusahen, während Hunderttausende starben. Nur ein paar Monate später, im Dezember 1994, flog Clarisses Familie nach Kigali. An der Hand ihres Vaters lief sie durch die kaputte Stadt. Viele Familienmitglieder waren tot, die Überlebenden traumatisiert. Ein ganzes Land im Schock. »Heute denke ich, meine Eltern müssen verrückt gewesen sein, mich mitzunehmen«, sagt Clarisse. Sie war damals sechs Jahre alt. Sie sah das Chaos, sah Macheten auf den Straßen liegen, die Mordinstrumente des Genozids. Sie spürte die Erschütterung ihrer Eltern, die im Gegensatz zu ihr wussten, was hier geschehen war. Sie hat das nie vergessen. Die Familie flog zurück nach Uganda. In Kampala fing die Schule wieder an. Und Clarisses Mitschülerinnen erzählten vom Winterurlaub. Eine war am Meer gewesen. Eine andere in England. »Was hast du gemacht?«, fragten sie Clarisse. Sie sagte: »Ich war im Krieg.«

Filip Reyntjens, weiße Haare, milder Blick, war Professor für Politik an der Universität Antwerpen. Er hat Bücher über Ruanda geschrieben und als Experte vor dem Internationalen Gerichtshof ausgesagt. »Ruanda ist ein altes Land«, sagt er, »eines der wenigen Länder in Afrika, die schon bevor die Europäer kamen ein Staat waren.« Aber natürlich sei 1994 ein Wendepunkt gewesen. Damals beendete Paul Kagame – heute noch Präsident von Ruanda – den Genozid. Kagame war der Anführer der bewaffneten Opposition. Seine Truppen von der Rwandan Patriotic Front (RPF) entschieden den Bürgerkrieg für sich. Sie marschierten in Kigali ein. Dann übernahm Kagame die Macht – zum Teil mit großer Gewalt – und machte Ruanda zu dem, was es heute ist. »Und bis heute«, sagt Reyntjens, »spielen Kagames Leute die Genozid-Karte.« Auf Kritik antworteten sie: »Wo wart ihr 94?« Auf Forderungen nach mehr Menschen-

rechten: »Wir haben den Genozid beendet.« Beim Westen ver-
fängt das. Zum Teil auch aus Schuldgefühlen. Dem Land, dem
94 keiner half, will heute niemand mehr Hilfe verweigern. Jedes
Jahr fließen rund 2 Milliarden US-Dollar für Entwicklungszusammenarbeit nach Ruanda. Das Land ist ein Liebling der Ge-
berländer. Aber: Vor allem in Afrika selbst kommt Kagames
Stil an. Seine Regierung präsentiert sich als Garant der Ordnung – und vor allem schöner Zahlen. Seit der Jahrtausendwende gilt Ruanda als Wirtschaftswunder; vor Covid wuchs das
Bruttoinlandsprodukt im Schnitt um fast 8 Prozent im Jahr.
»Viele Zahlen sind zwar geschönt«, sagt Reyntjens, »aber Ruanda hat tatsächlich eine gut funktionierende, technokratische
Regierung.« In Afrika macht das Ruanda zu einer Ausnahme –
und zu einem Vorbild für viele. Auf einem Kontinent, wo viel
Chaos herrscht, ist das Verlangen nach Ordnung groß.

Freundlicher Jazz aus Boxen im Hintergrund, Milch-
schäumer-Zischen im Vordergrund – zumindest im Café mit
Clarisse fühlt sich Ruanda tatsächlich nach heiler Welt an.
Draußen hat es aufgehört zu regnen. Nebelfetzen hängen an
Bergflanken, und im Stadtzentrum glänzen Hochhäuser in
der Sonne. Kigali ist nicht besonders groß – nur knapp
1,2 Millionen Menschen leben hier. Kigali ist nicht aufregend – auch vor Corona wurden nachts die Bürgersteige
hochgeklappt. Aber Kigali kann wunderschön sein, eingebet-
tet zwischen Bergen, so rund und weich und grün, als wären
sie abgeschliffen und angemalt worden. Clarisse schaut aus
dem Fenster. »Inzwischen liebe ich diese Stadt«, sagt sie.
»Aber als ich hierherzog, habe ich sie gehasst.«

2007 machte sie ihren Schulabschluss. Ihre Geschwister
zogen zum Studieren weit weg. Ein Bruder ging in die USA,
eine Schwester nach Deutschland. Und auch Clarisse verließ Uganda. Aber sie blieb in Afrika. Sie zog nach Ruanda.
Kagames Regierung schrieb damals Stipendien aus – Teil

des nationalen Entwicklungsplans. Mehr Menschen sollten Naturwissenschaften und Informatik studieren, vor allem: mehr Frauen. Und Clarisse, die als Teenagerin schon Freunden ihre Laptops erklärt hatte, die immer besser in jedem Computerspiel gewesen war als die Jungs in der Schule, Clarisse mit dem nerdigen Mathe-Lehrer-Vater dachte: Warum nicht? Also studierte sie in Kigali Informatik – und langweilte sich. Sie war eine Großstädterin in der Kleinstadt. Sie vermisste Kampala. Sie war das Chaos der Stadt gewohnt, die aufregenden Bars und überfüllten Einkaufszentren. Sie fühlte sich leer, drei Jahre lang, bis zu einem Tag im Jahr 2010.

Als Clarisse 22 Jahre alt war, richtete das amerikanische Massachusetts Institute of Technology (MIT) ein besonderes Seminar an ihrer Uni aus: einen Inkubator für Studenten mit Start-up-Ideen. »Ein Erweckungserlebnis«, sagt sie. Ihre Idee: ein eigene Softwarefirma. Das erste Produkt: ein Programm, das die Geschäfte in Kigali auflistete – und Nutzern per SMS Wegbeschreibungen schickte. Das wurde gebraucht, in Kigali gab es kaum Straßennamen und wenn es sie gab, kannte sie kaum einer. Sich zu orientieren dauerte häufig Stunden. Neue Läden blieben unentdeckt. »Fantastisch«, sagte Clarisses Mutter, die Unternehmerin, zur ersten Geschäftsidee ihrer Tochter. Und: »Nenn deine Firma doch ›Wo‹.« Das gefiel Clarisse. Wo. Frage und Aussage zugleich. So nannte sie ihr Unternehmen: Wo. Auf Kinyarwanda, der Sprache Ruandas, heißt das: Hehe.

Heute ist die Firma in ganz Ruanda bekannt, ein Softwareentwickler mit Fokus auf E-Commerce. Hehe entwickelt Inventurprogramme, baut Webshops, programmiert Apps für unterschiedliche Kunden. Von der Autovermietung bis zum Supermarkt – Clarisses Software hilft Unternehmen, online Geld zu verdienen. Das ist die eine Seite von Hehes Geschäft. Die andere heißt: Hehe Mart. Clarisses eigene E-Commerce-

Plattform soll die Zukunft der Firma sein. Mehr noch: die Zukunft des Handels in Ruanda.

»Hehe Mart war Ruandas erster Onlineshop für Lebensmittel«, sagt Christophe Mutabazi. »Aber inzwischen sind wir viel mehr.« Christophe ist Hehes Chief Technical Officer (CTO), 28 Jahre alt, schlank und groß, reserviert, aber selbstbewusst, Typ: Musterschüler. Auf Hehe Mart wird alles bestellt, von Obst und Gemüse bis zu Schuhen und Kosmetik. Hauptsache, es ist made in Ruanda. Inzwischen macht die Plattform mehr als die Hälfte von Iribagizas Gesamtumsatz aus. Über 200 lokale Hersteller nutzen sie bereits – und vor allem knapp 6000 Farmer. »Wir verbinden nicht nur Verkäufer und Käufer«, sagt Christophe, »sondern Produzenten und Konsumenten.« Das macht die Plattform in Ruanda einzigartig. Davor gab es keinen direkten Draht zwischen den vielen kleinen Produzenten überall im Land und den Kunden, vor allem in Kigali. »Wir beliefern schon jetzt mehr als 12.000 Haushalte«, sagt Christophe. Für die Kunden ist Hehe Mart eine Art Online-Wochenmarkt. Sie bestellen nicht täglich spontan, sondern legen Einkaufslisten an – und werden einmal die Woche beliefert. Dafür zahlen sie eine Monatsgebühr: umgerechnet circa 6 Euro. Hehe Mart ist kein Bring, Flink, Gorillas oder Getir, kein Amazon Fresh. Es geht nicht um Ad hoc, um schnellen Luxus, sondern um Planbarkeit und Alltagsbedarf.

»Wir wollen immer genauer berechnen, wann welches Produkt wo gebraucht wird«, sagt Clarisse. Das helfe beiden Seiten: den Produzenten, die genauer kalkulieren könnten, wie viel wann produziert werden müsse; den Konsumenten, deren Bedarf immer passgenauer gedeckt werde. »Schritt für Schritt erschaffen wir so einen vollkommenen Markt«, sagt sie. Schritt für Schritt, das ist Clarisses Psychologie. Hehes CEO ist ein geduldiger, systemisch denkender Mensch.

Vielleicht ist das die Informatikerin in ihr – die Frau sieht Kausalketten wie andere Farben. Sie weiß um die ganze, große Mechanik, um all die Räder, die ineinandergreifen, und immer, an welchem sie drehen muss.

»Inspire Africa« ist eine Art ostafrikanisches »Höhle der Löwen«: eine TV-Castingshow für Start-up-Gründer. 2011 nahmen 24 Kandidaten und Kandidatinnen teil. Eine davon war Clarisse Iribagiza. Ihr Pitch: Hehe bringt Ruandas Firmen ins Internet – und damit in die Zukunft. Vor der Kamera wetteiferte sie mit anderen Gründern um die schlauste Idee, die beste Verkaufe, den richtigen Dreh. Die Unternehmer weinten, lästerten und fielen sich in den Rücken, wie es sich für Casting-Fernsehen gehört. »Es war hart«, sagt Clarisse heute, »aber ich kann sehr kompetitiv sein.« Einer nach dem anderen flog die Konkurrenz aus der Show. Es konnte nur einen Gewinner geben. Es wurde: Hehe. Clarisse räumte 50.000 US-Dollar ab und wurde berühmt. In Uganda, Tansania, Kenia kannten Menschen jetzt ihr Gesicht. Sie wurde zum Postergirl des ruandischen Wunders: eine junge Informatikerin mit Software-Firma, Kind zweier Exilanten, die den Genozid überlebt hatten und nach Kigali zurückgekehrt waren. Es überrascht nicht, dass ihre Regierung auf sie aufmerksam wurde.

Noch im selben Jahr schmiss Clarisse eine Party in Kigali, eine PR-Sause für Hehe in einem schicken Hotel. Der Pool leuchtete. Die Nacht war warm, die Drinks kalt. Es kamen nicht nur Freunde und Kommilitonen, sondern auch der Wirtschaftsminister. »Unsere Firma hat ganz schön Eindruck gemacht«, sagt Clarisse. Aber noch viel mehr Eindruck machte offenbar sie selbst. Kein halbes Jahr nach dieser Party saß sie in einem Flugzeug auf dem Weg nach Thailand. Neben ihr: Ruandas Premierminister. Zwei Wochen lang reiste Clarisse mit seinem Stab und anderen Unternehmern durch Asien. Sie traf Präsidenten und Unternehmerinnen, betrat die große Bühne. Sie war jetzt das Gesicht des aufstrebenden ruandischen Tech-Sektors. »Diese Erfahrung hat mich verändert«, sagt Clarisse. Ihre Welt wurde größer, ihr Blick ging weiter. »Ich sah, was alles möglich war«, sagt sie. »Ich hatte Dinge zu tun und Orte zu sehen.«

»Dieser unbedingte Wille, etwas zu verändern«, sagt Christophe Mutabazi, »ist typisch für Ruanda.« Hehes CTO wurde 1994 geboren, kurz nach dem Genozid. Auch seine Eltern lebten im Exil – im Kongo – und zogen erst in den späten 90ern zurück nach Ruanda. »Natürlich hat unsere Generation nicht erlebt, was sie erleben mussten«, sagt Christophe. »Aber wir sind alle groß geworden in einer Kultur, die Veränderung will, die wegwill von der Vergangenheit.« Das, sagt er, sei auch Clarisses Antrieb. Das mache sie zu einer guten Geschäftsfrau. Aber auch zu einer herausfordernden Chefin. »Sie sieht jedes Problem als Teil eines größeren Ganzen«, sagt Christophe. Und sie fordere das auch von ihren Mitarbeitern. Jedes von Hehes Produkten ist für Clarisse nur Teil einer vielgliedrigen Kette. »Und wenn sich etwas nicht bewegt«, sagt sie, »muss eben alles andere drum herum bewegt werden.«

Als ihre Firma drei Jahre alt war, stieß Clarisse auf ein solches Problem. Hehe war gewachsen, es gab mehr Kunden, die Software war aufwendiger geworden. Clarisse brauchte Programmierer – und davon gab es in Ruanda noch nicht genug. Also fing sie an, selbst auszubilden. Sie gründete die Hehe Academy, eine eigene Programmierschule. Google förderte sie dabei, doch das Geld reichte nicht. Sie steckte eigenes Kapital in die Schule, aber auch das war nicht genug. Deswegen schrieb Clarisse auf Twitter dem Präsidenten persönlich: »Mr. President, ich brauche Geld.« Es geschah aus einer Laune heraus. Sie rechnete nicht mit einer Antwort.

Doch einen Tag später schrieb ihr Kagames Büro: »Kommen Sie doch vorbei.«

Wenn Clarisse Iribagiza über dieses Treffen spricht, wirkt sie noch immer aufgeregt. »Mein Leben«, sagt sie und grinst breit, »ist manchmal ziemlich abenteuerlich.« Sie fuhr zum Regierungspalast, wurde empfangen. Es gab zehn Minuten Gespräch, einen Handschlag, ein Foto. Am Ende fragte der Präsident: »Wie viel Geld brauchen Sie?« »10.000 US-Dollar«, antwortete Clarisse. Und Kagame sagte: »Die sollen Sie haben.« »Hätte ich gewusst, dass es so einfach ist«, sagt sie heute, »hätte ich nach mehr gefragt.«

Hehes CEO bekam nicht nur Geld vom Staat, sondern auch ein erstes Büro für den Aufbau der Schule. Inzwischen hat ihre Akademie über 500 Absolventen und Absolventinnen – 70 Prozent davon Frauen. Thank you, Mr. President.

»Wir haben eine Regierung«, sagt Clarisse, »die Unternehmer in den Mittelpunkt stellt.« Mit dieser Meinung ist sie nicht allein. Auf dem Ease-of-doing-Business-Index der Weltbank liegt Ruanda in Afrika hinter Mauritius auf Platz zwei und weltweit auf Rang 38, zwischen der Schweiz und Portugal. In vielen afrikanischen Ländern machen es Korruption und Bürokratie Gründern schwer. In Ruanda nicht. »Hier geht man zum Amt«, sagt Clarisse, »und hat in sechs Stunden eine Firma gegründet.«

»Das trifft alles zu«, sagt Professor Reyntjens. »Aber davon profitieren nur die Eliten, vielleicht ein Prozent der Bevölkerung.« Und vor allem nutze das nur denen, die dem System treu ergeben seien. Viele, die Kagames Regierung kritisiert haben, sind in den letzten Jahren verschwunden oder unter mysteriösen Umständen gestorben. Sogar im Exil wurden Kritiker ermordet, in Kenia, Mosambik und Südafrika. Unter ihnen waren nicht nur Oppositionelle, sondern auch Unternehmer. Sieht Clarisse Iribagiza das alles nicht?

Als wir sie fragen, sagt sie: »Was kann ich sagen, das mich nicht in Schwierigkeiten bringt?« Sie lacht. Dann wird sie ernst. »Ich denke, man kann viele Aspekte unserer Politik nur im Kontext unserer Geschichte verstehen.« Und: »Ich selbst blühe auf, wenn es strikte Regeln und eine klare Strategie gibt.«

Schritt für Schritt, organisch wachsen und alles made in Ruanda – das war von Anfang an Clarisses Geschäftsstrategie. So wurde Hehe größer. Aber dann, 2017, brach die CEO ihre eigenen Regeln: Sie verkaufte die Mehrheit ihres Unternehmens an einen Investor aus Japan. Die DMM Group, ein E-Commerce-Riese mit 600 Millionen US-Dollar Jahresumsatz, zahlte Iribagiza 10 Millionen US-Dollar für Hehe. »Eine Katastrophe«, sagt sie. Die neuen Chefs wollten Wachstum um des Wachstums willen. »Silicon-Valley-Philosophie: erst aufblasen, dann teuer verkaufen.« Plötzlich führte Clarisse eine Firma, die sie nicht wollte. »Irgendwann waren wir an einem Punkt, an dem wir japanische Waschmaschinen verkauften.« Aber dann kam die Rettung: Covid. Die Pandemie erschütterte Wirtschaften überall auf der Welt. Plötzlich setzten Unternehmen auf Sicherheit statt auf Risiko. DMM zog sich aus dem Afrika-Geschäft zurück – und Clarisse ein Management-Buy-Out durch. 2020 kaufte sie ihre eigene Firma zurück. »Dank Covid«, sagt sie, »ein ziemlich guter Deal.«

Als die Pandemie über Afrika hereinbrach, reagierte Ruandas Regierung (natürlich) streng und schnell. 40 Tage Lockdown, Ausgangssperre, Grenzen zu, Flughäfen dicht, Lieferketten unterbrochen. »Das war hart für uns alle, für die gesamte Bevölkerung«, sagt Clarisse. Aber es war gut für den Onlinehandel. »Die Firmen, die mit unserer Technologie arbeiteten, steigerten ihren Online-Umsatz um 30 Prozent.« Auch Clarisses eigene Plattform, Hehe Mart, boomte. Und wieder half Ruandas Regierung. Sie veröffentlichte eine Liste mit neun Unternehmen: »E-Commerce-Plattformen, an die Sie sich wenden können«, so die offizielle Erklärung, »wenn Sie sich Waren nach Hause liefern lassen wollen.« »In Ruanda«, sagt Clarisse, »folgen die meisten Menschen den Empfehlungen unserer Regierung.« Gut für Hehe, die Plattform war Nummer eins auf der staatlichen E-Commerce-Tipp-Liste. »Und dann legten wir richtig los.«

Hehe brachte noch mehr Farmer auf die Plattform, Obstbauern, Metzger, Molkereibetriebe, Bäcker. Die Endverbraucher kamen von selbst – dank des Corona-E-Commerce-Booms. Das war Schritt eins. Innerhalb eines Jahres verbesserte Hehe die gesamte Lieferkette für Nahrung made in Ruanda. Die Firma half den Produzenten, mehr und besser zu produzieren. Clarisse nutzte ihre Kontakte. Sie überzeugte Airbus und den Satellitenbilder-Hersteller Maxar, ihr Daten zur Verfügung zu stellen, auf deren Basis ihr Team ein AI-Programm entwickelte, das berechnet, was am besten wie, wo und wann angebaut werden sollte. Das war Schritt zwei. Am anderen Ende der Kette flossen die Daten von Hehe Mart ins System: die immer besser berechenbaren Wocheneinkaufslisten der Verbraucher in Kigali. Das alles greift ineinander. Das alles soll am Ende einen perfekten Markt schaffen, auf dem nur noch produziert wird, was auch verbraucht wird. Das ist Schritt drei.

»Bisher sind in Ruanda über die Hälfte der Lebensmittel verdorben, bevor sie verkauft wurden«, sagt Clarisse. Fleisch blieb liegen, Milch wurde schlecht, Obst und Gemüse verschimmelten. Der Grund: der alte Feind, das Chaos. Die Farmer waren nicht angebunden an die Märkte, ihre Produkte nicht sichtbar. Alle Teile der Kette operierten blind. Niemand sah das große Ganze. Die Folge: Verschwendung durch schlechte Planung, Mangel durch Unordnung. »Wir können das ändern«, sagt Clarisse. »Wir können alles produzieren, was wir brauchen, und sogar noch mehr.«

Geht es nach ihr, wird noch ein vierter Schritt folgen. Mit Hehes System sollen die Bedürfnisse der Konsumenten Ruandas Handel mit Konsumgütern bestimmen. Er soll eine echte C to B Wirtschaft werden, in der die Nachfrage das Angebot perfekt definiert und nichts mehr verschwendet wird. »Mit unseren Farmern klappt das schon zu 95 Prozent«, sagt Clarisse. »Jetzt nehmen wir uns die anderen Wirtschaftszweige vor.«

Berechenbarkeit, ist das die Lösung? Ist das der Weg aus dem Chaos, aus menschlicher Ineffizienz? Ordnung? Clarisse Iribagiza glaubt an ihre Vision und empfindet sie als Philanthropie. Hehe will den Mangel besiegen und die Verschwendung. Davon sollen alle profitieren. Das könnte funktionieren. Aber natürlich gilt auch: Ein System, das allen vorgibt, was zu tun ist, macht abhängig. Irgendwann ist es nicht mehr wegzudenken. Und wer es kontrolliert, kontrolliert alles, so wie Paul Kagame sein Land.

Ihre Software hat sich Clarisse bereits patentieren lassen – und will sie jetzt exportieren. »Das ist nicht nur ein Modell für Ruanda«, sagt sie, »das kann in ganz Afrika funktionieren.« Ihrem perfekten System hat sie einen großen Namen gegeben. Es ist ein Name, in dem all die Hoffnungen anklingen auf das, was Ruanda, was Afrika sein könnte. Es heißt: Abundance Village. Zu Deutsch: Dorf im Überfluss.

+++ Wie aus Raubtieren Mode wird +++ Von
Pleasure Pools bis Crocodile Creek +++
Der SUV der Fashionbranche +++ Wer ist hier
gefährdet? +++ Kaninchenkuschler +++ Nur
ein Koffer und sieben Britische Pfund +++
Am Ende sind alle Krokos grau +++

SÜDAFRIKA:
Peter Watson | Crocodile Creek

KÜHE MIT
FIESEN ZÄHNEN

ÜBER SEINEN ARM ZIEHT sich eine lange blaue Narbe, über seine Wade laufen zwei tiefe weiße Rillen. Immer wieder wurde er verletzt, an der Hand, an der Schulter, am Fuß. Er hat gesehen, wie ein Mann einen Finger verlor und ein anderer fast sein Bein. Aber Peter Watson ist kein Soldat, kein Arzt ohne Grenzen, kein Extremsportler. Er steuert keine schweren Maschinen, zersägt keine Schweine- oder Kuhhälften. Peter Watson ist im Handtaschen-Business.

Seit 40 Jahren züchtet er in Südafrika Krokodile, für die Modeindustrie in Paris, Mailand und Tokio. Aus dem Leder seiner Echsen werden Handtaschen und Uhrenarmbänder gemacht, Gürtel und Schuhe. »In unserem Geschäft«, sagt Peter, »gehören Verletzungen einfach dazu. Wer Elektriker ist, bekommt mal einen Schlag, wer Krokodile züchtet, wird eben gebissen.« Peter Watson ist also ein harter Kerl, Typ Wind und Wetter, ein Überlebenskünstler. Das muss er auch sein. Peter hat Überschwemmungen überstanden und Dürren, den Zusammenbruch ganzer Systeme, politische Unruhen, Überfälle. Er hat durchgehalten, hat all das weggesteckt wie einen Krokodilbiss, jahrzehntelang. Und es sieht so aus, als müsse er das noch einmal tun: überleben. Peter ist Anfang 80. Er wird langsam müde. Aber er muss noch einmal ran. Es geht um sein Geschäft und eine milliardenschwere Luxusindustrie, in deren Rangordnung Peters Farm ziemlich weit unten steht. Seine Existenz hängt jetzt davon ab, was Menschen am anderen Ende der Welt für schön halten – und für vertretbar.

Kaum ein Material ist so teuer, so exklusiv, so umstritten wie Krokoleder – es ist der SUV der Fashion-Branche. 10 Prozent ihres Handtaschen-Umsatzes machen Luxuskonzerne mit exotischem Leder, also mit Krokodil, Strauß und Schlange. Bis zu 150.000 Euro kann eine einzige Kroko-Tasche von Hermès kosten. Die Laptop-Hülle aus Kroko von Prada: 2100 Euro. Für manche ist das der Gipfel der Eleganz, ein Statussymbol, das man sich leisten können muss. Für andere ist es Tierquälerei. Fast jeder trägt Schuhe aus Kalbs- oder Taschen aus Rindsleder. Aber bei Krokodilleder fragen viele: Braucht man das? Muss das sein? Gehört das nicht verboten?

»Der Unterschied zwischen einer Kuh und einem Krokodil«, sagt Peter, »ist, dass die Kuh nicht so fiese Zähne hat.« Für ihn sind die Reptilien nicht exotisch, sie sind Teil seines Alltags. Es ist acht Uhr morgens. Der Himmel hängt grau über Peters Farm in KwaZulu-Natal an der Ostküste Südafrikas. Die Luft ist dick. Es regnet. »Guten Morgen, Hannibal«, sagt Peter. Hannibal antwortet nicht. Er ist fünf Meter lang und 600 Kilo schwer. Er ist: ein Krokodil, Peters Lieblingsreptil. Der Regen tropft von Bäumen und Büschen auf Peters schütteres Haar und Hannibals Schuppen. Peter lächelt leise. Und auch das Krokodil, unten in seinem Betonbecken, zeigt ein paar Zähne. »Er ist der Einzige hier, der so alt ist wie ich«, sagt Peter und lacht. Er selbst ist Jahrgang 1940, bei Hannibal weiß man das nicht genau. Aber 80 könnte auch er sein. Ein alter Mann und ein altes Krokodil also. Peter sagt: »Ein ganz normaler Farmer mit seinem ganz normalen Vieh.«

»Viele Menschen denken, wir machen Handtaschen aus wilden Krokodilen«, sagt er. Aber das sei natürlich Unsinn. Seine Tiere sind alle in Gefangenschaft geboren. Es sind

Farmkrokodile, Zuchtreptilien, Stallechsen. Auf Peters Farm, Crocodile Creek, gibt es Hallen für Babykrokodile, eine Kroko-Eier-Brutkammer und Dutzende Tümpel, Gehege und Pools. Arbeiter in Gummistiefeln spritzen Dreck weg, Wasserpumpen brummen, es riecht nach Feuchtigkeit und – wie auf jeder Farm – nach Tieren.

Etwa 7000 Krokodile leben auf Crocodile Creek. 1500 schlachtet Peter jedes Jahr und verkauft ihre Häute. Das klingt nach vielen Reptilien, aber Crocodile Creek ist nur eine mittelgroße Farm. Südafrika ist der größte Exporteur von Krokoleder auf dem Kontinent. Es gibt zwischen 60 und 80 Krokodilfarmen hier, mit insgesamt mindestens einer halben Million Tieren. »Und trotzdem«, sagt Peter, »behaupten die Bunnyhugger, Krokodile seien eine gefährdete Art.« »Bunnyhugger«, Kaninchen-Kuschler, so nennt er Tierfreunde, die mehr auf Social Media unterwegs sind als in der Natur. Die könnten einen Alligator nicht von einem Krokodil unterscheiden, aber erzählten ihm was von gefährdeten Arten. »Die wissen nichts«, sagt Peter, »die kennen nicht einmal die Fakten.«

Hier also die Fakten: Krokodile wurden lange gejagt. Wegen der Haut, ja. Aber auch, weil sie gefährlich waren. Weil sie Farmvieh fraßen – und immer wieder auch Menschen. »Wie die Wölfe in Europa«, sagt Peter. Irgendwann stand das Nilkrokodil dann kurz vor dem Aussterben. Aber seit es die Farmen gibt, haben sich die Bestände erholt. Krokodile werden heute gezüchtet, kaum mehr gejagt. Peter sagt, insofern hätten die Farmer die Gattung gerettet. Er muss das sagen, schließlich verdient er mit Krokodilleder sein Geld. Aber Fakt ist auch: Ja oder nein zu Kroko – das ist nicht nur eine Frage der Fakten. Darüber zu streiten, sagt Peter, sei, wie über Religion zu diskutieren. Es gehe darum, woran man glaubt und woher man kommt. Es ist eine Frage der Perspektive.

Und Peter Watsons Perspektive ist und war schon immer afrikanisch.

Peter wurde in Kitwe geboren, heute die zweitgrößte Stadt Sambias, damals eine Kleinstadt am Rand der Wildnis. Die Welt war eine andere, ein Großteil Afrikas noch Kolonie und Sambia nicht Sambia, sondern Nord-Rhodesien, Teil des britischen Empires. Peters Mutter kam aus Schottland, sein Vater war ein englischer Bergmann. Er war nach Afrika gekommen, um im »Copperbelt« Rhodesiens zu arbeiten, in den Kupferminen. »Jeder, den ich kannte, wuchs mit einem Fuß im Busch auf«, sagt Peter. Er und seine Freunde schossen Vögel, badeten in Flüssen, kletterten auf Felsen. Peter liebte das – die rote Erde, den Geruch nach dem Regen, das Hitze-Knacken der Trockenzeit. Der Busch war sein Zuhause. Aber mit Anfang zwanzig wollte er mehr: Er wollte die Welt sehen. Es war das Jahr 1963, Kenia erklärte seine Unabhängigkeit, in den USA wurde Kennedy ermordet, und Martin Luther King hielt seine berühmteste Rede. Für Peter war es das Jahr, in dem er auf Weltreise ging und Linda kennenlernte.

Er reiste durch Uganda und Kenia, Tansania und den Sudan, nach Ägypten und von dort aus nach Europa, auf den Kontinent seiner Eltern. Irgendwann landete er in Brüssel. Es war ein sonniger Tag, eine junge Frau auf einem Motorrad hielt vor Peters Hostel. Auf der Maschine klebte ein Sticker: »Australia«. Peter rief ihr zu: »Ihr verdammten Australier verschmutzt immer die Gosse.« Sechs Monate später heirateten die beiden. Linda zog mit Peter nach Afrika, in seine Heimat. »Als wir zurückkamen, hatten wir nichts«, sagt er. »Nur zwei Koffer voller Klamotten und sieben Britische Pfund.«

Heute, 56 Jahre später, leben Peter und Linda in einem Haus mit vier Zimmern. Es gibt einen kleinen Pool, vor der

Tür steht ein verbeulter Mahindra-Geländewagen. »Ich fahre keinen Mercedes, aber mein Leben war gut«, sagt Peter. »Ich musste nie ins Büro. Ich stand nie im Stau. Ich war immer draußen.« Er und seine Frau haben drei Kinder. Alle sind lange erwachsen. Aber die Farm übernehmen, das möchte keines von ihnen. »Weil Krokoleder so teuer ist, denken die Leute, wir Züchter sind Millionäre«, sagt Peter. Aber das Gegenteil sei der Fall. Nur 6 Prozent des Handtaschen-Preises kommen bei den Farmern an. »Das Business ist hart«, sagt Peter. Und in letzter Zeit wird es immer härter.

Mehr und mehr Luxuskonzerne steigen ins Farm-Business ein. Und das im großen Stil. Der Markt konsolidiert sich. In Australien gibt es zum Beispiel nur noch 13 Krokodilfarmen, sechs davon gehören Hermès und Louis Vuitton. Früher haben die großen Marken auch bei kleineren Farmen gekauft. Heute wollen sie die ganze Produktionskette kontrollieren. Und an jedem Produktionsschritt verdienen.

»Wenn das so weitergeht«, sagt Peter, »lohnt sich das Geschäft bald nur noch für Mega-Farmen.« Denn wer Krokodile züchtet, braucht viel Kapital und einen langen Atem. Das Geschäft ist zeit-, arbeits- und kostenintensiv. Große, bissige Echsen zu züchten, ist Expertenarbeit – und Experten sind teuer. Dazu kommt: Weibliche Tiere legen erst nach zehn bis zwölf Jahren zuverlässig Eier. Erst nach zwanzig kann man sie wirklich für die Zucht gebrauchen. Bis dahin kosten sie Geld. Freiluftgehege, Schwimmbecken, Brutstationen benötigen Platz und erzeugen Kosten. Dazu kommen die Gehälter und das Futter für die Tiere. »So etwas wie billiges Krokoleder gibt es nicht«, sagt Peter. Vier Jahre lang muss ein Krokodil gefüttert werden, bis es Schlachtgröße erreicht. Und in all der Zeit frisst es kein Heu oder Soja, es frisst nur Fleisch.

Es ist 13 Uhr in Crocodile Creek, ein totes Huhn fliegt

durch die Luft. Ein zweites. Ein drittes. Plastikwannen voller Hühner werden in die Becken geleert. Reptilien, groß wie Kleinwägen, schnellen hoch und schnappen nach Fleisch. Wasser spritzt auf Beton. Grüne Gischt. Hühnerfedern schneestöbern durch die Tropenluft. Ein riesiges Krokodil hievt sich auf seine Konkurrenten. Schnapp, macht das Krokodil. Schnapp, schnapp, schnapp. »Es sind Raubtiere«, sagt Watson, »mit einem ausgeprägten Sozialverhalten.« Sie kämpfen und beißen und liegen aufeinander. Es sind eben: Krokodile – und Peter will sie möglichst artgerecht halten. Das sei gut für die Tiere, sagt er, aber inzwischen leider schlecht fürs Geschäft.

Kroko-Haut wird pro Quadratzentimeter bezahlt – und nach Qualität. Der Preis für ein Stück Spitzen-Leder ist seit den 90er-Jahren stabil: 7 bis 12 US-Dollar kostet der Quadratzentimeter. Aber: »Eine Haut, die vor zwanzig Jahren noch Spitze gewesen wäre«, sagt Peter, »ist heute höchstens dritt- oder viertklassig.« Die Modebranche will immer makelloseres Leder. Eine einzige Narbe, jeder kleine Kratzer senkt den Preis auf zwei oder drei Dollar – selbst, wenn er mit bloßem Auge nicht zu erkennen ist, sondern nur unter der Lupe, oder im Extremfall auf dem Röntgenbild. Peters Käufer begründen das mit den Ansprüchen ihrer Kunden: Wer eine Tasche für 30.000 Euro kaufe, erwarte eben beste Qualität. Peter widerspricht: Das sei nur eine Taktik der großen Häuser, um den Preis zu drücken. Für ihn und die anderen Züchter ist diese Entwicklung katastrophal. Wenn sie anhält, werden es nicht die Tierschützer sein, die dem Kroko-Business ein Ende bereiten, sondern die realitätsfernen Ansprüche der Käufer im Westen. »Dass die Modeindustrie Häute wie aus dem Labor will, ist absurd«, sagt Peter. Der einzige Weg, das zu erreichen, sei, Krokodile in Einzelkäfigen zu halten, ein Leben lang, ohne jeden Kontakt zu Artgenossen. Es gibt große Farmen, auf denen das bereits passiert. Aber Peter will das nicht. »Das«, sagt er, »ist wirklich keine artgerechte Haltung.«

Alles, was Peter über Krokodile weiß, hat er sich selbst beigebracht. »Monkey see, monkey do«, sagt er. So hat er gelernt. Trial and Error. In Sambia war er Manager einer Batterie-Fabrik, er hat Autoreifen verkauft und Schwimmbäder gebaut. Dafür hatte er sogar eine eigene Firma: Pleasure Pools. »Uns ging es dort gut«, sagt er, »aber Ende der 70er-Jahre wurde Sambia einfach zu instabil.« Er und Linda wollten weg, irgendwohin, wo es sicherer war, wo ihre Kinder auf bessere Schulen gehen konnten. Also zogen sie ins Nachbarland, nach Südafrika. Aber dort war der Swimmingpool-Markt schon besetzt. Peter brauchte einen neuen Job. Bei einem Mittagessen erzählte ein Freund ihm dann von der Krokodilzucht. Die Branche sei jung, sagte er, und exotisches Leder gefragt. Vielleicht sei das ja etwas. Der Freund fragte: »Was weißt du über Krokodile?« – »Eigentlich nichts«, sagte Peter, »sie sind verdammt hässlich und leben im Wasser.« Zwei Jahre später gründete er Crocodile Creek – mit 60 Reptilien, einem Mitarbeiter und keinem Funken Ahnung.

Peter lernte, dass Krokodile nur einmal im Jahr schlüpfen, zu Weihnachten. Er lernte, dass das Geschlecht eines Krokodils von der Eiertemperatur abhängt – bei 32 Grad schlüpfen mehr Weibchen, bei 30 mehr Männchen. Er lernte, was sie am liebsten fressen: Hühnchen und leichtsinnige Affen. Und er lernte, wie man ein Krokodil schlachtet. Die Tiere werden betäubt, dann stößt man ihnen ein Skalpell in den Schädel. Anschließend wird die Haut abgezogen und gesäubert, mit Pestiziden desinfiziert, mit Salz haltbar gemacht und bei vier Grad Celsius mindestens eine Woche lang gelagert. Von Afrika aus reisen die Häute dann um die Welt. Die besten Gerber sitzen in Singapur, Italien und Frankreich. Dort wird das

Leder behandelt, weich gemacht, tragbar. Aber beim Gerben verlieren die Häute die Farbe. Am Ende sind alle Krokos grau. Deswegen wird das Leder gefärbt, manchmal krokofarben, manchmal rot, blau und gelb. So wird aus Raubtieren ein Mode-Accessoire.

Wie viel er mit seiner Farm verdient, möchte Peter nicht sagen. Nur so viel: Es habe gereicht, um drei Kinder auf die besten Schulen des Landes zu schicken. Auch wer seine Kunden sind, behält er für sich. Früher verkaufte er einen Großteil seiner Häute nach Deutschland, heute nach Italien, China und Japan. Mehr verrät er nicht. Keine Marken, keine Namen. Man könnte glauben, Peter sei etwas paranoid. Fragt man ihn, wie er den Reptilien die Eier wegnimmt, sagt er: »Ich haue ihnen mit einem goldenen Hämmerchen auf die Nase.« Fragt man ihn, wie er die Tiere schlachtet, sagt er: »Ich haue ihnen mit einem goldenen Hämmerchen auf den Kopf.« Man muss schon sehr oft nachfragen, bis er sagt: »Ich muss verdammt vorsichtig sein.«

Peter will nicht die nächste Schlagzeile produzieren. Er züchtet Tiere und schlachtet sie, wie jeder Farmer. »Aber wenn ich schlachten sage, hören die Leute Mord. Wenn ich vom Häuten spreche, denken sie an Tierquälerei.« Dabei sieht er sich als Tierfreund. »Für mich sind Krokodile keine Säcke Zement«, sagt Peter, »sie faszinieren mich.«

Seit ein paar Jahren ist Crocodile Creek nicht mehr nur eine Farm. Peter hat einen kleinen Zoo bauen lassen, ein Bistro mit Kroko-Burgern, einen Shop mit Kroko-Produkten. Es ist 16 Uhr. Es regnet immer noch. Besucher drängen sich unter Regenschirmen und bestaunen Hannibal, das 80 Jahre alte Riesenkrokodil. Viele von ihnen sind Afrikaner, manche Touristen aus dem Ausland. Einmal, erzählt Peter, fragte eine Frau: »Können wir die Krokodile streicheln?« Es war eine Deutsche, natürlich. »Die dümmsten Fragen«, sagt er,

»kommen immer von Europäern.« Er lacht. Eigentlich ist ihm das egal. Um die Europäer geht es ihm nicht.

Seine Zielgruppe sind Afrikaner. Sie sollen mehr über Krokodile lernen. Und wenn es nach Peter geht, sollen sie in Zukunft auch mehr Krokoleder tragen. Er will endlich vom Rest der Welt unabhängig sein. Und: Er hat eine Idee. Peter will selbst Mode machen. Ein bisschen »ragged« soll sie sein, sagt er, rau eben. »Der Markt hier ist bereit für eigene Luxusprodukte«, sagt Peter. Die Geschäftsmänner aus Nigeria, die Frauen aus Kapstadt, die Musiker und Filmstars aus Kenia, warum sollten sie nicht Luxusmode vom eigenen Kontinent tragen? »Die Leute haben Geld.« Und: »Sie wollen kein Leder wie aus dem Labor.« Davon ist Peter überzeugt. Seine Mode soll sein wie der Kontinent, den er liebt, schick, aber afrikanisch: Jeep statt Maserati, Hitze statt Wärme, Schuhe aus Raubtieren. Und »Kühe mit fiesen Zähnen«. Nicht Paris. Nicht Tokio. Afrika eben. Im Jahr 2022 soll es richtig losgehen, dann will Peter die ersten selbst produzierten Kroko-Jacken verkaufen.

Er wird dann 82 Jahre alt sein, Hannibal, sein Lieblingskrokodil, natürlich auch. Manchmal, wenn Peter Besucher durch seinen Zoo führt, fordert er sie auf zu wetten: Wer überlebt länger, er oder das Krokodil? Die Leute lachen dann verschämt. Sie fühlen sich unwohl. Peter gefällt das. Er selbst, sagt er, würde immer auf Hannibal setzen.

+++ Eine Mangofarm soll alte Wunden heilen
+++ Ein amerikanischer Popstar zu Besuch
beim Präsidenten +++ Uganda ist ein Film
aus den 80er-Jahren +++ Ein schrecklich
fruchtbares Land +++ Die ostafrikanische
Fruchtsaftmafia und ihre Auftragsmörder +++
Ein alter Mann regiert über Kinder
+++ Geheimrezepte gegen Covid +++

UGANDA:
Julian Omalla | Delight Uganda

MAMA CHEERS

WIR WAREN AUF DEM Rückweg von Mama Cheers' Mangofarm, als wir in einen Sturm aus Faltern gerieten. Wir hatten
den Tag auf dem Land verbracht, in der Nähe von Gulu im
Norden Ugandas, hatten uns all die gut aussehenden Mangobäume angeschaut, über Fruchtsaft geredet und dann am
Abend beschlossen, zurückzufahren. Stundenlang waren
wir durch die Finsternis gerumpelt, auf einem endlosen
Highway, der lange als eine der mörderischsten Straßen
der Welt galt, weil Joseph Kony und seine Kindersoldaten
hier auf alles schossen, was sich bewegte. Es war spät in der
Nacht. Die Augen fielen uns fast zu. Da begann dieses Ge-
räusch: ein warmes Ploppen. Plötzlich konnten wir kaum
noch etwas sehen. Der ganze Wagen war bedeckt – mit
Insekten. Falter starben flügelzappelnd an der Windschutz-
scheibe. Wir fuhren rechts ran und hielten an einer Tankstelle. Es war eine Shell, ihr orangefarbenes Leuchten lockte
Millionen weiterer Falter an. Wir stiegen aus in einen weichen Schneesturm. Die Insekten landeten auf uns. Sie ver-
dunkelten die Tankstellenstrahler. Es dauerte ein bisschen,
bis wir es sahen: Überall auf dem ölfleckigen Beton krabbel-
ten Kinder. Mit Handfegern und Schaufeln sammelten sie
die Insekten ein und füllten sie in große Tüten. Später fanden wir heraus, dass die Falter frittiert und dann gegessen
werden. Sie schmecken leicht bitter, sind sehr knusprig und
gelten als Delikatesse. So ist Uganda häufig, wie diese Autofahrt: märchenhaft. »Das ganze Land«, hatte uns ein Freund

in Kenia vor unserem Abflug gesagt, »ist wie Afrika in einem Film aus den 80er-Jahren.«

Er hat recht – das ganze Land wirkt auf uns wie ein Klischee. Es ist so afrikanisch, wie Italien europäisch ist: ein Sinnbild seines Kontinents, im Guten wie im Schlechten. Uganda ist ein Binnenland zwischen Sudan, Kenia, Tansania, Ruanda und Kongo, ein wild wucherndes, unglaublich fruchtbares Stück Welt, pure, feuchte Erde. Nirgendwo sind die Straßen so Arte-Afrika-rot wie hier, nirgendwo sind die Berge so smaragdgrün und die Seen so schlammbraun. In Uganda gibt es noch immer Gorillas; Insekten-Stürme tanzen durch die Nacht; Sintflut-Regengüsse waschen über das Land. Uganda hat all das, woran viele Europäer unbewusst denken, wenn sie ›Afrika‹ hören. Das gilt für die Natur, aber auch für die Städte. In Kampala ist das Gedränge besonders dicht, auf den Straßen sind besonders viele Schlaglöcher. Besonders laute Marktverkäuferinnen schieben sich durch die Menge. Junge Typen auf Motorrädern fahren besonders lebensmüde Manöver. In Kampala wird viel getanzt und inbrünstig gebetet. Der Glaube ist wichtig, das Essen ist wichtig, die Liebe ist wichtig, die Politik ist brutal und korrupt. Auch Ugandas politische Geschichte ist ein Afrika-Klischee, ein schlimmes. In den 70ern hatte das Land mit Idi Amin den vielleicht blutrünstigsten Diktator des Kontinents. Rund um die Jahrtausendwende terrorisierte dann Joseph Kony den Norden Ugandas, mit Kindersoldaten und einer Armee christlicher Fanatiker. Und der aktuelle Präsident, Yoweri Museveni, ist ein alter, Mann, der sich seit fast 40 Jahren an die Macht klammert. Auch das ist, leider, typisch.

In Uganda ist die Vergangenheit eine noch nicht zu Ende erzählte Geschichte. Sie schimmert überall durch, auch bei unserem Trip. Während wir hier waren, erlebten wir die sechste Amtseinführung des Langzeitherrschers Museveni.

Wir sahen, wie die Hauptstadt dafür abgesperrt wurde, von Polizei und Militär. Wir trafen einen US-amerikanischen Popstar samt Entourage, der gekommen war, um dem Präsidenten seine Aufwartung zu machen. Wir wohnten in einem schicken Hotel, von dessen Garten aus die Gäste eiswürfelklimpernd über Kampalas Hügel bis zum Viktoriasee schauten. Und an einem besonders lauen Abend hörten wir dort der Präsidententochter zu. Sie lobte Ugandas Ananas (»Die besten der Welt ...«) und liebäugelte im Cocktailkleid damit, den Nil zu stauen. Es war ein schräger Trip. Zurück in die Vergangenheit. Auch er war wie eine Reise von früher, wie ein Film eben, über Afrika, aus den 8oer-Jahren.

Am zweiten Tag nach unserer Ankunft sitzen wir in einem Taxi und quälen uns durch Kampalas Verkehr. Der Fahrer lacht, als er unser Ziel hört, und sagt: »Natürlich kenne ich Mama Cheers. Jeder hier tut das.« Mama Cheers, das ist der Spitzname von Julian Omalla, einer Saftproduzentin. Sie besitzt in Kampala eine Fabrik und auf dem Land eine Mangofarm, beschäftigt Hunderte Mitarbeiter. Sie ist eine der berühmtesten Unternehmerinnen Ugandas, ausgezeichnet und gefördert von der heimischen Regierung und den Vereinten Nationen. Wegen Mama Cheers sind wir hier, in Uganda und auch in diesem Taxi.

Julian Omalla ist eine der größten Getränkeproduzentinnen Ostafrikas. Sie hat es von der Marktfrau zur CEO geschafft. Sie hat Mordanschläge überlebt, hat sich durchgesetzt gegen Männer, die man wohl eine Fruchtsaftmafia nennen muss. Aber für die meisten Menschen in Uganda ist Mama Cheers vor allem eines: eine Kindheitserinnerung. »Früher haben wir das alle getrunken«, sagt der Taxifahrer und verzieht das Gesicht. Er ist Ende dreißig, sein Haar wird schon licht. Mit früher meint er: in der Schule. Denn Mama Cheers Fruchtsaft – Geschmacksrichtungen: rot, gelb, lila und orange – war günstig und süß und wurde aus 10-Liter-Kanistern ausge-schenkt. Er gehörte zur Grundausstattung jeder Schulkantine und jedes Internats. Für Generationen von Ugandern war Julian Omallas Produkt das, was der Jugendherbergs-Früchte-tee für deutsche Kinder ist: »Früher ganz toll«, sagt der Taxi-fahrer, »heute zu süß.«

Ganz langsam steuert er uns durch den Stau in Richtung Firmenzentrale. Am Straßenrand herrscht Gedränge. Alles wird verkauft: Bügelbretter und Betten, alte Kühlschränke, Lautsprecher, Plastik aus China, die Palette der globalen Bil-ligprodukte, die durch den Weltmarkt heruntersickern und hier liegen bleiben wie Wrackteile auf dem Meeresboden. Von Straßengrills steigt Rauch auf. Lastwagen wanken durch Schlaglöcher. An Masten und Laternen hängen noch Plakate aus dem Wahlkampf. In weißem Anzug und mit Tropenhut schaut der Präsident von hoch oben auf das Gedränge. »Museveni ist ein guter Mann«, sagt unser Fahrer. Dann schweigt er. Mehr will er nicht sagen. Die Präsidentschafts-wahlen sind erst ein paar Monate her. Im Januar 2021 stimmte Uganda ab – und Museveni, der das Land seit 1986 regiert, wurde mit 58 Prozent der Stimmen im Amt bestätigt. Internationale Beobachter zweifeln an diesen Zahlen. Polizei und Militär töteten in den Monaten vor der Wahl 50 Demons-tranten. Am Tag der Abstimmung wurde das Internet abge-schaltet. Musevenis Herausforderer, der Musiker Bobi Wine, musste den Wahltag im Hausarrest verbringen. Als wir zu Mama Cheers fahren, ist Musevenis erneute Inauguration nur noch Tage entfernt. Der Präsident wird weiter regieren. Ein fast 80-jähriger Mann herrscht über eine Bevölkerung mit dem weltweit zweitjüngsten Altersdurchschnitt: 15,7 Jahre. Die Vergangenheit ist hartnäckig in Uganda.

›Delight Uganda‹, so heißt Julian Omallas Unternehmen. Übersetzt etwa: Ugandisches Vergnügen. Auf dem Parkplatz vor dem Hauptquartier stehen Trucks auf rotem Erdboden. Dann eine Mauer mit Sicherheitstor, dahinter, mehrstöckig, Mama Cheers' HQ. Im zweiten Stock liegt Julians Büro: ein großer Raum mit Balkon, blassgelbe Wände, ein Holzregal voller Auszeichnungen. Überall hängen Fotos, auf fast allen ist die Chefin selbst zu sehen. Meistens steht sie merkelesk in Männergruppen: als einzige Frau, in Pastellfarben, zwischen dunklen Anzügen. Wir treten ein und vor den schweren Schreibtisch. Mama Cheers erhebt sich und sagt: »Willkommen.« Wir haben für dieses Buch beeindruckende Männer und Frauen interviewt. Viele haben mehr Geld bewegt als Julian Omalla, hatten mehr Mitarbeiter oder mehr Einfluss. Aber Mama Cheers ist – mit Abstand – von allen die boss-hafteste. In ihrer Gegenwart wird leise aufgetreten und sofort gehorcht. Wenn sie ein Tier wäre, wäre Julian Omalla vermutlich ein Nashorn – schwer und majestätisch, aber beängstigend, wenn es einen verfolgt. Sie sinkt auf ihren Stuhl und schaut uns an. Sie schweigt. Sie ist es gewohnt, interviewt zu werden. Fragen beantwortet sie trotzdem ungern. Denn auch über ihre Geschichte behält Mama Cheers gerne die Kontrolle. »Schaltet das Mikrofon ein«, sagt sie schließlich. Dann fängt sie an: »It was a humble and poor beginning.«

Julian Omalla wurde in einem typisch ugandischen Dorf geboren: flache Häuser, ins Grün gewürfelt, ein Fußballplatz, eine Kirche, eine Schule. Ihr Vater war dort Direktor. »Er war überall respektiert«, sagt sie, »auch in den Dörfern drum herum.« Er hatte elf Kinder, war ein strenger Mann, sehr verantwortungsbewusst, sehr christlich. Wenn sie Probleme hatten, kamen die Menschen zu ihm. Julians Vater gab Ratschläge, verschenkte Geld – und Essen. »Manchmal hatten wir zum Abendessen 40 Leute zu Hause«, sagt sie, »meine Eltern fütterten das ganze Dorf.« Julian hat das damals schon gelernt, lange bevor sie Mama Cheers wurde: Verantwortung heißt Menschen versorgen, vor allem in Krisenzeiten. Als sie aufwuchs, regierte in Kampala Idi Amin, Prototyp des verrückten Diktators. Amin hielt in Uniform Hof, verlieh Fantasie-Orden und nannte sich selbst: »Seine Exzellenz, Präsident auf Lebenszeit, Feldmarschall, Hāddsch, Doktor Idi Amin Dada, Viktoria-Kreuz, Orden für hervorragenden Dienst, Herr aller Tiere der Erde und aller Fische der Meere und Bezwinger des Britischen Weltreichs in Afrika allgemein und besonders in Uganda«. Doch der Herr aller Fische zerstörte sein Land. 300.000 bis 400.000 Menschen starben während seiner achtjährigen Herrschaft. Mordend zogen seine Männer durch Dörfer und Städte. Angst regierte. Niemand war sicher, auch Julians Familie nicht. »Wenn Soldaten ins Dorf kamen«, sagt Mama Cheers, »versteckte mein Vater uns Mädchen im Schlafzimmer.« Dann erst bat er Amins Schergen ins Haus. Er schenkte Bier aus, ließ Essen bringen. Sie fragten nach Mädchen. Nein, sagte er, keine Mädchen hier, gar keine, alle schon weg. Und während er die Soldaten bewirtete, zitterten Julian, ihre Schwestern und Cousinen im Nebenraum, hörten jedes Wort, bis es vorbei war. »Nur so haben wir überlebt«, sagt Mama Cheers. »Wir haben uns versteckt und gebetet.«

Es gibt nur ein Bild in ihrem Büro, auf dem sie selbst nicht zu sehen ist, es zeigt den Papst, oder eher: die Päpste. Julian Omalla schaut von ihrem Schreibtisch direkt darauf – Franziskus und Benedikt, nebeneinander ins Gebet vertieft, zwei weiße Männer in Weiß. »Ich bin gläubig«, sagt Julian. »Mein Glaube sagt mir, dass alles gut werden wird. Das hat mein Leben gelenkt. Wenn du glaubst, gehen deine Wünsche in Erfüllung. Es gibt eine Zeit, zu handeln – und eine Zeit, zu beten. Ich glaube an die Liebe, an Vergebung, daran, Menschen zu inspirieren. Ich habe einen Andachtsraum hier im Büro. Und wenn die Dinge schlecht stehen, gehe ich dorthin und bete. Ich weiß, wie man betet. Richtig betet. Wie man Resultate erzielt.«

Julian hat etwas Unbedingtes. Wenn sie sich in Bewegung setzt, ist sie nicht mehr aufzuhalten. Wir sitzen bereits seit einer Stunde in ihrem Büro und haben kaum eine Frage gestellt. Wir führen weniger ein Interview, als dass wir mitschreiben bei Mama Cheers' Inszenierung. Sie dirigiert mit der Hand – und immer neue Charaktere treten auf: ihr Sohn Kilian, ein stiller, freundlicher Teenager, der sich in eine Ecke setzt, zuhören und lernen soll von der Mutter-CEO. Dann: irgendein alter Bekannter, grauhaarig, der uns die Hände schüttelt und Julians Einfluss in Uganda lobt. Und immer wieder: der Assistent. Er bringt Kaffee, Unterlagen, Pressematerial – und einen großen Papp-Aufsteller, ein Delight-Uganda-Werbeplakat. »Stell es da hin«, sagt Julian, »nein, nicht dort, da, genau.« Der Aufsteller steht. Sie setzt sich davor. Sie ist ihre eigene Werbefigur, eine lächelnde Frau Ende 50 in orange-braunem Kleid: Mama Cheers. »Ihr dürft jetzt Fotos machen«, sagt sie. Dann lehnt sie sich zurück und hebt an, in ihrem vibrierenden Alt, wie zu einer Rede vor der Nation.

»Ich werde einen Schritt zurückgehen und mich offiziell vorstellen. Mein Name ist Dr. Julian Adyeri Omalla. [Der Doktor ist h. c.] Ich bin die CEO und Gründerin von Delight Uganda Limited. Wir produzieren Saft und füllen ihn ab. Das hier ist unser Firmensitz in Kawempe, Kampala. Ich bin Unternehmerin, Ehefrau, Mutter von drei und Großmutter von zwei. Ja. So ist es.« Ja – so ist es. Delight Uganda beschäftigt 350 Mitarbeiter. Julian Omalla betreibt zwei Fabriken und eine Flotte von Lastern, die ihr Produkt im Land verteilen. Auf dem Höhepunkt des Erfolgs hielt ihr Unternehmen 60 Prozent des Saft-Markts in Uganda und produzierte 12.000 Liter Getränke am Tag für fünf Millionen Kunden.

Aber all das ist Vergangenheit. Oder so gut wie. »Cheers«, Julians erfolgreichste Marke, den süßen Kindheitserinnerungs-Saft, soll es bald nicht mehr geben. Denn Delight Uganda befindet sich im größten Umbruch der Firmengeschichte. Julian strukturiert gerade ihr gesamtes Unternehmen um, verändert ihr Produkt und das Geschäftsmodell. Sie reagiert auf eine neue Zeit – mit einem neuen Saft. Denn auch wenn Uganda uns häufig wie ein Film von vorgestern vorkommt, ist es doch im 21. Jahrhundert angekommen: Die Mittelschicht wächst und mit ihr das Bewusstsein für Qualität und Nachhaltigkeit. Vor allem in Kampala wollen immer mehr Menschen frisch statt klebrig, wollen bio statt Konzentrat, wollen made in Uganda statt Import von außen. Darauf reagiert Mama Cheers mit einer eigenen Farm. Im Norden Ugandas hat sie fast sieben Quadratkilometer Land gekauft. Dort baut sie Mangos, Zitrusfrüchte, Guaven an. Daraus soll der Saft der Zukunft entstehen – und mehr noch: eine neue Landwirtschaft. Denn Ugandas Norden ist arm und wurde jahrzehntelang vernachlässigt. Wo bis vor Kurzem noch Bürgerkrieg herrschte, trainiert Julian jetzt Kleinbauern. Mehr als 5000 Farmer arbeiten bereits mit ihr zusammen, die meisten davon Frauen. Die ugandische Regierung unterstützt das Projekt mit inzwischen 10 Millionen US-Dollar. Profis aus Kenia helfen beim Anbau der Früchte. Die Vereinten Nationen ehrten Julian Omalla mit einer Auszeichnung für die Förderung von Frauen. Es sieht so aus, als würde Delight etwas sehr Unugandisches gelingen. Es sieht so aus, als würde Mama Cheers die Vergangenheit hinter sich lassen.

»Hier«, sagt sie zu uns, »trinkt das.« Ihr Assistent stellt zwei Becher vor uns ab. Der Inhalt ist milchig-grau und dampft: heißer Ananassaft mit Instant-Kaffee-Pulver. »Das ist gut für euer Immunsystem«, sagt Julian. »Das macht euch stark, das hilft sogar gegen Covid.« Wir schlucken widerwillig und sind nicht begeistert. Dann sagt Mama Cheers: »Trinkt aus, ich habe jetzt noch zu tun.« Das Interview ist damit beendet. Wir werden sie in zwei Tagen wiedersehen, dann auf ihrer Farm im Norden. »Ich habe einen Fahrer und ein Auto für euch«, sagt Julian, »dann könnt ihr übermorgen schon sehr früh los.« Es ist keine Frage.

Am nächsten Morgen sitzen wir in unserem Hotel. Wir haben frei und schauen vom Frühstücksbuffet aus über Kampala. Vom Chaos der Stadt ist hier nichts zu spüren. Der Garten ist fast angeberhaft grün. Neben dem Pool wachsen Avocados. Gäste schauen von weißen Liegen aus über die Hauptstadt auf ihren Hügeln bis zum Viktoriasee, der in der Sonne glitzert. Das Hotel ist ein fantastischer Ort, um in Kampala zu sein, ohne in Kampala sein zu müssen. Die Gäste haben Geld. (Bis auf uns.) Es gibt eine Familie aus Dubai, deren Sohn im Pool planscht. Es gibt Geschäftsleute aus Afrika. Es gibt eine Gruppe junger, sehr durchtrainierter Israelis, die im Gespräch mehrfach beteuern, sie arbeiteten nicht für den Mossad. Wir sitzen an einem Bambustisch und hören das Interview mit Mama Cheers ab. Dann wird es Mittag, und plötzlich rückt das Militär ins Hotel ein. Bewaffnete sperren die Zufahrten. Ein Sicherheitstrupp durchkämmt das Fitnessstudio. Überall flüstern Knöpfe im Ohr, knistern Funkgeräte. Ein Wagenkonvoi fährt auf den Parkplatz: Akon ist da.

Übermorgen wird Präsident Museveni vereidigt, mal wieder. Aus ganz Afrika sind Würdenträger gekommen, um ihm zu gratulieren. Ein paar Staatsoberhäupter sind da, darunter Sahle-Work Zewde, die Präsidentin Äthiopiens, Nana Akufo-Addo aus Ghana und aus Kenia Uhuru Kenyatta. Aber zum großen Fest sind auch Nicht-Politiker geladen, Künstler etwa wie Akon, der Museveni seine Aufwartung machen will und mit seiner Entourage in unserem Hotel absteigt. Akon ist ein U S -amerikanischer R&B- und Rap-Musiker mit senegalesischem Vater. Seine Alben erhielten in den USA und England Platin, Doppelplatin, Sechsfachplatin. Er ist also international einigermaßen berühmt. Aber am bekanntesten ist er in Afrika – und das nicht nur wegen seiner Musik. Seit einer Weile macht Akon mit Projekten auf dem Kontinent auf sich aufmerksam. Einige davon sind gut gemeint, andere ziemlich zwielichtig. Akon betreibt eine Hilfsorganisation für Kinder und eine Diamantenmine in Südafrika. Akon hat eine eigene Kryptowährung: »AKOIN: One Africa. One Coin.« Akon will im Senegal eine futuristische Stadt bauen lassen, nach dem Vorbild Wakandas aus dem Marvel-Film »Black Panther«. Und obwohl dort seit der Grundsteinlegung nicht viel passiert ist, will er das Ganze in Uganda wiederholen. Auch hier soll eine »Akon City« entstehen. Deswegen ist er in Kampala und trifft den Präsidenten. Der Sänger und Stadtgründer ist also ein Staatsgast und wird auch so behandelt. Straßen werden für ihn abgesperrt. Und im Hotel herrscht Ausnahmezustand beim Personal: Amerikaner, überall! Männer mit Goldketten bulldozern zum Buffet, Frauen lachkreischen an der Bar. Kalter Wein fließt in Strömen. Das alles ist sehr exklusiv. Presse und Volk sind nicht eingeladen. Kampala muss draußen bleiben.

Vor der Auffahrt zum abgesperrten Hotel drängen sich jetzt Tag und Nacht eine Menge Menschen. Fans hoffen auf Autogramme – Polizisten verscheuchen sie. Motorradtaxi-Fahrer warten auf Kunden. Und natürlich sind da: die Straßenverkäuferinnen, Dutzende Mädchen und Frauen in bunten Kleidern. Viele haben ihre Kinder dabei, an der Hand oder auf den Rücken gewickelt. Ihre Waren transportieren sie auf dem Kopf: Cola, Fanta, Sprite, Kaugummis, Obst und Gemüse, Taschentücher, Eier. Sie stehen hier vor unserem Hotel – und auch auf fast jedem Platz in fast jedem Land auf dem Kontinent. Millionen Frauen in Afrika versuchen, so ihre

Familien zu ernähren. Sie kaufen ihre Waren morgens ein, pilgern tagsüber durch ihre Stadt, bestreiten ihren Lebensunterhalt Wasserflasche für Wasserflasche, Cent für Cent. Die Straßenverkäuferinnen sind in Afrika omnipräsent. Und manche Menschen im Westen (und zu viele in der Entwicklungszusammenarbeit) machen sie zum Objekt verklärter Theorien: Diese Frauen seien Kleinstunternehmerinnen, selbstständig für ein Geschäft verantwortlich, Afrika also ein Kontinent voller Entrepreneurinnen. Das ist Blödsinn. Die Wahrheit ist: Diese Frauen führen ein hartes Leben und verbringen den Großteil davon auf der Straße. Kaum eine schafft es, etwas Größeres aufzubauen. Ganz sicher sind sie keine Entrepreneurinnen. Aber die wenigen, die es schaffen, die paar, die über den Straßenverkauf oder den eigenen Marktstand hinauswachsen, gehören tatsächlich zu den härtesten Geschäftsfrauen überhaupt, so wie Mama Cheers.

Als Julian Omalla 13 Jahre alt war, verließ sie die Schule und fing an zu arbeiten. Sie kaufte sich eine Plastikschüssel für den Transport ihrer Waren: Obst, Mehl, Getränkeflaschen. Dann ging sie verkaufen. Jeden Tag tapste sie in die Stadt, die Hügel hoch, die Hügel runter, in der Sonne, im Regen. Sie tat das jahrelang. Sie konnte nichts anderes. Dann bekam sie jung ein Kind. Es war ein Leben wie das Millionen anderer. Nur war Julian tougher als die meisten. Als in Uganda wegen des Bürgerkriegs alle Waren knapp wurden, fuhr sie ins Nachbarland Kenia, um dort einzukaufen. Morgens stieg sie um drei in den Bus, klemmte sich ein zwischen Menschen, Säcken, Tieren, schlief noch ein bisschen. Weil der Grenzübergang geschlossen war, schwamm sie über den Fluss. Dann kaufte sie drüben ein, schwamm mit den Waren zurück, verkaufte sie. Nach und nach sparte sie so ein bisschen Geld. Sie mietete einen eigenen Minibus, belieferte damit andere Verkäuferinnen. Sie tat das nicht allein, sie hatte einen Geschäftspartner, einen Mann. Er kümmerte sich um das Geld – und irgendwann haute er damit ab, über die Grenze nach Kenia. »Alles war weg«, sagt Mama Cheers. »Natürlich fuhr ich ihm hinterher.« Aber ihr Ex-Partner hatte das geahnt, bereits Killer angeheuert und auf sie angesetzt. Es war das erste Mal, dass jemand versuchte, Julian umzubringen. »Ich habe nur überlebt, weil ich ihnen alles gegeben habe, was ich noch hatte«, sagt sie. »Sie haben in dieser Nacht drei andere Frauen umgebracht, aber mich nicht.« Sie blieb am Leben. Aber sie hatte nichts mehr. »Ich musste wieder bei null anfangen.«

Am Tag nachdem Akon in unser Hotel eingecheckt hat, fahren wir wieder zu Mama Cheers, dieses Mal zu ihrer Mangofarm. Wir werden frühmorgens abgeholt, wie angekündigt, von drei Männern in einem weißen Geländewagen. Am Steuer sitzt Julians Ehemann, außerdem fahren zwei Jungs mit, die zum Arbeiten in den Norden müssen. Sie selbst fahre schon nachts, hatte Mama Cheers uns gesagt.« Aber mein Mann nimmt euch mit.« Ihr Mann, so viel hatten wir schon geahnt, ist eine Verlängerung ihres Willens. Zwei Tage zuvor hatte Julian Sophia verraten: »Ich lebe nach einfachen Prinzipien. Sie stammen aus der Bibel. Das erste lautet: Ein Mann hat seine Frau zu lieben. Das ist seine Pflicht vor Gott.« Danach hatte sie immer wieder betont, wie sehr sie nicht nur Chefin sei, sondern auch Gattin, Mutter und Hausfrau. Tatsächlich scheint Mama Cheers das Geschlechterrollen-Verständnis der 50er-Jahre zu haben – nur eben umgekehrt. Männer nimmt sie häufig nicht besonders ernst, belächelt sie manchmal, ignoriert sie teilweise. Frauen begegnet sie anders, mit mehr Respekt und Neugier. Während eines unserer Interviews sagte sie irgendwann: »Sophia, wir beide reden jetzt übers Geschäft. Paul kann sich in der Zeit ja mit den anderen Männern das Haus anschauen.« Ihr

Mann lacht, als er das hört. »Ja«, sagt er, »sie ist der Boss.«
Er ist ein runder, freundlicher Typ mit Halbglatze, ein Jurist
aus der Verwaltung. Wir springen in seinen Wagen. »Wir
haben heute einen langen Weg vor uns«, sagt er. »Viele, viele
Kilometer.« Dann fährt er los, ganz langsam.

Obwohl es noch früh am Morgen ist, sind Kampalas Straßen schon voll. Morgennebel mischt sich mit Dieselqualm.
Überall staut es sich, aus allen Autofenstern winken und
kurbeln Finger und Hände, deuten irgendetwas an, wollen
wenden, wedeln als Blinkerersatz, schimpfen sich aus. »Ich
wette«, sagt Sophia, »es gibt Statistiken, die zeigen, dass in
Uganda mehr Hände abgefahren werden als irgendwo sonst.«
Es dauert zwei Stunden, dann liegt Kampala hinter uns. Die
Stadt wird Stadtrand, dann Land. Und bald fahren wir in
leichtem Nieselregen durch Ugandas ewiges Grün, nur unterbrochen vom Aufblitzen niedriger Häuser mit Strohdächern.
Kuhherden wischen an uns vorbei, Frauen mit Pyramiden
aus Mangos und Ananas, die ewigen Ameisenschlangen
schuluniformierter Kinder am Straßenrand. Julians Ehemann
lässt das Fenster herunter. Er atmet tief die feuchte Luft.
»Kampala ist nicht Uganda«, sagt er. »Das hier ist Uganda.«

Fast überall in Afrika verlassen Menschen ihre Dörfer. Die
Urbanisierung rast. Metropolen wie Nairobi oder Lagos wach-
sen schnell wie Pilze. Millionen ziehen in die Städte, wollen
Apartments, Essen, unterhalten werden, wollen Laptops, Klei-
der, Kunst, wollen kaufen, kaufen, kaufen, viele zum ersten
Mal. Das treibt die Wirtschaft in Afrika an. Das lässt neue
Firmen entstehen und neue Geschäftsgebiete. Aber es gibt
auch Nachteile. 2010 lebten nur 36 Prozent der Afrikaner in
Städten, 2020 waren es bereits über 40. Das Dorf symboli-
siert für viele das Leben von gestern, Armut, Vergangenheit.
Also ziehen sie weg – und verändern einen ganzen Kontinent.
In Zukunft werden Afrikas wachsende Megastädte zu den

größten Metropolen der Welt gehören. Mit Blick auf Afrikas heutige Großstädte ist eins so gut wie sicher: Die meisten werden nicht schön sein. Noch aber lebt der Großteil der Afrikaner auf dem Land: 58 Prozent, mehr als auf jedem anderen Kontinent. Und in Uganda sind es noch mehr. Nur ein Viertel der Menschen hier lebt in Städten. Der Großteil wohnt in niedrigen Häusern, in Dörfern wie denen, an denen wir vorbeifahren, bestellt die Felder am Straßenrand, ist in diesem Land zu Hause, das Mama Cheers' Ehemann das echte Uganda nennt.

Stadt oder Land, das ist nicht nur eine Frage der Geografie. Stadt oder Land, das sind zwei verschiedene Zeitalter. Das Mittelalter und die Neuzeit trennen in Uganda nur ein paar Kilometer. In Kampala gibt es Sushi-Restaurants und Ride-Sharing per App, auf dem Land häufig nicht einmal Strom oder fließendes Wasser. Die Hauptstadt hat Tech- und Start-up-Hubs. Auf dem Land pflügen die Bauern mit Ochsenpflug (oder den eigenen Händen) die Äcker, Furche für Furche. Je weiter wir uns der Mangofarm im Norden nähern, desto weiter reisen wir in der Zeit zurück. Die Dörfer werden kleiner, die Fassaden blasser, es gibt weniger Autos, mehr Kinder. Nord-Uganda ist noch immer gezeichnet vom Krieg. Seit den späten 8oer-Jahren terrorisierten Joseph Kony und seine Soldaten von der Lords Resistance Army (LRA) das Land, fast 20 Jahre lang. Sie töteten 100.000 Menschen und vertrieben über eine Million. Sie entfesselten das ganze Klischee-Grauen eines afrikanischen Bürgerkriegs: Folter, Vergewaltigung, Verstümmelung, Verschleppung. Frauen wurden gewaltsam in Ehen gezwungen, Kinder zu Kindersoldaten. Seit 2009 ist die LRA zwar offiziell besiegt, aber das Land erholt sich nur langsam. Noch immer sind Teile der Landschaft vermint. Noch immer klauben die Menschen Mörsergranaten und Munition aus ihren Feldern. Julian Omalla spricht von einer ganzen Generation, die in Flüchtlingscamps aufgewachsen ist, die nicht lesen und schreiben kann, kein Handwerk gelernt hat – und damit auch keine Möglichkeit, sich aus ihrer Armut zu befreien. Und genau das will Mama Cheers ihnen geben, eine Chance. Sie lässt sie unterrichten, damit sie lesen, schreiben, rechnen lernen. Sie verpachtet ihnen Land, gibt ihnen Setzlinge. Sie bringt ihnen bei, wie man den Boden bestellt, Mangos und Zitrusfrüchte züchtet. Die kauft sie ihnen dann ab, für ihren neuen Saft. Mehr als 6.000 Menschen haben diese Schulungen bereits absolviert. »Sie lernen, dass ein Bauer nicht arm sein muss«, sagt Julian. Im Gegenteil. Richtig bewirtschaftet, kann ein Acre Land pro Monat 1.800 US-Dollar abwerfen – mehr als genug für eine kleine Familie. Dem Saft sei Dank – Mama Cheers kümmert sich.

Wir haben den halben Weg zur Farm hinter uns, da überqueren wir einen Fluss. Es ist der Nil. Er ist hier kein träger brauner Strom, der seit Jahrtausenden Zivilisationen durchfließt, er ist junges, wildes Wasser, das schäumend und spritzend durch das grüne Land tobt. An den Ufern wuchern Bäume und Büsche mit Blättern so fleischig und grün wie aus einer Doku über die Zeit der Saurier. Die Luft ist feucht. Uganda ist ein selten fruchtbares Land. Was man auch aussät – es wächst. Die Landwirtschaft ist der wichtigste Wirtschaftszweig hier. Sie ist verantwortlich für 80 Prozent der Exporte und fast zwei Drittel aller Arbeitsplätze im Land. Aber sie könnte noch viel wichtiger sein. Denn 80 Prozent der Fläche im Land sind landwirtschaftlich nutzbar, aber bisher werden nur 35 Prozent produktiv bestellt. Uganda wird nicht ohne Grund »der Garten Afrikas« genannt. Das Land könnte nicht nur sich selbst versorgen, sondern auch die Nachbarländer und – in Zeiten des Klimawandels, der fortschreitenden Verstädterung – sogar Menschen in Asien, Amerika,

Europa. Ugandas Boden ist eine Ressource, er birgt ein gigantisches Potenzial. »The future is in fruits«, sagt Mama Cheers. Das könnte ihr Lebensmotto sein.

Ausgeraubt und bedroht, startete Julian Omalla ihre Karriere Mitte der 90er-Jahre neu. Dieses Mal wollte sie nicht wieder nur kaufen und verkaufen. Sie wollte produzieren – und zwar Saft. Julian holte sich Plastikflaschen aus Kenia. Sie rührte ihr Getränk selbst an, anfangs 200 Liter pro Tag. 1996 gründete sie ihre Firma, Delight Uganda, erfand ihre erste Marke, nannte sie: Cheers Fruit Juice. Aber mit Saft hatte dieses Produkt wenig zu tun. Es bestand aus Fruchtkonzentrat, Wasser und Zucker. Es war kaum mehr Frucht als Fanta. Julian hätte lieber echten Saft gemacht, wie sie ihn aus ihrer Kindheit kannte, vom Dorf. Aber das ging nicht. Landwirtschaft, das war damals in Uganda zum großen Teil Klein-Klein. Das war Vom-Baum-Pflücken und auf der Straße verkaufen, ein paar Wagenladungen für den nächsten Markt. »Niemand produzierte genug, um daraus Saft zu machen«, sagt Julian. Also musste sie importieren. Ein Bekannter lieferte ihr Konzentrat. Er importierte es aus den Niederlanden, aber vor allem: aus Israel. Mama Cheers saß im fruchtbaren Garten Afrikas und verarbeitete Früchte aus einem Land in der Wüste. Das klingt absurd, ist jedoch klassisch. In vielen afrikanischen Ländern sind importierte Waren heute noch billiger als die Produkte vor Ort. Aber für Julian rechnete es sich. Ihr Unternehmen wuchs schnell. Mama Cheers wurde zur Marke. Nach nur fünf Jahren hatte ihr Saft in Kampala einen Marktanteil von 40 Prozent. Und da wurde es gefährlich. Es gab ein paar große Player im Saft-Business. Und sie neideten Julian ihren Erfolg. »Sie sorgten dafür, dass mir niemand mehr Flaschen verkaufte«, sagt sie. Also flog sie nach Kenia. Sie wollte der Sache auf den Grund gehen. Wieder stellten sich ihr Männer in den Weg. Wieder versuchten

Männer sie umzubringen. »Aber ich wurde rechtzeitig gewarnt«, sagt Mama Cheers und lacht darüber. Sie floh aus ihrem Hotel. Nur ein paar Minuten später stürmten Bewaffnete das Zimmer. »Am Ende habe ich überlebt«, sagt Julian, »weil ich mir Freunde gesucht habe.« Sie wandte sich an einen der Getränke-Produzenten, einen der Großen, dessen Firma in ganz Ostafrika operierte. Bei ihm wurde sie vorstellig und bat um Schutz. Er mochte sie. »Mama Cheers«, erklärte er der Fruchtsaftmafia, »wird ab sofort in Ruhe gelassen.«

Als wir auf der Farm ankommen, ist es später Mittag. Wir waren zehn Stunden lang unterwegs. Die Sonne scheint schräg. Die Pflanzen sind regennass, das Licht bricht sich in Tausenden Tröpfchen. Zwei Stunden lang laufen wir in Gummistiefeln über die Farm. Wir pflücken Früchte vom Ast und verkleben uns die Finger mit Saft. Mangobäume sind äußerst gut aussehende, schön gewachsene Pflanzen. Sie haben einen kräftigen Stamm und eine breite Krone, die fast bis zum Boden reicht. Zwischen ihren dunklen Blättern leuchten die Mangos wie Bühnenfrüchte: lidschatten-lila und rouge-rot. Und während wir über die Farm spazieren, erzählt uns Mama Cheers von der Zukunft. Noch ist hier alles neu, im Aufbau begriffen, nur drei der sieben Quadratkilometer sind bepflanzt. Aber bald will Julian Omalla von hier aus die Saft-Kette von der Aussaat der Frucht bis zum fertigen Getränk beherrschen. Sie wird noch mehr Farmer unterrichten lassen. Sie wird ihnen Land verpachten und die Setzlinge verkaufen. Und wenn zweimal im Jahr geerntet wird, kauft sie ihnen die Früchte ab und macht daraus Saft. Sogar eine Fabrik soll hier gebaut werden, die Gebäudehülle steht schon. In naher Zukunft wird der Saft nicht mehr in Kampala produziert, sondern direkt auf der Farm. Noch ein Produktionsschritt für Delight Uganda. Noch mehr Arbeitsplätze für die Region.

Abends, als es dunkel wird, sitzen wir auf Plastikstühlen vor dem Haupthaus der Farm. Mama Cheers hat kochen lassen. Es gibt Hähnchen vom Grill, frittierte Kochbananen und grünes, saures Gemüse. Alles kommt von hier, ist auf der Farm gewachsen (und im Fall der Hühner auch hier gestorben). »Von diesem Land«, sagt Julian, »kann man gut leben.« Arbeiter laufen über den Platz, Kinder spielen vor den Häusern, Mädchen bringen Teller, Gläser, Fruchtsaft. Alle bewegen sich, rotieren, eilen. Nur die Chefin nicht. Mama Cheers sitzt in der Mitte wie Mutter Natur. Sie sieht zufrieden aus. Sie hat aus dem Nichts eine der größten Farmen des Landes aufgebaut. Sie hat 29 Kilometer Straße in den Busch schlagen lassen, zunächst auf eigene Kosten, weil die Regierung nicht half. »Aber jetzt ist der Staat an Bord«, sagt sie. »Natürlich erst, nachdem ich die Dinge ins Rollen gebracht habe.« 10 Millionen US-Dollar investiert Ugandas Regierung in Mama Cheers' Projekt. Offenbar hofft man auch ganz oben, dass ihr gelingt, woran der Staat bisher gescheitert ist: den Norden des Landes zu entwickeln. »I am a shrewd business woman«, sagt Julian. »Ich gebe nicht auf, bis ich bekomme, was ich will.« Nach dem Essen redet sie mit Sophia noch übers Geschäft – und Paul muss sich mit den anderen Männern die Fruchtfliegenfallen ansehen. Dann wird es dunkel. Wir müssen los. Wir haben eine lange Rückfahrt von der Mangofarm vor uns. Und einen Sturm aus Insekten.

Ein paar Tage später sitzen wir abends in unserem Hotel. Die Luft ist lau, der Pool leuchtet blau und Kampala glitzert auf seinen Hügeln. Musevenis Inauguration ist gelaufen, und die Straßen der Hauptstadt sind nicht mehr gesperrt. Unser Hotel-Genosse Akon will mit seiner Entourage am nächsten Tag abreisen. Deswegen gibt es, ihm zu Ehren, ein Abschiedsfest. Die Amerikaner sitzen auf der Terrasse und während sie essen, spielt eine Musikgruppe auf. Es gibt Trommeln und traditionelle Tänze zwischen den Sonnenliegen am Pool. Dann erhebt sich eine Frau. »Musevenis Tochter«, flüstert ein Kellner uns zu. Sie hebt an, zu einer langen Rede. Erst geht es um Ugandas Früchte, die seien die besten der Welt, dann um das Land, das schönste Afrikas, und seine Menschen, alle glücklich und freundlich. Für letzteres sei doch schon der Nil ein Beweis, sagt die Rednerin. Sie erzählt von den Äthiopiern, die einen Staudamm bauen. So etwas würde man in Uganda nie tun, anderen Afrikanern das Wasser wegnehmen. Obwohl man es könnte. Natürlich. Es ist eine ziemlich wirre Ansprache, aber die Amerikaner nicken und klatschen. Nur Akon nicht. Der ist schon wieder verschwunden, sitzt drinnen an der Bar, schaut in sein Handy. Zum Schluss gibt es noch eine Huldigung Musevenis von dem Organisator des Events. »He is our elder, he is our father. We're so happy he is here to ensure our wealth and future.« Dann endet das Fest. Die Amerikaner gehen schlafen, nur wir sitzen noch draußen. Die Nacht ist samtschwarz, irgendwo läuft noch Musik. Vielleicht gehen wir noch einmal los, schauen uns um, holen uns ein paar frittierte Falter aus dem Garten Afrikas. Unser kenianischer Freund hatte recht: Uganda ist wirklich wie ein Film. Es könnte ein guter sein. Und vielleicht endet ja auch irgendwann die Vergangenheit.

+++ Warum in Afrika alles zu teuer ist +++
Von römischen Legionen und Amazon Express
+++ Das alles hier braucht Logistik +++
Techcrunch Battlefield Africa +++ Kenia,
Nigeria, dann der ganze Kontinent +++
Technologie gegen das Chaos +++ Geld
verdienen und Gutes tun +++ Die Scheißangst
der Investoren +++

KENIA/NIGERIA:
Josh Sandler, Jean-Claude Homawoo,
Uche Ogboi | Lori

ALLES LOGISTIK

DIE START-UP-STORY geht so: Ein Mensch ist jung, er hat
Ambitionen und einen Laptop von Apple. Er sieht ein Problem, er will, er kann, er muss es lösen. Nichts ist ihm zu groß.
Wohnen, essen, arbeiten – sogar lieben lässt es sich effizienter. Disruption, Innovation. Er gründet. Er pitcht. Die Welt
passt auf drei Slides. Er sammelt Millionen. Er wird gehypt.
Jetzt wird alles anders. Jetzt wird alles besser. Vielleicht.

Afrika ist jung, es hat die jüngste Bevölkerung der Welt,
es hat Ambitionen und auch Laptops von Apple. In Afrika gibt
es viele Probleme, sie sollen, sie können, sie müssen gelöst
werden. Afrika braucht Disruption, Innovation, Start-up-Na-
tionen, Gründer und Hype. Das geht auf ein Slide: Gestern
war es schlecht, morgen soll es besser werden. Endlich.

Josh Sandler ist 34 Jahre alt. Er ist Südafrikaner und sagt:
»Mein Ziel ist es, ganze Wirtschaftskreisläufe zu optimieren.«
Sandler war Investmentbanker und auf der Harvard Business
School. Jetzt hat er ein Start-up mit Mission. Lori Systems
will Logistik effizienter machen, einfacher, besser. Ein »Uber
für Trucks« wurde die Firma genannt, »Afrikas am schnellsten wachsendes Start-up«, »eine Revolution«. Jean-Claude
Homawoo, Loris Chief Product Officer (CPO), beschreibt es
so: »Wir sind ein technologiegetriebenes Unternehmen mit
dem Ziel, die Produktkosten in Entwicklungsländern zu sen-
ken.« Uche Ogboi, Loris CEO, sagt: »Wir sind die Zukunft
der Logistik.«

Die Geschichte von Lori Systems ist also eine Geschichte großer Worte. Aber auch von großem Erfolg. Sie handelt von drei jungen Menschen. Von Josh Sandler, dem Gründer, Jean-Claude Homawoo, dem Chief Product Officer, und Uche Ogboi, der neuen Chefin. Sie spielt in Südafrika, Kenia und Nigeria. Sie erzählt von Chaos und Containern, von Tech und Trucks, von Staus, Staub, Straßen, von Millionen Kilo und Milliarden Dollar. Es geht um ein großes Versprechen: alles günstiger zu machen. Und um die Wettbewerbsfähigkeit eines ganzen Kontinents. Es ist eine afrikanische Start-up-Story – eine Geschichte über die Natur von Problemen und die Frage: Kann man sie lösen?

SLIDE EINS: Das Problem.

Jean-Claude Homawoo, genannt JC, sitzt in einem Co-Working-Space im 14. Stock eines Büroturms und blickt auf Kenias Hauptstadt. Draußen zacken Nairobis Hochhäuser in den Himmel, Glas und Beton. Im Süden türmen sich Wolken auf, über dem Nationalpark, wo Zebras und Giraffen die Großstadt beäugen. JC lehnt sich zurück. Er liebt das. Das Nebeneinander von grün und grau, von Natur und Metropole. Es erinnert ihn an Hongkong. Auch da hat er einmal gelebt, früher, vor Lori Systems.

Drinnen, im Co-Working-Space, steht eine Saftbar. Es gibt helles Holz, indirekte Beleuchtung und Motivationssprüche an den Wänden. »You are your only limit.« Und: »Don't call it a dream, call it a plan.« Alles hier ist start-up-chic und casual Friday. »Alles hier«, sagt JC, »wurde irgendwann mit einem LKW transportiert.« Loris CPO trägt Sneakers, Chino und ein schwarzes T-Shirt. Er deutet auf die Motivationssprüche, die Säfte, die Stadt vor dem Fenster. Er sagt: »Das alles braucht Logistik.«

Rohstoffe, Güter, Waren – alles muss transportiert werden.

Muss bewegt werden, verpackt, verladen. Logistik, das heißt von A nach B, mit Schiffen und Zügen, mit Trucks und Trägern, auf Schultern, Straßen, Schienen. Es ist der vielleicht grundlegendste Prozess der Weltwirtschaft: die Organisation von Bewegung. Weltweit setzt diese Industrie jedes Jahr 8,6 Billionen US-Dollar um, 345 Milliarden davon in Afrika. 2014 wurden knapp 55 Milliarden Tonnen Fracht transportiert. 2024 sollen es schon 92 Milliarden sein. Ganz Berlin, inklusive aller Häuser, Straßen, Autos, Büroklammern und angebissener Döner, wiegt gerade einmal 2 Milliarden Tonnen. Wir transportieren also ganze Städte um den Globus. Die römischen Legionen, das feststeckende Containerschiff im Suezkanal, Amazon Express und Lieferungen just in time – alles Logistik. »Und deswegen machen Transportkosten einen Teil der Kosten von allem aus«, sagt JC, »von jedem Produkt und jeder Dienstleistung.«

»Nirgendwo«, sagt Uche Ogboi, »sind die so hoch wie in Afrika.« Ogboi sitzt in Loris Hauptquartier, 3800 Kilometer von JC und Nairobi entfernt, auf der anderen Seite Afrikas, in Lagos, Nigeria. Im Konferenzraum stehen Umzugskisten, der Flur riecht nach Farbe. Lori ist gerade erst eingezogen. Aber unten, im Erdgeschoss, hocken bereits Mitarbeiter zwischen Pizzakartons, starren auf Bildschirme, telefonieren. Oben, im Chefbüro, sitzt Uche Ogboi. Der Lärm von unten ist hier nur ein Flüstern. Trotzdem spricht sie laut – und lacht noch lauter. Sie ist CEO und erst Mitte 30, eine große Frau mit hüftlangen Zöpfen, die viel um- und sich durchsetzt: eine Business-Amazone. »In den USA und Europa machen Logistikkosten nur 6 bis 7 Prozent der Warenpreise aus«, sagt sie. »Aber in Afrika können es bis zu 70 sein.«

Das ist das Problem, das Lori lösen will. Es ist eines der größten Afrikas, ein existenzielles, ein start-up-würdiges. Denn wenn Logistik viel kostet, kostet alles zu viel. Zement oder Getreide sind in Afrika häufig drei Mal so teuer wie im Rest der Welt. Das hat Folgen für den gesamten Wirtschaftskreislauf. Teures Getreide heißt teures Mehl heißt Brot, das viel kostet. In vielen Ländern Afrikas sind die Preise deswegen im Weltmaßstab überdurchschnittlich hoch – fürs Wohnen, Essen, Reisen, für beinahe alles. Das verringert die Kaufkraft und hemmt die Entwicklung des Kontinents. Weil es billiger ist, Waren aus China zu importieren statt aus dem Nachbarland, bleibt der innerafrikanische Handel schwach. Weil schlechte Logistik in Afrika produzierte Waren teuer macht, können sie im globalen Wettbewerb nicht mithalten. In Binnenländern wie Uganda, Ruanda oder Burundi ist dieses Problem noch größer. Dort gibt es keine Seehäfen und kaum Schienennetze, nur Straßen und Trucks und Logistik per Laster. Und genau das will Lori revolutionieren.

»Wir verbinden die, die etwas transportieren wollen, mit denen, die etwas transportieren können«, sagt Josh Sandler. Das klingt einfach. Nach minimalem Aufwand und Macbook-Innovation. Aber das ist es nicht. Denn Sandler, Ogboi und JC kämpfen an vielen Fronten gegen viele kleine Probleme und an allen gegen ein großes: das Chaos. »Die meisten denken, Logistik in Afrika sei so teuer wegen Korruption und kaputter Straßen«, sagt Josh. »Aber das Hauptproblem ist viel elementarer.«

Josh Sandler liebt große Zusammenhänge. Er mag Zahlen und Strukturen. Probleme spornen ihn an. Er ist ein Business-Nerd, ein schmaler, dunkelhaariger Mann mit freundlichem Gesicht. Seine Großeltern waren Europäer: lettische und litauische Juden, die nach Südafrika flohen. »Aber als ich vier Jahre alt war«, sagt Josh, »hielten es meine Eltern dort nicht mehr aus.« Sein Vater war Arzt, seine Mutter Sozialarbeiterin. Sie hassten die Apartheid. Beide dachten, sie würde nicht enden. Also zogen sie in die USA. Ihr Sohn ging auf die Highschool. Später studierte er Business. »Nach meinem Bachelor gab es für mich nur zwei Optionen«, sagt Josh, »Investmentbanking – oder Friedenskorps.« So ein Typ ist er: sehr viel Geld verdienen oder sehr viel Gutes tun, Hauptsache große Hebel.

Lori Systems Geschichte begann dann mit einer Mango. Josh war nicht zum Friedenskorps gegangen, sondern zu Lehman Brothers, 2008, pünktlich zur Insolvenz. Die Bank ging pleite und Josh an die Harvard Business School. Dort, in Massachusetts, USA, hörte er zum ersten Mal von den Mangos in Kenia. »Auf der Farm kostete eine Frucht einen halben Cent, aber im Laden drei Dollar«, sagt Josh. »Ein irrer Preisanstieg.« Er schrieb seine Masterarbeit über die Mango. Er flog nach Kenia, nach Afrika. »Nach Hause«, sagt er. Und stellte fest: »Afrikaner zahlen für alles zu viel.« Da war es, ein Problem mit System. Jetzt wollte er wissen: Warum ist das so? Und: Kann man das besser machen?

Kenia ist Afrikas drittgrößte Volkswirtschaft. Das Bruttoinlandsprodukt liegt bei 106 Milliarden US-Dollar. Ein Fünftel davon wird allein in der Hauptstadt erwirtschaftet. Hier begann Josh seine Recherche, in Nairobi, wo Hochhäuser in den Himmel ragen, wo es Luxushotels gibt mit Giraffen im Garten, wo Highways in den Süden führen, nach Tansania und in den Westen, nach Uganda. Das alles sah er. Aber er sah auch: Armut, Slums, kaputte Straßen. Dann fuhr er nach Mombasa, zum wichtigsten Hafen Ostafrikas. 40 Millionen Tonnen Fracht werden hier jedes Jahr umgeschlagen. Container stapeln sich unter Kenias Sonne. Josh Sandler traf Importeure, Exporteure, Betreiber großer Lager – Menschen, die Fracht in Tonnen und LKWs im Dutzend rechnen. Und er begriff zwei Dinge.

Erstens: »Wenn du vierzig Transporteure anriefst«, sagt Josh, »gingen nur zwanzig ans Telefon, nur zehn sagten zu und zum vereinbarten Zeitpunkt tauchten nur drei wirklich auf.« Niemand konnte kalkulieren, wann welche Ware wo sein würde. Alles war intransparent, ineffizient, schlecht gemanagt. Zweitens: »90 Prozent der Zeit standen die Trucks leer herum, weil Angebot und Nachfrage nicht zueinanderfanden.« Das war das Grundproblem, der Fehler im System. Supply and Demand, natürlich, wie bei Uber und Airbnb, Amazon und Ebay. Und Josh Sandler erkannte die Lösung. Es war die klassische Start-up-Formel, einfach und elegant: eine Plattform, die Angebot und Nachfrage miteinander verband.

SLIDE ZWEI: Die Lösung.

»Als ich zu Lori Systems kam«, sagt JC, »war der Laden eine E-Logistik-Plattform ohne E.« Das war 2017. Lori hatte drei Mitarbeiter, ein Dutzend Kunden und einen Haufen Rolodex. »Wir waren eine old school Vermittlungsagentur«, sagt Josh, »mit großen Plänen.« »Daraus mussten wir eine Tech-Firma machen«, sagt JC – und meint mit ›wir‹ vor allem ›ich‹. JC ist kein Mann, der sein Licht unter den Scheffel stellt. Wenn Josh Sandler ein Business-Nerd ist und Uche Ogboi eine Business-Amazone, dann ist er ganz klar: Business-Elite.

Jean-Claude Homawoo ist der Sohn zweier Diplomaten. Sein Vater ist Togolese, seine Mutter kommt aus Sierra Leone. Er wurde in Brüssel geboren, wuchs aber in Afrika auf. Dann lebte er in Paris, in New York, in Hongkong und Lagos, arbeitete für Tech-, Streaming- und Finanz-Start-ups. »Ich bin geografisch agnostisch«, sagt er. JC spricht vier Sprachen und ist in allen geschmeidig. Seine Kultur ist global – und hat trotzdem einen Mittelpunkt. Denn in der Start-up-Welt führen alle Wege irgendwann zu einem der »Big Five« (Google/Alphabet, Amazon, Facebook / Meta Platforms, Apple, Microsoft). In JCs Fall war es Google. 2014 heuerte er bei dem Tech-Konzern an, baute dort die Audio-Werbeabteilung aus. Und während JC in New York Karriere machte, Daten und Werbung verkaufte, gründete Josh Sandler in Nairobi Lori Systems. Er traf Investoren, pitchte, wurde gehypt. Er sammelte 6 Millionen US-Dollar ein – die bis dahin größte Seed-Runde Afrikas. Dann sagte ein Investor: »Ihr braucht einen Tech-Profi.« Und: »Ich kenne den perfekten Mann. Er ist bei Google und heißt Homawoo.« Als Josh JC anrief, zögerte er nicht. »Das war meine Chance, etwas Eigenes mit aufzubauen.« Ein halbes Jahr später zog JC nach Nairobi. »Ich wusste gleich, dass Lori groß werden könnte«, sagt er, »mir war nur nicht klar, wie groß.«

150.000 LKWs fahren jeden Tag über Kenias Straßen. Aber die größte Transportfirma des Landes besitzt gerade einmal 1400 Trucks, die zweitgrößte nur noch 600. Der Markt ist extrem fragmentiert. Wer tonnenweise transportieren will, muss mit etlichen Partnern arbeiten, muss sie alle kennen und alles kontrollieren. Und da setzt Lori an. Aus der »old school Vermittlungsagentur« machten Josh und JC eine Online-Plattform, die Spediteure mit denen verbindet, die etwas transportiert haben wollen, wie Airbnb Vermieter und Mieter. Beide Seiten haben Profile. Beide geben an, was sie brauchen, wann, wo und wie. So entsteht Übersicht. So lassen sich Preise vergleichen. So macht Lori Angebot und Nachfrage sichtbar. Erstkontakt, Auftragsabwicklung, Zahlung – alles läuft über die Plattform, und das im Idealfall automatisch, via App und übers Smartphone, ohne ein einziges Telefonat.

»Dieses Produkt zu bauen«, sagt JC, »war, wie in der Luft einen Flugzeugmotor auszutauschen.« Trial and Error bei vollem Betrieb, auch das ist klassisch Start-up. Regelmäßig wurden neue Features veröffentlicht, neue Probleme gelöst. Nach und nach entstand so eine Logistik-Plattform, die alles macht, außer selber zu fahren. Ist ein LKW unterwegs, wird seine Position über Lori getrackt. Bleibt ein Laster liegen, schickt die Plattform Ersatz. Will ein Grenzer Dokumente sehen, sind die in der App hinterlegt. Lori vermittelt Versicherungen. Lori streckt vor, wenn einem Transporteur Geld für Benzin fehlt. Mit jeder Fahrt sammelt die Firma so Daten. Und je mehr Daten sie sammelt, desto genauer kann geplant werden, desto besser läuft das System, desto kleiner wird das Chaos.

»Es ist eine Win-win-win-Situation«, sagt Josh. Die Transporteure profitieren, weil Lori für sie Kunden akquiriert; weil ihre LKWs seltener leer stehen. Die Firmen, die Fracht bewegen müssen, profitieren, weil sie genauer planen können; weil Kosten sinken, wenn alles effizienter wird. Lori hat Kunden, die nur ein, zwei Touren pro Monat buchen. Aber die meisten sind große Unternehmen, wie Cargill oder Proctor & Gamble, die Hunderte Tonnen von Land zu Land bewegen. Und schließlich – Win Nummer drei – profitiert natürlich Lori selbst. Das Start-up verdient mit. Bei jedem Deal geht ein Anteil an Lori. Wie hoch der ist, will Josh nicht sagen. Auch JC schweigt. Und Uche Ogboi sagt nur: »Industriestandard.« (Heißt: zwischen 8 und 11 Prozent.)

Win-win-win also, keiner verliert – das behaupten Plattformen gerne. Nur stimmt das nicht immer: Unter Airbnb leiden Hotels, unter Uber die klassischen Taxis. »Bei uns ist das anders«, sagt JC. Denn von seinem Start-up profitierten auch LKW-Firmen, die vorher schon da waren. Die Branchen-Dinos sind keine Konkurrenz, sondern Kunden. Deswegen konnte Lori überzeugen. Deswegen wuchs der Einfluss der Firma, wuchs der Umsatz, in den ersten Jahren jeden Monat um 20 Prozent.

2017 gab es Lori nur in einem Land, in Kenia. Josh und JC hatten 30 Mitarbeiter, zehn Kunden auf der Plattform und

300 Trucks online. 2018, nur ein Jahr später, operierte Lori in vier Ländern, hatte über 100 Mitarbeiter, 70 Kunden und 3000 Trucks unter Vertrag. Lori wuchs. Und je größer das Unternehmen wurde, desto größer wurde sein Einfluss. Nur zwei Jahre nach Loris Markteintritt fielen die Transportkosten zwischen Mombasa und Nairobi um 25 Prozent. Vier Monate nachdem die Firma nach Uganda expandiert hatte, sank der Logistikpreis für Getreide dort um 17 Prozent. Die Kosten sanken, der Umsatz stieg. Aber das war nicht genug. »Wir mussten weiter wachsen«, sagt Josh. Denn im Start-up-Geschäft ist das die wichtigste Währung: schnelles Wachstum. Davon leben junge Firmen, das befeuert ihre Vision, dafür suchen sie Geldgeber und verbrennen Millionen, wie ein Laster den Sprit.

Investoren sind für Start-ups, was Mäzene für die Kunst sind. Sie wetten auf das, was morgen groß sein könnte. Sie identifizieren Talente, fördern und fordern. Es ist eine gigantische Industrie, und sie wächst jedes Jahr. 2021 investierten Venture-Capital-Firmen weltweit so viel Geld wie noch nie: 278,7 Milliarden US-Dollar im ersten Halbjahr. Das globale Dry Powder – das Kapital, das in Private Equity Fonds steckt, aber noch nicht investiert wurde – stieg um 300 Milliarden, auf 2,9 Billionen US-Dollar. Das sind fantastische Summen für ein weltweites Spiel. Es wird in China gespielt und in den USA, in Europa und Australien, aber bisher kaum: in Afrika.

»Investoren haben sich mit dem Kontinent lange schwergetan«, sagt Josh. »Ich musste mit 300 reden, bis unsere Finanzierung stand.« »Investoren«, sagt JC, »hatten eine Scheißangst, dass sie ihr Geld nie wiedersehen.« Aber das ändert sich gerade. Afrika hat mit Nairobi, Lagos und Kairo inzwischen drei große Start-up-Städte. Google und Microsoft eröffnen Hubs auf dem Kontinent, investieren Millionen. Noch fließen nur 0,7 Prozent des weltweiten Risikokapitals nach Afrika. Aber 2021 sammelten Start-ups dort bereits 4,7 Milliarden US-Dollar ein – mehr als in den letzten drei Jahren zusammen. Und für 2022 rechnet die Branche mit neuen Rekorden. »Das Interesse an afrikanischen Start-ups wächst«, sagt Josh, »vor allem in den USA und China.« Auch Loris Hauptinvestoren sind chinesisch: Hillhouse Capital aus Hongkong und Crystal Stream Capital aus Peking. Wie viel sie genau investiert haben, will Josh nicht verraten. Herausfinden lässt es sich trotzdem.

Auf Start-up-Events sind die Gäste jung und ambitioniert. Sie tragen Sneakers und nutzen Laptops von Apple. Sie suchen Kontakte, Anerkennung, Geld. Sie treffen sich beim Elevator-Pitch und chatten am ›Campfire‹. Die Luft summt vor Networking. Der Starkult regiert, aber alle werden geduzt: »War das gerade Elon?« Egal, ob in Berlin, San Francisco, Hongkong oder Lagos, das Spektakel ist groß. Und in Nigeria heißt das größte: TechCrunch Battlefield Africa.

2018 traten JC und Josh hier auf – und kamen gut an. Ihre Slides wirkten. Das Problem wurde klar, die Lösung auch und Lori gefeiert. Das Publikum klatschte. Und mittendrin saß eine Frau, die Sandler und JC noch nicht kannten. Sie arbeitete für einen Investor. Sie hatte Zöpfe bis zur Hüfte. Sie lachte laut.

»Als ich die beiden auf der Bühne sah«, sagt Uche Ogboi, »war ich begeistert.« Der Ex-Investmentbanker und der Ex-Google-Mann mit ihrer Plattform-Idee – das überzeugte sie. Ein Jahr später meldet die Branchenwebsite TechCrunch, Lori habe 2019 30 Millionen Dollar Finanzierung eingesammelt. Hillhouse und Crystal hätten investiert. Und auch Echo VC aus Nigeria – Uches Arbeitgeber – sei bei der Series A dabei gewesen. »Josh und JC hatten brillante Ideen«, sagt Uche. »Aber ich wusste, wie man sie umsetzt.« Ein halbes Jahr lang beriet sie Lori als Investorin. Dann fragte Josh:

»Willst du nicht unsere COO werden?« Also wechselte Uche die Seiten, vom Venture Capital zum Start-up. Sie wurde Chief Operating Officer, und es begann das nächste Kapitel in Loris Geschichte. Zwei Jahre später, 2021, wechselte Josh von der Geschäftsführung in den Vorstand. Und Uche wurde befördert.

SLIDE DREI: Die Gewinner.

Uche Ogboi, nun also CEO von Lori Systems, sitzt in ihrem Büro in Lagos und bemüht sich, zu lächeln. Draußen wird es dunkel, drinnen flackert das Licht. Es war ein langer Tag. Schon wieder. Eine lange Woche. Ein langes Jahr. Uche hat Lori in Nigeria groß gemacht. Die Hälfte des Umsatzes wird inzwischen hier erwirtschaftet. Sie hat sich durchgesetzt, in einem der schwierigsten Märkte der Welt. Und in einer extrem schwierigen Zeit. Sie hat Lori durch die Pandemie gesteuert. Die Firma wächst wieder. Wie stark genau, will aber keiner sagen. Auf unsere Nachfragen gibt es nur Teflon-Aussagen.

Wie hoch ist der Umsatz? »Das verraten wir nicht.«

Und der Gewinn? »Der bleibt geheim.«

Fragen wir, ob Lori für transportierte Ware haftet, antwortet Josh: »Es gibt Systeme, die Haftbarkeit davon abhalten, aufzutreten.«

Fragen wir, wer Loris größter Konkurrent sei, sagt Uche: »Der Status quo.«

Letzte Frage: Warum so kryptisch? »Wir sind vorsichtig mit unseren Zahlen«, sagt JC. »Wir haben Abmachungen mit unseren Investoren«, sagt Sandler. Aber Uche verspricht: »Ich werde das ändern.«

Loris CEO ist Nigerianerin. Das ist eine Nationalität, aber in Afrika auch eine Marke. Nigerianisch sein, das heißt laut, direkt, tonangebend sein, das heißt viel Energie und wenig

Geduld. Nigeria ist extrem. Hier sind die Armen ärmer und die Reichen reicher. Die Karren sind dicker und die Probleme größer. Nigeria ist viel. Zu viel manchmal. Es ist die größte Volkswirtschaft Afrikas. Und das mit Abstand bevölkerungsreichste Land des Kontinents. An seiner Küste liegt Lagos, eine Stadt wie ein Geschwür. 22 Millionen Menschen, die alle kämpfen, um jeden Preis und jeden Meter. Es gibt einen Witz, den Nigerianer immer wieder erzählen: »Wenn die Amerikaner irgendwann auf dem Mars landen, werden sie dort zwei Typen aus Lagos treffen, die gerade einen Vertrag unterschreiben.« Uche Ogboi sagt: »Wer es hier schafft, schafft es überall.«

»In zehn Jahren«, sagt Josh, »sind wir ein globales Unternehmen.« Das klingt im besten Fall nach Ambitionen, im schlechtesten nach Größenwahn. Aber die ersten Schritte auf die ganz große Bühne hat Lori bereits getan. 2021 verkündete die Firma eine Partnerschaft mit Imperial Logistics, einem der größten Logistikunternehmen Afrikas. Mehr als 25.000 Menschen arbeiten für Imperial, der Konzern macht knapp 3 Milliarden US-Dollar Jahresumsatz. Jetzt bekommt er Loris Technologie und das Start-up dafür Zugang zu sieben neuen Märkten in Afrika. Imperial CEO, Mohammed Akoojee, spricht von einem »wichtigen Investment für den ganzen Kontinent«. Und sagt: »Lori löst ein echtes Problem.«

»In Afrika«, sagt Uche Ogboi, »gibt es so viele Probleme – man kann Riesen-Firmen aufbauen, allein indem man sie löst.« Sie steht auf, streicht ihr Kleid glatt, öffnet die Tür. Der Lärm aus dem Erdgeschoss klingt jetzt nach Lokalderby. Uche rauscht aus dem Büro, die Treppe runter. Unten drängen sich Loris Mitarbeiter zu zwanzigst vor dem Fernseher. Ein Videospiel gewittert über den Bildschirm. Es ist 21 Uhr, Freitagabend: Gamenight! Uche taucht in die Menge ein. Hände auf Schultern, Hände mit Pappbechern. »Grab a drink, boss!«

Dann, plötzlich, knallt es, laut und trocken wie ein Schuss. Alle ducken sich. Vor dem Fenster regnet es Funken. Alle lachen. Es war nur die Stromleitung, sie ist gerissen. Das ist auch so ein Problem: die Elektrizität in Lagos, in Nigeria, eigentlich überall südlich der Sahara. Aber irgendwo, in einem Büro am Stadtrand, sitzt sicher schon ein Team daran. Sie sind jung. Sie haben Ambitionen. Und sie wissen, wie es besser geht.

+++ Als Akon und Sean Paul nach Harare kamen +++ Die Born Frees verlassen das Land +++ Der Toilettenkrieg +++ Ein, zwei, drei, vier, fünf, sechs, sieben Unternehmen werden sich doch noch gründen lassen +++ Trends Hair & Nails Beauty Salon +++ Niemand hört einem T-Shirt zu und Champignons brauchen ein Zuhause +++

SIMBABWE:
Nomvula Mhambi | Ambiance,
Disruptive Innovation, Wash, Trends

A SERIOUS SERIAL
SOCIAL ENTREPRENEUR

NOMVULA MHAMBI wurde 1988 in Harare geboren. Und das ist schon der erste wichtige Punkt ihrer Geschichte: das Jahr ihrer Geburt. Denn 1988, das war acht Jahre, nachdem Simbabwe unabhängig wurde, acht Jahre nach dem Ende Rhodesiens. Der Präsident war Robert Mugabe und das Land – offiziell – frei. Deswegen nennt man Nomvulas Generation: Born Frees. Die Kinder der 80er waren die Ersten, die nicht unter weißer Herrschaft geboren wurden. Ihnen sollte die Zukunft gehören. Für sie hatten Eltern und Großeltern gekämpft, einen Bürgerkrieg gewonnen – sie sollten es irgendwann einmal besser haben.

Nomvulas Mutter hieß Molly. Sie war alleinerziehend und hatte zwei Kinder. Molly und Nomvula waren nicht nur Mutter und Tochter, sie waren auch Freundinnen. Man hört das noch heute, wenn Nomvula von früher erzählt, diese bewundernde Zuneigung. Molly war Köchin. Sie betrieb für ein paar Firmen in Harare Kantinen. Und Nomvula folgte ihr überallhin. Nichts fand sie faszinierender als den Job ihrer Mutter. Vor allem: die Küche! All die Töpfe, Pfannen, Siebe. Es zischte und brodelte. Zwiebeln wurden angeschwitzt. Süß duftende Dinge. Kuvertüre! Nomvula half mit, eigentlich schon immer. Sie rührte um, schnitt klein. Als sie sechs Jahre alt war, konnte sie ›Schokoladeneclair‹ sagen. Mit acht konnte sie selbst welche backen. So war ihre Kindheit, behütet, warm.

Es waren die 90er-Jahre. Simbabwe ging es damals noch ganz okay. Draußen, vor Mollys Haus, war ordentliche Vorstadt: kleine Gärten, bröckelnde Betonmauern, Nachbarn, die sich kannten. Und zwischen den Häusern, auf den schnurgeraden Straßen Harares, spielten viele Kinder in bunten Kleidern. Ja, in so einer Gegend hätte eine Born-Free-Elite aufwachsen können. Vielleicht hätten sie ihr Land vorangebracht. Es wäre alles ganz anders geworden.

Als Nomvula ein Teenager war und mit lauter Bestnoten aufs Ende der Schulzeit zusteuerte, war von dem Geld, das ihre Mutter für das Studium ihrer Tochter zurückgelegt hatte, nichts mehr übrig. Das heißt: Das Geld war schon noch da – es war nur nichts mehr wert. Die Inflation hatte es aufgefressen. Mollys gesamtes Erspartes reichte noch nicht einmal mehr für einen Laib Brot. Das war das erste Mal, dass Nomvula von ihrem Land betrogen wurde, dass ihr die Zukunft von den politischen Verhältnissen gestohlen wurde. In einem funktionierenden Land hätte sie wahrscheinlich studiert, Karriere gemacht, vielleicht im Management, hätte irgendwann auch so ein Haus am Stadtrand gekauft, nur ein bisschen größer. Aber Simbabwe hat nicht funktioniert und tut es noch immer nicht. Und über all die Hindernisse, die dieses Land ihr errichtet hat, die unendlich vielen Stöckchen, die es ihr zwischen die Beine warf, ist Nomvula Mhambi zu einer Unternehmerin geworden: Eine »Serial Entrepreneur«, die alles macht, sich gegen alle durchsetzt und am Ende – fast – immer gewinnt.

Business Nummer eins: Catering.

»Du solltest weggehen«, hatte ihre Mutter zu Nomvula gesagt. Raus aus Simbabwe. Noch besser: raus aus Afrika. Nomvula hatte Familie in England. Sie hätte dorthin gehen können, arbeiten, studieren. Aber sie wollte nicht. Fast alle ihre Schulfreunde verließen das Land. Die Born Frees flohen vor der Chancenlosigkeit nach Europa, nach Südafrika, nach Australien. Aber Nomvula blieb. »Ich wollte meine Mutter nicht alleine lassen«, sagt sie. »Ich wusste, ich kann das schaffen.« Mit 18 gründete sie ihre erste Firma. Obwohl, das stimmt nicht ganz, sie gründete sie nicht, sie kaufte sie. So machte man das in Simbabwe. Sie lieh sich von ihrer Familie ein bisschen Geld. Dann erwarb sie eine »Shell-Company«, einen bereits eingetragenen Namen und eine Steuernummer, die übrig gebliebene Hülle von etwas Gescheitertem. Das ging schneller, als ein neues Unternehmen bei den Behörden registrieren zu lassen. Nomvulas Hülle hieß »Memko Trading«. »Keine Ahnung, was die vorher gemacht hatten«, sagt sie. »Das war mir einerlei.« Als Erstes benannte sie die Firma um. Aus Memko Trading wurde Ambience – ein Catering-Unternehmen.

Die ersten paar Monate passierte nicht viel. Nomvula machte sich Sorgen. Sie hatte Visitenkarten drucken lassen, mit geschwungenem Schriftzug, passend zum Namen: AMBIENCE. Sie hatte Freunde ihrer Mutter angerufen: Falls jemand ein Fest plane, ein Buffet, irgendetwas – sie stehe bereit. Sogar durch Harares Telefonbuch hatte sie sich gewählt, auf der Suche nach Kunden. »Ja, Telefonbuch. So lange ist das her«, sagt Nomvula. »Es war die Zeit, in der man sich noch High Fives gab.« Dann, nach drei Monaten, kam der Durchbruch. »Es gibt Ghostwriter«, sagt Nomvula. »Ich wurde zum Ghost-Cook.« Am Stadtrand des armen Harare lebte die reiche Elite, in Villen, very british, mit rasierten Rasenflächen. Sie lebten dort gut – »aber sie konnten nicht kochen«, sagt Nomvula. Was für eine Blöße! Das musste vertuscht, jemand heimlich angeheuert werden: Nomvula. Ihr Talent hatte sich herumgesprochen, bei den Reichen, Kochunfähigen. Und vor Cocktailabenden und Häppchenfesten riefen sie Nomvula an. Sie kochte in ihren Küchen, tischte auf ihren Tellern auf – und verschwand pünktlich zum Dinner. Manchmal marschierten vorne schon Gäste auf, während Nomvula hinten noch rumräumte. Dann hörte sie das Geklapper von Absätzen. Küsschen links, Küsschen rechts. Lachen. Lobhudelei für die Hausherrin: »Das hast du alles gekocht? Unglaublich.«

Als Nomvula 20 Jahre alt war, hatte sie bereits drei Angestellte. Sie verdiente Geld. Sie investierte in ein Fernstudium auf einer Uni in Südafrika: Business Management. Und Ambience nahm richtig Fahrt auf. Nomvulas größter Gig: die Basketball- und Kricketspiele in Harare. Sportfans in Simbabwe sind – wie Sportfans überall auf der Welt – vor dem Spiel sehr durstig auf Bier und danach sehr hungrig auf Sachen vom Grill. Und das lieferte Nomvula. Unter der Woche kochte sie begüterten Hausfrauen Beef Wellington zum Angeben. Am Wochenende rauchten ihre Grills vor dem Stadion in Harares ewig blassen Himmel. Es gab Double-Patty-Beef-Burger, Piripiri-Chicken-Burger, Pommes und Wraps. Das gefiel den Fans der National League, das Geschäft lief gut. Nomvula stellte drei Männer ein, zum Schleppen, zum Grillen, zum Aufpassen. »Ich hatte große Pläne«, sagt sie. Aber sie wusste auch: Der Markt war gesättigt. Immer mehr Caterer drückten die Preise immer weiter nach unten. Es war Zeit für ein zweites Standbein.

Business Nummer zwei: Event-Planung.

Nomvula grillte nicht nur für Sportfans und caterte für die Hauptstadt-Elite, sie kochte auch auf Firmenfesten, Privatpartys, sonstigen Sausen. Und fast immer fiel ihr auf: Ihr Essen war gut (»It was amazing«, sagt Nomvula) – aber das Drumherum eher schlecht (»absolute chaos«). Der Dekoration fehlte Konzept, die Musik brachte niemanden zum

Tanzen. Und Nomvula war sich sicher: Luftballons, Blumen-
bouquets, DJs, Gästelisten – das könnte sie auch. Party-Pla-
nerin, also. Das war ein cooles Wort. Neu. Modern. Wie aus
dem US-Fernsehen. Allein so jemanden anzuheuern, machte
die Party gleich besser. Es war ein In-Ding. Weltweit. Event-
Management, das klang nach Nuller-Jahren. Aber in Harare
machte das noch keiner. Die Nische war frei, die Tür weit
offen. Und so wurde aus Ambience Catering Ambience Event
Management.

Viele Menschen im Westen – und damit sind gemeint:
wohlhabende Menschen im Westen – haben die fixe Idee,
dass Armut etwas Absolutes ist und Elend exklusiv. Sie lesen
Zeitungen voller schlechter Nachrichten, schauen tragische
Dokus. So setzt sich die Welt für sie zusammen. Und in dieser Welt leben Afrikaner eben in Hütten. Oder sie entschärfen
Landminen. Oder sie tragen irgendetwas auf dem Kopf durch
die Landschaft. Und (vielleicht auch unbewusst) gehen viele
deshalb davon aus, dass diese Realität das Leben in vollem
Umfang abbildet. Für sie heißt Krise: gar keine Normalität.
Chaos: gar keine Ordnung. Im Kongo herrscht Elend. Wie
könnte es daneben etwas anderes geben? In Äthiopien hungert auch die Hauptstadt. Aber das ist natürlich Unfug. Sogar
im Krieg gibt es kleine Inseln von Normalität. Die Menschen
stehen morgens auf, gehen zur Arbeit und einkaufen, feiern
nachts sogar Partys. Und auch wenn nach der Jahrtausendwende Simbabwes Wirtschaft im Katastrophenmodus war,
die Menschen dort ihre Milliarden-Dollar-Noten in Schub-
karren transportierten, ging das Leben weiter. Musiker machten Musik. Party-Planer planten Partys. Es gab Alltag, kleine
Oasen: Restaurants, Bars, Clubs. Und genau dort begann
Nomvulas Karriere.

Mit Geburtstagspartys fing es an, dann wurde es größer.
Nomvula plante alles – nur keine Hochzeiten. »Dafür fehlt

mir das diplomatische Gespür«, sagt sie, »Familienstreite-
reien, das kann ich nicht.« Bald organisierte sie Events in
Nachtclubs und Bars. Sie entwickelte einen eigenen Stil. Der
gefiel. Sie managte kleine Konzerte und Release-Partys für
Musiker. Nebenbei lief das Catering weiter, die Grill-Statio-
nen vor dem Stadion, die Dinner-Events. Sie arbeitete rund
um die Uhr. Ihr Ruf eilte ihr voraus. Als sie 21 Jahre alt war,
kannte die Szene diesen Namen: Nomvula. Aus Partys mit
50 Gästen wurden Feste für 500. Im September 2010 war es
dann so weit. Ihr Telefon klingelte. Ihr Name war bis ganz
nach oben durchgedrungen. Es kam: das große Konzert.

Business Nummer drei: Entertainment.
　　Am Anfang waren da zwei Männer. Sie waren reich, nein,
richtig reich. Sie wollten eine Party schmeißen, nein, ein
Mega-Event. Ein Club reichte dafür nicht aus. Sie brauchten
ein Stadion. Musiker waren nicht genug. Es sollten Superstars sein. Die Männer waren Millionäre. Der eine war mit
Öl und Gas reich geworden, der andere im Sicherheitsgeschäft. Zusammen gründeten sie eine Firma für Entertain-
ment-Veranstaltungen in Stadiongröße: Zim Swag. Sie mie-
teten die Sportarena von Harare. Sie kauften zwei Superstars
ein: aus den USA sollte der R&B-Sänger Akon kommen, aus
Jamaika der Dancehall-Musiker Sean Paul. Der erste kostete
sie 300.000 US-Dollar, der zwei 250.000. Aber egal. 30.000
verkaufte Tickets sollten das wieder reinholen. Zim Swag
heuerte Sicherheitsmänner an, Logistiker, Techniker – und:
Nomvula Mhambi. Als Stage-Managerin sollte sie dafür sorgen, dass Simbabwes erstes Mega-Konzert gut über die Bühne
ging. »Es war von Anfang an eine Katastrophe«, sagt sie.
　　Zim Swag wollte es extravagant. So viel war klar. Im Stadion sollte eine eigene Kuppelhalle aufgebaut werden, für
VIPs und modernste Lichtsysteme rasende Strahlen ins

Publikum werfen. Es sollte sein wie im Fernsehen, bei MTV.
»Nichts von dem Zeug gibt es in Simbabwe«, sagte Nomvula
den Männern von Zim Swag. »Lasst uns mit lokalem Equipment arbeiten, lokalen Firmen. Ich kenne welche.« Aber die
Männer hörten nicht auf sie. Stattdessen sollte das Zeug aus
Südafrika importiert werden: 60 Tonnen Konzert-Equipment,
bestellt, nur eine Woche vor dem Event. Zwei Tage später
stand fest: Die Fracht würde nicht rechtzeitig ankommen. Die
Container hingen fest, beim Zoll. Irgendjemand war nicht
geschmiert worden. Dann landeten Akon und Sean Paul in
Harare, beide mit voller Entourage. 48 Stunden noch, und
das Stadion war leer. Keine Bühne, keine VIP-Kuppel, keine
Lautsprecher. Die Presse war angereist. Aber es gab nichts
zu sehen. »So«, sagte Akons Manager, »treten wir nicht auf.«
Alles stand auf der Kippe. Nachts um drei klingelte Nomvulas
Handy. Es waren die Chefs von Zim Swag: »Hattest du nicht
etwas von lokalen Firmen gesagt?«

So etwas wie dieses Konzert hatte Nomvula noch nie or-
ganisiert. Noch nicht einmal annähernd. »Es war mein erster
Job dieser Größe«, sagt sie. Sie ließ eine Bühne bauen, irgend-
wie, beruhigte die Journalisten, löste sogar den Spezial-
Sicherheitszaun aus Südafrika beim simbabwischen Zoll aus.
Noch 24 Stunden. Nomvula checkte 15 Vorbands ein, die das
Publikum für Akon und Sean Paul anheizen sollten, ließ back-
stage ein Buffet aufbauen. Sie war völlig allein. Die Chefs von
Zim Swag waren verschwunden, irgendwo Fotos machen mit
den eingeflogenen Stars. Im Stadion wandten sich alle an
Nomvula: Techniker, Sicherheitsleute, Musiker. Noch 12 Stunden. Es wurde Morgen, Mittag, Nachmittag. Es wurde 15 Uhr.
Jetzt hätte es losgehen sollen. Aber die Bühne war noch
immer nicht fertig. Kabel lagen offen, Instrumente verstreut
herum. Es gab keine VIP-Kuppel und schon gar keine MTV-
mäßig rasenden Lichter. Aber rund um das Stadion brodelte

schon die Menge. Zehntausende waren gekommen, mit und ohne Tickets. Von innen hörte man sie brausen, johlen, am Zaun rütteln. Dann, natürlich, die Polizei: Der Zaun müsse abgebaut werden, der Spezialsicherheitszaun aus Südafrika, er sei nicht genehmigt. Die Beamten rissen ihn ein. Die Menge schwappte ins Stadion. Party! Oder, in Sean Pauls Worten: »Shake dat thing, Miss Cana, Cana; Shake dat thing, Miss Annabella; Shake dat thing; yo, Donna, Donna!« Get busy. An Security war nicht mehr zu denken. Die Backstage-Managerin brach zusammen. Weinend lag sie auf dem Boden, umringt von extrateuren Fiji-Mineralwasserflaschen, die für Akon eingeflogen worden waren. »Also«, sagt Nomvula, »habe ich übernommen.«

Sie raste ins Hotel, schnappte sich die Manager der Superstars, schleppte die ganze angereiste Truppe ins Stadion. Sie war jetzt überall. Sie dirigierte die Reste der Sicherheitsmannschaft. Sie schickte die Vorbands raus, entschied, wer mit wem welches Instrument teilen musste. Jetzt! Stroboskoplicht! E-Gitarren! Bassverstärker! Das Publikum feierte. Und dann, endlich, um Mitternacht, traten die Stars auf die Bühne. Erst spielte Akon, dann Sean Paul, dann beide zusammen. Shake dat thing! Es wurde tatsächlich ein Mega-Event. Es ist bis heute das größte Konzert, das jemals in Simbabwe stattgefunden hat.

Nach diesem Abend galt Nomvula als Wunderkind der Entertainment-Industrie. Wer in Simbabwe etwas zu sagen hatte, hatte sie dort gesehen, auf der Bühne, im Publikum, vor dem Zaun, mit den Chefs. Ab jetzt galt: Wenn große Musiker ins Land kamen, organisierte Nomvula die Konzerte. Nach Akon und Sean Paul kamen Lil' Kim, DJ Scratch, Fat Joe und UB40. Ambience Event Management wuchs. Nomvula mietete ein Büro, stellte Assistenten an und einen Manager für die Zahlen. Sie veranstaltete mehrere Festivals mit

internationalen Künstlern, organisierte Sportveranstaltungen, schmiss die große TV-Party, als ein Mann aus Simbabwe »Big Brother Africa« gewann. Sie tat das zwei Jahre lang, dann hatte sie genug. Es war Zeit für etwas Neues.

Business Nummer vier: Disruptive Innovation.
Irgendwann wollte sie keine Musiker mehr, keine Partys. Stattdessen: Gutes tun. Das war schon immer wichtig in Nomvulas Familie. Die Mhambis kümmerten sich. Nomvulas Großmutter war Lehrerin gewesen, ihr Großvater der erste Schwarze Sozialarbeiter in der rhodesischen Armee. Beide kämpften, erst gegen die Kolonialherren, dann gegen die weiße Regierung. Und auch Nomvulas Mutter Molly gab von dem, was sie hatte, immer etwas ab, kümmerte sich um die Nachbarn, die Alten und Kranken, die Kinder. Die Art hat ihre Tochter geerbt, diese Mission. Sie machte sich nie Illusionen über ihr Land. Sie fuhr durch Harare und sah eine kaputte Stadt, Armut, Systemversagen. Sie ging auf Demos. Sie wollte etwas bewegen, mehr verändern als nur die Musik- und Partyszene. Also gab sie 2012 ihren Job auf. Sie war 24 und beendete eine steile Karriere. Wieder gründete sie eine Firma: Disruptive Innovation, eine Marketing-Agentur. »Aber keine klassische«, sagt Nomvula. »Ich wollte nicht die Fehler irgendwelcher Unternehmen mit hübscher PR überschminken.« Aber Sozialarbeiterin wollte sie auch nicht sein. Sie wollte Gutes tun – und Geld verdienen. Disruptive Innovation spezialisierte sich auf die Social-Responsibility-Kampagnen großer Konzerne. Und auf die Öffentlichkeitsarbeit von Hilfsorganisationen.

Auf dem Human Development Index, auch Wohlstandsindikator genannt, liegt Simbabwe auf Platz 150, also weit hinten. Es ist diskussionswürdig, wie aussagekräftig dieser Index ist, aber unbestreitbar heißt das: Das Land ist arm. Und wie überall, wo Armut herrscht, gibt es auch in Simbabwe die, die dagegen kämpfen. Oder das zumindest versuchen. Über eintausend Non-Profit- und Non-Government-Organisationen sind in dem Land tätig. Und mit ihnen Zehntausende nationale und internationale Mitarbeiter, alle mit guten Absichten. Aber dieses Helfenwollen folgt teilweise ziemlich starren Konzepten. Sie wurden im Ausland erdacht, in Europa oder den USA. Im Kontakt mit den Leuten, denen geholfen werden soll, stoßen sie häufig an Grenzen. Schon die Kommunikation ist schwierig. Wie sagt man einer Frau, dass das, was ihr Mann ihr antut, Missbrauch ist, wenn sie bisher ohne ein Wort dafür leidet? Wie spricht man mit Kindern über Aids? Wie betreibt man sexuelle Aufklärung? Die Antwort ist viel zu häufig: mit (mehr oder weniger peinlichen) Cartoon-Heften, mit bedruckten T-Shirts, mit Radio- und Fernseh-Spots. All das verfehlt oft die Zielgruppe. Die Botschaften verfangen nicht, weil sie abstrakt sind und von außen kommen. Gerade bei der Kommunikation in ländlichen Gegenden und mit geschlossenen Communitys (also dort, wo sie eigentlich am meisten gebraucht werden), brauchen NGOs oft selbst Hilfestellung, von lokalen Partnern. Sie brauchen: Marketing für die gute Sache.

Und Nomvulas Firma hielt, was der Name versprach: Sie brach Muster auf. Sie machte es anders – Social Marketing, eine Nische, mal wieder, eine völlig unbesetzte. NGOs beauftragten sie. »Die waren dankbar«, sagt Nomvula. Sie wollten gehört werden. Und mussten Geld ausgeben, aus relativ großen Kommunikations-Budgets. Nomvula und ihr Team folgten zwei Ansätzen. Erstens: Die Message muss aus der Nachbarschaft kommen. So ist der Mensch, er hört eher einem Freund zu als einem T-Shirt. Zweitens: Die Aufklärungsbotschaften der NGOs müssen über ihren Inhalt hinaus einen Mehrwert für ihre Empfänger haben. Die Menschen müssen etwas davon haben, zum Beispiel – natürlich! – Events, Partys, Musik. Innerhalb eines Jahres arbeitete Disruptive Innovation für Dutzende NGOs, unter anderem für so große wie Care International und Oxfam. Nomvula nutzte ihre Beziehungen. Sie kannte die Clubs, Bars, Konzerthallen, die Musiker, Künstler, Grafiker, die Sportler und Schauspieler. Sie ließ Kinder Theater spielen, in der eigenen Nachbarschaft, und im Stück über HIV aufklären. »Wenn deine Tochter es dir sagt, merkst du es dir«, sagt Nomvula. Sie verteilte keine Comichefte, sie ließ die Kinder selbst Comics zeichnen; verschenkte keine T-Shirts, sondern ließ sie die Leute selbst entwerfen. Sie brachte Marketing, Kunst und die gute Sache zusammen. Und die Helfer, die NGOs, bekamen ein aufmerksames, ein partizipierendes Publikum.

Diese Arbeit machte Nomvula über Simbabwe hinaus bekannt. Das Konzert mit Akon war ihr nationaler, Disruptive Innovation ihr internationaler Durchbruch. *Forbes Africa* setzte sie auf seine berühmte »30 under 30«-Liste. Im Jahr 2014 flog Nomvula nach Amerika als Stipendiatin des Mandela Washington Fellowships, des größten und bekanntesten Förderprogramms der US-Regierung für Nachwuchs-Führungskräfte aus Afrika. Mit anderen Teilnehmern verbrachte sie sechs Wochen an Universitäten in den USA, besuchte Seminare, knüpfte Kontakte. Sie gewann 25.000 US-Dollar, Investment für ihre Firma. Sie flog nach Washington, DC, traf den Präsidenten. Nomvula Mhambi aus Simbabwe schüttelte Barack Obama die Hand. Michelle war auch da. »Life Changing«, sagt Nomvula heute. Vor allem die Obamas. Während dieser Zeit in Amerika formulierte sie eine neue Idee. Es war das nächste Unternehmen, das sie gründen wollte. Es brachte sie vor Gericht und auf Konfrontationskurs mit der Stadtverwaltung Harares und einem der größten Konzerne der Welt.

Business Nummer fünf: Wash.

Jetzt also Business Nummer fünf. Nomvula war noch nicht einmal 30 und schon jetzt, ja, da kommt dieses Wort aus hypigen Gründerforen: Serial Entrepreneur. Nur, was heißt das? Auf Wikipedia steht dazu: »Ein Serial-Entrepreneur [beachten Sie im Folgenden die Mischung aus Deutsch und Englisch] gehört zur Gruppe der Habitual-Entrepreneurs. Im Gegensatz zur zweiten Untergruppe der Habitual-Entrepreneurs, dem Parallel-Entrepreneur, ist der Serial-Entrepreneur immer nur an einem Gründungsprojekt gleichzeitig beteiligt.« Okay. Trifft das auf Nomvula zu? Nicht wirklich. Egal. Sie wurde trotzdem immer wieder so genannt, Serial Entrepreneur, in Interviews und Artikeln. Und das immer mit bewunderndem Unterton. Weil Serie nicht nur nach vielen Ideen klingt, sondern auch nach viel Erfolg. Nach viel arbeiten, also viel Geld. Nur trifft das nicht immer zu, auch nicht auf Nomvulas Serien-Episode Nummer fünf: Wash. Es wäre falsch zu sagen, dass es Nomvula dabei gar nicht um Erfolg gegangen sei. Sie war immer eine Geschäftsfrau. Sie wollte immer Geld verdienen. Aber Nomvula will auch gründen, was wirklich gebraucht wird. Sie hat einen Blick für Mängel. Und sie reagiert schnell – sie gründet auch, um zu helfen. Das allein führt nicht immer zu Erfolg. In diesem Fall muss man sagen: leider.

Serial Entrepreneur, für Nomvula hieß das vor allem: in Serie unterwegs sein. Seit sie 18 Jahre alt war, verbrachte sie kaum einen Tag zu Hause. Zwischen Catering, Events, Konzerten und Marketing blieb kaum Zeit für sie selbst. Nomvula arbeitete frühmorgens und spätnachts, war immer mobil, jeden Tag, jede Woche, den ganzen Monat. Obwohl, nein, eben nicht den *ganzen* Monat. »Wenn du deine Tage hattest«, sagt Nomvula, »konntest du in Harare eigentlich nur zu Hause bleiben.« In der ganzen Stadt gab es keine einzige öffentliche Toilette. Im chaotischen Stadtzentrum keine Restaurants oder Cafés mit sauberen Bädern. Es gab keine Sanifair-Abseiten in Kaufhausfluren, keine frischen Taschentücher, Binden, Tampons. Noch nicht einmal einen Ort, um sich die Hände zu waschen. Den Männern war das egal. Sie konnten ja auf die Straße pinkeln, mussten keine Binden oder Tampons wechseln. Für Frauen aber war es eine Katastrophe. So kam Nomvula auf ihre nächste Idee: Wash. Eigentlich ganz einfach – öffentliche Toiletten. Eine Sache, um die sich die Stadt kümmern müsste. Aber in Harare passierte das nicht. Also suchte Nomvula selbst nach einem Weg, die Toiletten zu finanzieren – und das ohne Gebühr. Ihre erste Idee war simpel: Toiletten bauen, Wände zu Werbeflächen machen und vermieten. Firmen hätten dort Waren anpreisen können, zum Ort passend, etwa Hygieneartikel. Es war eine gute Idee. Es hätte funktionieren können. Eine Art Litfaßsäule, in der man sich waschen kann.

Auf die Idee war Nomvula schon früh gekommen. Öffentliche Toiletten – das war einer von vielen Pitches im Marketing-Arsenal von Disruptive Innovation gewesen. Sie hatte das einem Kunden vorgeschlagen: Waschmöglichkeiten und Klos für alle als Teil der Corporate Responsibility. Sie war damit zu Unilever gegangen. Aber Unilever sagte: nein, danke. Man wolle den eigenen Firmennamen nicht an der Wand in Zukunft fraglos schmutziger Toiletten lesen. Das passe nicht zum Image. Also ließ Nomvula das Projekt ruhen. Sie flog in die USA, traf die Obamas. Und als sie zurückkehrte, stellte sie fest: Unilever hatte ihre Idee doch umgesetzt – nur ohne sie. »Zwar schlecht gemanagt und in einem traurigen Zustand«, sagt Nomvula. »Self fulfilling prophecy.« Nomvula verklagte den Konzern. Sie hatte alle Unterlagen, die Beweise, ihren Pitch mit Datum. Damit ging sie vor Gericht. Und da blieb der Fall – und ist es heute noch immer, sieben Jahre später. Weil der Prozess nicht abgeschlossen wurde, verbot die Stadtverwaltung Nomvula ihr eigenes Konzept. Öffentliche Toiletten mit Werbefinanzierung, das war gestorben. Noch schlimmer: An den wirklich wichtigen Orten, mitten in der Stadt, wo viel Verkehr und Gedränge herrscht, wo sich Tausende potenziell waschen müssen, stand immer noch keine Toilette. Die Unilever-Klos waren woanders.

Der 19. November ist Welttoilettentag, und am Welttoilettentag 2015 eröffnete Wash seine erste Anlage. Nomvula hatte das Geschäftsmodell verändert. Statt Werbung wurde jetzt Waschmittel verkauft, für 50 Cent die Packung. Hersteller: eine Firma aus Sambia, ein ausgewiesener Konkurrent Unilevers. Zur Opening-Party kamen Musiker. Bands spielten vor der Toilette auf. Tänzer radschlugen und purzelbaumten über die Straße. Es gab Essen vom Grill, wie früher vor dem Stadion. Standort des Ganzen: Harares zentraler Busbahnhof, ein unbehauener grauer Riesenplatz, Tausende Autos, Menschenmassen, Grillbuden, Staub. Die einzige Toilette, bevor Wash kam: ein offener Abwasserkanal, über den sich die Leute nur in größter Not hockten. Kein fließendes Wasser. Keine Privatsphäre. Dann kamen Nomvulas weiße Container. Der Platz verwandelte sich wie trübes Wasser, das klar wird. Essensverkäuferinnen konnten sich waschen, hatten bessere Laune, verkauften mehr Essen. Busfahrer wuschen sich zwischen den Schichten. Der Gestank ließ nach. Und Nomvula baute aus. Aus einem Container wurden drei. Neben der Anlage installierte sie einen Wassertank für die Versorgung und Solarpaneele für Strom. Zu den Toiletten kamen Duschen. Ein Kiosk machte auf, mit Binden, Tampons, Taschentüchern. Noch mehr Möglichkeiten, Innovationen, Services. So groß wurde Washs Standort, dass Nomvula Personal einstellte. Eine Managerin, zwei Wachleute, sechs Frauen, die putzen. Nomvula sagt: »Hygiene-Hub.« Der Welleneffekt einer funktionierenden Toilette. Erstaunlich. Und alles finanziert von 50-Cent-Waschmittelbeuteln. Überall sonst hätte dieser Erfolg bewirkt, mehr davon zu realisieren. Aber nicht in Harare. Was Nomvula machte, missfiel der Regierung. Die Verwaltung beschloss, einzuschreiten. Tatsächlich verklagte die Stadt sie vor Gericht.

Sie habe gegen Auflagen verstoßen – aber sie wusste nicht gegen welche. Ihr habe die Zulassung gefehlt – doch sie hatte die Genehmigung schwarz auf weiß. Sie habe kein Waschmittel verkaufen dürfen – auch das stimmte nicht. »Ich hatte Glück«, sagt Nomvula. »Die Richterin war eine Frau.« Sie fragte die Gegenseite: Will die Stadtverwaltung von Harare allen Ernstes diese junge Frau verklagen, weil sie eine Toilette gebaut hat?

Nomvula gewann diesen Prozess. Doch die Behörden ließen nicht locker. Immer wieder kam die Polizei, gab es Drohungen und Kontrollen. Woher das alles kam, wurde nie ganz klar. »Wer hier nicht zahlt, wird kleingemacht, egal wie«, sagt Nomvula. Während Nomvula nicht expandieren durfte, machte Unilever weiter Toiletten auf. Irgendwann hatte der Konzern 15 Stück. Nur ganz knapp konnte Nomvula verhindern, dass ihr eigener Standort am Busbahnhof weggenommen wurde, um an Unilever zu gehen. Warum die Verwaltung von Harare einen milliardenschweren internationalen Konzern unterstützt und einer heimischen kritischen Unternehmerin mit begrenztem Budget das Leben schwer macht, kann sich jeder selbst überlegen. Heute, sieben Jahre nach dem Welttoilettentag 2015, hat Wash immerhin zwei Standorte in Harare. »Ich habe um jede einzelne Toilette gekämpft«, sagt Nomvula. Verdient hat sie mit der Anlage sowieso nicht viel. Aber dafür war sie auch nicht gedacht. Dafür hatte Nomvula andere Firmen.

Business Nummer sechs: Trends Beauty Salon.

»Ich weiß nicht, ob ihr das wusstet, aber ich habe mich immer für Mode und Beauty interessiert.« Nomvula hat sogar mal gemodelt, ganz früher, da war sie sieben Jahre alt, in Fernseh-Werbespots. Und später noch einmal, als Teenager. Sie mochte das sehr: dieses unvergleichlich glatte Gefühl noch nie getragener Kleider. Aber es war noch mehr. Nomvula genoss es, zurechtgemacht zu werden. Das bitzelnde Ziehen der Kopfhaut, wenn ihr die Haare zu festen Zöpfchen geflochten wurden. Der Geruch von Wasserstoffperoxid beim Blondieren. Toll. Und lackierte Fingernägel: auch toll. Vor allem, wenn sie lang sind und glitzern. Vermutlich verbringen auf keinem anderen Kontinent Frauen so viel Zeit mit der Pflege ihrer Haare wie in Afrika. Haare sind alles. Und Locken sind aufwendig. Kein Wunder, dass die Beauty-Industrie dort so schnell wächst wie nirgendwo sonst auf der Welt, 10 Prozent jedes Jahr. Logisch, dass Nomvula Mhambi irgendwann beschloss, einen eigenen Beauty-Salon zu eröffnen.

2017 eröffnete sie ein Haar- und Nagelstudio am Stadtrand, in der Nachbarschaft, in der sie aufgewachsen war. Dieses Geschäft lief parallel zu Wash und Disruptive Innovation. Parallel-Entrepreneur – vielleicht trifft es das eher. Nomvula tat sich mit einer Freundin zusammen, stellte zwei Frauen ein: eine für Haare, eine für Nägel. Ihren Laden nannten die zwei Gründerinnen Mo's Salon, nach ihren Müttern, Molina und Molly. Er war von Anfang an ein Erfolg. »Das lag am Gratis-WLAN und an Netflix«, sagt Nomvula. Aber vor allem lag es an der Konkurrenzlosigkeit. Am Stadtrand gab es kaum Beauty-Salons. Um sich die Haare machen zu lassen, mussten Frauen in die Innenstadt fahren, in das Chaos, den Staub, die Toilettenlosigkeit. Schon nach drei Monaten expandierte Mo's Salon. Nomvula und ihre Freundin nahmen ein Zimmer dazu, kauften mehr Waschbecken und Trockenhauben, stellten mehr Frauen ein. Nach einem halben Jahr dachten sie über eine zweite Filiale nach. Dann fand Nomvula heraus: Ihre Freundin hatte sie hintergangen. Sie hatte Pläne und Ideen von ihrem Laptop geklaut und plante jetzt für Unilever öffentliche Waschräume. Mo's Salon fiel dem Toiletten-Krieg zum Opfer. Die beiden trennten sich.

Also das Ganze noch einmal: Salon Nummer zwei, diesmal ohne Co-Gründerin. 2018 eröffnete Nomvula ihren nächsten Laden: »Trends Hair & Nails«. Dieses Mal downtown mit Glasfassade, glänzendem Steinboden, Riesenspiegel. Alles sehr instaworthy. Zur Eröffnung flog Nomvula Stars aus Südafrika ein. Boity, eine berühmte Rapperin, ließ sich vor den Kameras der Journalisten Haare und Nägel machen. Das löste einen Hype aus. Trends war ausgebucht, sofort Harares coolster Beauty-Salon. »Ich dachte schon: Franchise«, sagt Nomvula. Eineinhalb Jahre lang lief der Laden fantastisch. Nomvula beschäftigte zehn Angestellte. Kundinnen reservierten Monate im Voraus. Dann fingen die Probleme an. Es begann mit den Mitarbeiterinnen, sie wollten in US-Dollar bezahlt werden. Die neu eingeführte einheimische Währung verlor an Wert, die Inflation lag wieder bei 700 Prozent. Also entlohnte Nomvula in Dollar. Aber die Kundinnen zahlten weiter mit dicken Bündeln lokalen Geldes, zumindest manche taten das. Andere hatten britische Pfund. Oder Rand aus Südafrika. Oder zahlten per Handy, mit Eco Cash, dem größten Mobile-Money-Service des Landes. Dann schrieb die Regierung die Wechselkurse fest, von RTGS-Dollar auf US-Dollar. Aber die Banken hatten eigene Kurse. Und der Schwarzmarkt hatte die besten. Nomvula führte ihre Bücher in vier Währungen und unter den Bedingungen ständig schwankender Wechselkurse. Irgendwann wurde das Bezahlchaos einfach zu groß. »Wir verloren Geld, obwohl wir ausgebucht waren«, sagt Nomvula.

Sie musste feststellen: Simbabwes Finanzsystem war für einen Friseursalon einfach zu kaputt.

Business Nummer sieben: Pilz-Farmen.

Nomvula mag Pilze. Champignons, Portobello, Austern- und Steinpilze, Pilz-Pizza, Pilz-Pasta, mag sie alles. Aber sie isst das nur selten. Denn Pilze sind in Simbabwe teuer. Sie müssen importiert werden, aus den Nachbarländern Sambia und Südafrika. Das ist völlig überflüssig. Sie könnten auch hier wachsen. Nur züchtet sie keiner. Aus diesen Überlegungen stieg Nomvula ins Pilz-Geschäft ein.

Ihr erstes Projekt als Pilz-Farmerin war eine Champignonzucht. Sie pachtete ein Stück Land außerhalb Harares. Sie hätte es gerne gekauft, aber das ging nicht. »Land zu erwerben ist hier praktisch unmöglich«, sagt Nomvula. Die Probleme sind bekannt: die Behörden, die Bürokratie, die Korruption. Also pachtete Nomvula ein paar Tausend Quadratmeter und errichtete Gewächshäuser darauf. Champignons brauchen ein Zuhause. Sie mögen es dunkel und kühl, und im Sommer benötigen sie eine Klimaanlage. All das ließ Nomvula bauen. 50.000 US-Dollar steckte sie in ihre Farm. Dann lief das Geschäft. Mit acht Mitarbeitern produzierte Nomvula 500 Paletten Champignons – jede Woche. Ihre Pilze kosteten nur halb so viel wie die importierten. Supermärkte und Restaurants rissen sich darum. Nahrung ist teuer in Simbabwe, die Preise liegen häufig deutlich über denen in Deutschland. Man könnte damit sehr viel Geld verdienen. Nomvula gab ihrer Pilz-Farm noch nicht mal einen Namen. »Wir brauchten keine Marke«, sagt sie. Der Bedarf war so groß, wäre ihre Zucht noch bekannter gewesen, hätte sie die Anfragen nicht mehr bedienen können. Nomvula plante weitere Champignon-Häuser, sah schon Pilz-Millionen. Dann brach die Stromversorgung für ihre Farm zusammen: Der öffentliche Transformator war durchgebrannt. Nomvula ging zu den Behörden. Aber die wollten nicht helfen. »Wir reparieren das nur, wenn Sie zahlen«, wurde Nomvula gesagt. Kosten: 12.000 US-Dollar. Das war das Ende der Champignonzucht.

Also stieg Nomvula um, von Champignons auf Portobello-Pilze. Die lassen sich in größeren Mengen produzieren. Und vor allem: ohne Klimaanlage. Portobello-Pilze brauchen nur kaltes Wasser, den Rest regeln sie von allein. Wieder begann die gleiche Kette: Aufzucht, Erfolg, begeisterte Supermärkte, Wachstumspotenzial. Und wieder kam die gleiche Katastrophe. Nur brach diesmal nicht die Stromversorgung zusammen, sondern die mit Wasser. Nomvula wartete monatelang. Die Behörden taten nichts. Die ganze Nachbarschaft blieb ohne fließendes Wasser. Das war es dann. 2020, nach drei Jahren, beendete Nomvula ihre Karriere im Pilz-Sektor. Seitdem sind die Champignons in Harares Supermärkten wieder importiert – und teuer. Und in Nomvulas Keller stapeln sich neben Föhns und Friseurwaschbecken Zuchtboxen für Pilze.

Die nächsten Ventures.

Wir treffen Nomvula im Sommer 2021. Sie ist eine große Frau, bestimmt 1,80, mit blondgefärbten Zöpfen bis zur Hüfte und einer Stimme wie ein Radio-Star, tief und salbei-samtig. Sie lacht viel, immer laut und begeistert, wie über einen etwas derben Witz. Sie fährt eine in die Jahre gekommene grüne E-Klasse und sagt: »Deutsche Autos machen bei Geschäftspartnern immer Eindruck.« In diesem Mercedes fahren wir mit ihr durch Harare. Wir sehen das Stadion, wo Akon gespielt hat, vor dem jetzt viel Obdachlosigkeit herrscht; die Clubs, in denen Nomvula Partys organisiert hat; die Toiletten von Wash mit Duschen und Tampon-Kiosk beim Busbahnhof. Nomvula ist jetzt 33 Jahre alt. Sie hat sich in den letzten 15 Jahren quer durch diese Stadt gearbeitet, hat alles versucht, um hier erfolgreich zu sein. »Wash und Disruptive Innovation laufen immer noch gut und werden auch weiter laufen«, sagt Nomvula. »Aber sie werden das in Zukunft ohne mich tun müssen.«

Denn Nomvula Mhambi geht. Sie kapituliert vor Simbabwe, vor der Korruption, der Dauerkrise, den maroden Strukturen, der Geldunwirtschaft. Jetzt, nach all den Jahren, all den Kämpfen, geht auch sie weg. Wie schon früher ihre Klassenkameraden verlässt Nomvula das Land. Eine weitere Born Free, die woanders frei sein will. Ihre Mutter Molly ist vor ein paar Jahren gestorben. Ihre Großeltern leben schon lange nicht mehr. Nomvula hat zwei Kinder, aber die erzieht sie allein. Nichts hält sie mehr in Simbabwe. »Es bricht mir das Herz«, sagt sie. Dann hält sie eine bittere Rede: »Wir sind die born frees, ja. So werden wir genannt. Aber was haben wir davon? Mal ehrlich? Meine Großeltern wurden von Weißen unterdrückt. Sie waren unfrei. Sie durften Teile der Stadt nicht betreten. Aber sie hatten eine Krankenversicherung, die Schulen waren gut, sie bekamen eine Rente. Sie hatten zwei Häuser. Zwei! Von einem Lehrerinnen- und Sozialarbeitergehalt. Und was habe ich? Was hat meine Generation? Existenzangst.«

2022 will Nomvula ins Nachbarland ziehen, nach Sambia. Sie ist dort mehr als willkommen. Sambia wirbt energisch um Unternehmer. Das Land lockt mit Steuergeschenken und Investitionsprogrammen, will vor allem Gründer, die in die Landwirtschaft gehen. Nomvula hat schon ein Stück Land gekauft. Gekauft, nicht gepachtet. Es ging ganz einfach. Sie will dort eine Pilz-Farm hochziehen, eine große, mit ausreichend Wasser und Strom fürs Gewächshausklima. Und Knoblauch! Den will sie auch züchten. Und dann die ganze Kette, die daran hängt: Trockenpilze, Pilzpulver, Fertigsuppen, Knoblauchgranulat. Von Sambia aus lässt sich das gut exportieren, in alle Nachbarländer, auch nach Simbabwe. Das alles will Nomvula machen. Das ist ihr Plan. »Und wer weiß?«, sagt sie, »vielleicht noch andere Sachen.« Ein paar Firmen werden sich doch noch gründen lassen. Mindestens ein, zwei, drei, vier, fünf, sechs, sieben verschiedene.

+++ Ein heller, freundlicher Ort im Krieg +++
Eine der letzten Wildnisse der Erde +++ Shrimps
im Busch +++ In einer kapitalistischen Welt muss
sich Natur rechnen +++ Sind Jäger etwa
die Guten? +++ Wie man Katastrophen überlebt +++
Die große Elefantenkrise und das Schicksal von
Ben +++ Eine dreibeinige Hyäne mit fiesem
Charakter +++ Rettungsmission bei Nacht +++

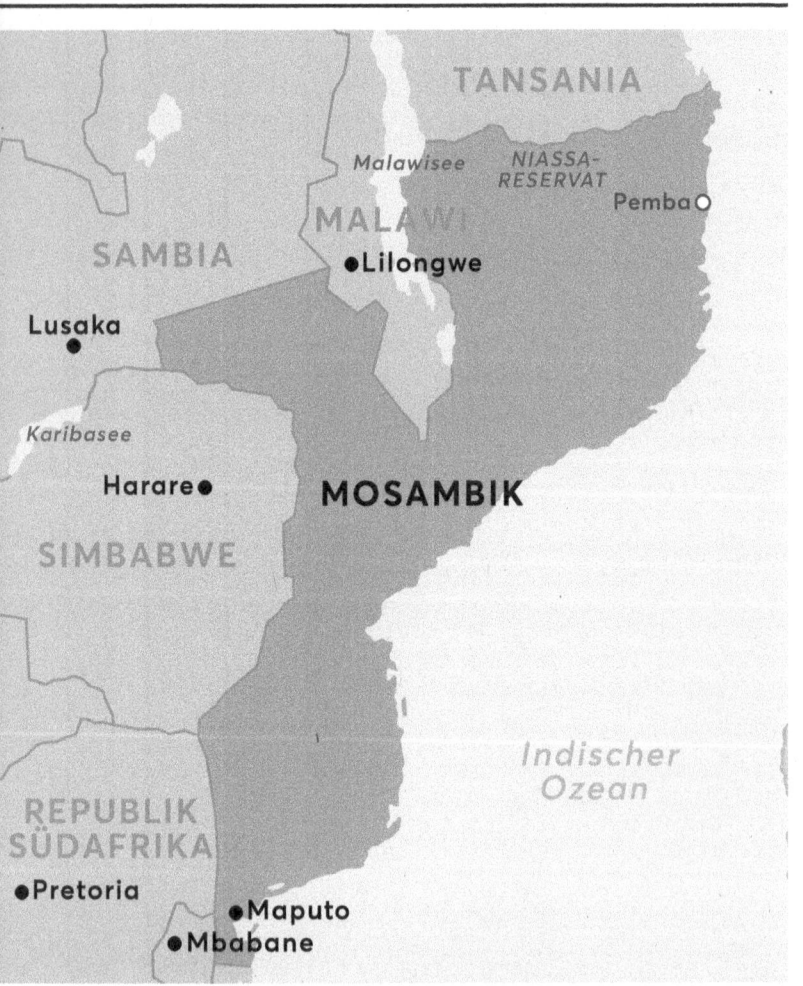

MOSAMBIK:
Derek Littleton | Luwire

PARADISE LOST

ES IST EIN LANGER WEG ins Paradies. Wir verlassen unser
Hotel in Kampala um zwei Uhr morgens. Die Nacht ist heiß,
der Viktoriasee wie Teer. Am Flughafen gibt es Probleme, erst
mit unseren Visa, dann mit den Covid-Tests. Alle sind müde,
plustern sich auf, schreien herum. Im Flugzeug schlafen wir
sofort ein und wachen erst in Südafrika wieder auf. Einen
halben Tag lang warten wir in Johannesburg auf unseren
Anschlussflug. Dann geht es weiter, nach Mosambik. Die
Maschine ist klein, hat nur drei Sitze pro Reihe und nur jede
zweite ist belegt. Aus dem Fenster sehen wir den Indischen
Ozean. Nachmittags landen wir in Maputo, der Hauptstadt,
sandig und vergessen, wie etwas, das zu lange am Strand ge-
legen hat. Am nächsten Morgen fliegen wir weiter: 2400 Kilometer die Küste runter, nach Pemba, in die Provinz Cabo
Delgado. Unser Flugzeug ist alt, eine Propellermaschine,
alles wackelt. Die Lokalzeitung, die auf den Sitzen liegt, berichtet von Unruhen. Auf der Titelseite Männer mit A Ks und
beunruhigende Schlagzeilen: »Cabo Delgado – Islamisten
nehmen Geiseln«. Am Abend sitzen wir dann in Pemba am
Meer und hören im Hintergrund Artillerie donnern. »Keine
Sorge«, sagt einer, »die schießen sich nur warm.« Am nächsten Morgen geht es weiter: 15 Stunden lang fahren wir im
Offroader Richtung Westen. Städte weichen Dörfern, Dörfer
Feldern, Felder Wildnis. Als wir unser Ziel erreichen, ist es
stockfinster. Der Kegel unserer Taschenlampe reißt trockenen Waldboden aus der Nacht, Baumstämme, gelbe Augen

blitzen in den Ästen. Wir gehen schlafen, die Welt besteht nur aus Geräuschen: Irgendwo gluckert Wasser, etwas schnüffelt laut vor unserem Zelt. Wir schlafen ein, an einem fremden, dunklen Ort – und wachen auf im Sonnenschein, an einem glitzernden Fluss, wo der Wind in hohe Bäume fährt. Wir haben drei Tage und drei Nächte gebraucht, aber jetzt sind wir da: im Niassa-Reservat, einer der letzten großen Wildnisse der Erde.

»Als ich das erste Mal hierherkam«, sagt Derek, »dachte ich: Jesus! Das ist das Paradies.« Es ist der Abend unseres ersten Tages vor Ort. Wir sitzen auf einem Berg und schauen über den Nationalpark. Der Berg ist aus Granit, rau und warm wie alter Asphalt und so rund und grau wie ein Elefantenschädel. Unter uns windet sich der Fluss Luganda durch die Landschaft. Affen schreien in den Wäldern. Wir trinken Dosenbier aus einer Kühlbox und sehen der Sonne beim Untergehen zu. Alle, mit denen wir den nächsten Monat verbringen werden, sind da. Laura, klein und blond, die britische Zoologin, die hier forscht. Isaac, der junge Naturfotograf, Sonnencremereste im kurz rasierten Haar. Nik, schon 70, aber noch immer groß und stark wie ein Silberrücken. Und natürlich: Derek Littleton, schlank und ledergesichtig. Seinetwegen sind wir hier. Er ist der Mann, dessen Firma diesen Park seit 20 Jahren betreibt – und versucht, ihn zu retten. Derek erzählt, wie er gegen Wilderer gekämpft hat, Minen entschärft, das Paradies verteidigt. Und wie er seinen Kampf finanziert, mit Tourismus, mit Spenden, mit Jagd. Es wird dunkel, das Lagerfeuer knackt. Der Abend riecht nach heißem Stein. »Gute Nacht«, sagt Derek. Im Hintergrund schnarcht Nik. Wir schlüpfen in unsere Schlafsäcke, über uns die Sterne, unten am Fluss ruft ein Löwe. Wir schlafen ein, an einem warmen, friedlichen Ort. Und keiner von uns ahnt, dass das Ende des Paradieses bereits angebrochen ist.

Mosambik, das heißt endlose Sandstrände, postkarten-
blaues Meer. Das Land liegt im Südosten Afrikas, zwischen
Tansania, Malawi, Sambia, Simbabwe und Südafrika. Auf
2800 Kilometern Küstenlinie schmiegt es sich an den Indischen Ozean. Das Klima ist tropisch, die Landschaft wie mit
einem weichen Pinsel gemalt. Vielleicht ist Mosambik eines
der schönsten Länder der Welt. Auf jeden Fall ist es eines der
kaputtesten. Seine Geschichte ist lang, blutig und voller Katastrophen. Sie handelt von Ausbeutung, von den Schätzen
des Landes und den Begehrlichkeiten, die sie bis heute we-
cken. Schon im zehnten Jahrhundert kamen die Araber in
das Territorium des heutigen Mosambik. Sie errichteten Sul-
tanate, bekehrten die Bevölkerung zum Islam – und versklav-
ten Hunderttausende. 1498 landete Vasco da Gama an der
Küste. Es kamen: die Portugiesen. 400 Jahre lang dominier-
ten sie Mosambik, legten Plantagen an, förderten Rohstoffe,
handelten mit Sklaven. Erst 1975 wurde das Land unabhängig – und stürzte in einen Bürgerkrieg. 25 Jahre lang tobte
der Kampf. Ganze Landstriche wurden verwüstet. Als der
Krieg in den späten 90ern endete, war Mosambik eines der
ärmsten Länder der Welt. Und das ist es noch immer. Die
Regierung ist schwach, sie stolpert von einer Krise in die
nächste. Das Bildungssystem ist schlecht, die Lebenserwar-
tung niedrig. Seit 2017 erschüttert wieder ein Aufstand das
Land, dieses Mal in Cabo Delgado. 2021 hat die islamistische
Terrormiliz al-Shabaab große Teile der Provinz unter ihre
Kontrolle gebracht. Die Regierung wirkt machtlos. Sie kann
ihre Bevölkerung nicht schützen und schon gar nicht: die
Natur.

In Mosambik gibt es 236 verschiedene Säugetier-Spezies.
Es gibt 740 Arten Vögel, 225 Arten Reptilien und mehr als
5.500 unterschiedliche Pflanzen. Es gibt Savannen und Berge,
große Seen, Mangrovenwälder, Hochebenen. Diese Natur ist

Mosambiks vielleicht größer Schatz. Aber in den Kämpfen um Geld, Macht und Bodenschätze ist sie oft das erste Opfer. Wilderer töten Elefanten und Löwen. Illegale Minen brechen den Boden auf, verseuchen Gewässer. Wälder sterben durch Holzschlag. Mosambiks Regierung fehlt für Naturschutz das Geld – und häufig auch der Wille. Das Land zu erhalten, seine Tiere zu schützen, fällt deswegen meist privaten Unternehmen und Stiftungen zu. Sieben Nationalparks gibt es inzwischen und sechs große Naturreservate. Das größte davon liegt im Norden des Landes. Es ist 42.000 Quadratkilometer groß. Das ist doppelt so groß wie Südafrikas Kruger-Nationalpark. Oder für Europäer: so groß wie Dänemark. Das ist der Park, um dessen Erhalt Derek Littleton kämpft: das Niassa-Reservat.

Derek ist Mitgründer und Generaldirektor von Luwire. Das steht für Luganda Wildlife Reserve. Luwire betreibt einen Teil des Niassa-Reservats, den Block L7, 4.500 Quadratkilometer groß, eine Wildnis, fast doppelt so groß wie das Saarland. In L7 gibt es Berge aus Granit und 300 Kilometer Flusslauf. In L7 leben Löwen, Leoparden, Elefanten, Antilopen, Büffel, Impalas, Hyänen, wilde Hunde und Hunderte Vogelarten. Sie alle werden von Luwire geschützt. Aber nicht nur sie. Denn Niassa ist zwar wild, aber nicht unbewohnt. 5.000 Menschen leben in kleinen Dörfern im Block L7. Auch sie müssen eingebunden werden in den Naturschutz, ihre Lebensart soll beschützt werden. Auch das macht Luwire. Das alles kostet sehr viel Geld, für Straßen, Autos, Infrastruktur, für 120 Angestellte. Geld, das eigentlich nicht da ist. Denn Luwire ist knapp bei Kasse und war es schon immer. Will die Firma überleben, muss sie Fragen beantworten, die größer nicht sein könnten. Sie sind weit über den Park, über Mosambik, über Afrika hinaus von Bedeutung. Wie kann Naturschutz finanziert werden? Wie können Menschen von einem Land leben, ohne es auszubeuten? Wie kann die Umwelt die Menschen überleben? »Wir sind die Einzigen, die dieses Land beschützen«, sagt Derek. »Wenn wir nicht mehr da sind, geht es verloren.«

Es ist unser dritter Tag im Niassa-Reservat. Wir sitzen beim Frühstück – Rührei, Instantkaffee – und reden über Katastrophen. Das kennt Derek gut. Kollaps, er hat das selbst erlebt. Luwire ist nicht sein erstes Projekt, Niassa nicht sein erster Nationalpark, Mosambik nicht sein erstes Krisenland. Derek wurde 1963 geboren, in Rhodesien, in Salisbury, heute Harare, die Hauptstadt Simbabwes. Seine Urgroßeltern waren Ende des 19. Jahrhunderts in die britische Kolonie gekommen. Sie waren aus Schottland und England ausgewandert, suchten in Afrika nach einem neuen Leben – und fanden es. Wenn Derek von Rhodesien erzählt, wirkt er heute noch wehmütig. »Ich hatte eine fantastische Kindheit«, sagt er. »Nie wieder habe ich einen solchen Zusammenhalt erlebt.« Diese glücklichen Erinnerungen an das Leben früher haben viele (weiße) Rhodesier. Wir haben solche Geschichten immer wieder gehört. Und sind immer wieder zusammengezuckt. Denn Rhodesien war aus unserer Sicht ein Unrechtsstaat, erst Kolonie, dann eine Republik, in der die weiße Minderheit die Schwarze Mehrheit beherrschte. Aber für Derek spielte das als Kind keine Rolle. Er sah ein Land, das besser funktionierte als die meisten drum herum und eine Natur wie ein gigantischer Abenteuerspielplatz. Rhodesien war sein Zuhause. Und als er älter wurde, brach dieses Zuhause zusammen.

Dereks Schule war – wie vieles in Rhodesien – very british: ein Internat namens Plum Tree, Backsteinbauten und hohe Bäume, ein Kricketfeld, die Kinder der Elite in Schuluniformen. Plum Tree Guys machten in Rhodesien Politik, führten das Militär, stellten die Spitze der Gesellschaft. Und: nicht nur die der weißen. »Wir waren nicht Südafrika«, sagt Derek. »Es gab keine Apartheid, die Schule war gemischt.« Die Politik war es jedoch nicht. Obwohl keine 5 Prozent der Bevölkerung weiß waren, hatten die Nachfahren der Europäer die Macht. Das musste scheitern, es war nur eine Frage der Zeit. Schon seit den 1960er-Jahren hatten Unruhen geschwelt. 1975 eskalierte der Bürgerkrieg – und in Plum Tree wurden Waffen ausgegeben. Nachts patrouillierten die älteren Jahrgänge um das Gelände. Vor den Fenstern der Schulgebäude hingen Granatnetze, zum Abfangen von Geschossen. Zwei Mal schlugen Derek und seine Klassenkameraden Angriffe auf ihr Internat zurück. »Meine Definition von Normalität«, sagt er und lacht laut, »ist vermutlich ein bisschen anders als die der meisten Leute.«

Im Niassa Reservat, im größten Camp von Luwire, sitzen wir auf weichen Sofas auf einer Holzterrasse in der Wildnis und genießen die Nachmittagssonne. Im Camp gibt es Zelte für Safaritouristen, Himmelbetten mit Moskitonetzen, Holzkohleöfen für Warmwasser – und einen Abschussplatz für Mörserraketen, »falls der Krieg in den Park kommt«. Es gibt ein Haupthaus mit Deckenventilatoren, kaltes Bier, alte Bücher – und einen Haufen großkalibriger Waffen. Auch die hat Derek besorgt, für die Jagd, aber auch: »zur Sicherheit«. Safari ist eine paradoxe Sache: Luxusurlaub in der Wildnis. Für Safari muss Infrastruktur im Nirgendwo geschaffen werden; die Gäste wollen auch im Busch kaltes Bier trinken, wollen weich schlafen, sich sicher fühlen. Das sorgt im Westen – gerade bei unserer Generation Y – oft für Naserümpfen. Safari, ein Klischee! Ferien für Schnösel, die sich im Herrenausstatter-Khakihemd von Schwarzen Angestellten durch den Busch fahren lassen. Aber: Safari ist eben auch eines der wichtigsten Finanzierungsmodelle für Naturschutz. 2019 setzte die Tourismusbranche in ganz Afrika 168 Milliarden

US-Dollar um. Und kaum ein Tourist reist wegen der Städte oder des Essens hierher. Fast alle kommen wegen der Natur, wegen der Elefanten und Löwen, wegen des Sonnenuntergangs über der Savanne. 50 Prozent des Geldes, das afrikanischen Nationalparks zur Verfügung steht, wird durch Tourismus erwirtschaftet. Und Luwire in Niassa ist keine Ausnahme. »Ohne Gäste von außerhalb gäbe es bald keine Natur mehr, die sich zu besuchen lohnt«, sagt Derek. Es ist die Logik einer kapitalistischen Welt: Damit die Natur gerettet werden kann, muss sie sich rechnen. Im Idealfall könnte so ein selbsterhaltendes System entstehen. Die Natur lockt Touristen, die Touristen finanzieren die Natur. In Tansania funktioniert das bereits. Dort macht Tourismus 11 Prozent der Gesamtwirtschaftsleistung aus; deswegen stehen über 30 Prozent der Landesfläche unter Naturschutz. Das Nachbarland Mosambik ist davon weit entfernt. Und Niassa ganz besonders weit. Weil es so abgelegen ist. Weil es so groß ist. Und weil in einem Teil des Landes Krieg herrscht – mal wieder.

Während der Wochen, die wir im Niassa-Reservat verbringen, leben auch wir luxuriös. Unser Zelt ist schicker als die meisten Hotelzimmer. Auf dem Boden liegt ein Perserteppich. Wir haben eine Kommode aus glänzendem Holz, eine Terrasse mit Flussblick und eine Badewanne. Jeden Abend laufen wir von unserem Zelt zum Haupthaus. Die Luft ist warm und riecht nach Harz, Affen turnen in den Bäumen. Gegessen wird an einer langen Tafel. Zum Dinner gibt es kalten Wein, elektrisches Licht und für ein, zwei Stunden sogar Internet. Die Zoologin Laura arbeitet im Schein ihres Laptops. Nik lacht mit Reibeisenstimme. Isaac sortiert seine Fotos. Und wir rauchen und reden mit Derek, während es dunkel wird und am Ende nur noch der Fluss leuchtet, als hätte er den Tag in seinem Wasser gespeichert. Diese Gespräche werden schnell zu einem Ritual. Derek berichtet von seinem Leben, von 40 Jahren im Busch. Er ist ein guter Erzähler. Er wird nie laut, es sei denn, er lacht. Er genießt es, über seine Abenteuer zu sprechen. Er will dann nicht ernst sein. Er will witzig sein und amüsant. Er will daran glauben, dass das Leben aufregend ist und am Ende gut ausgeht. Und nach ein paar Bier, während Derek erzählt, glauben auch wir daran. Zumindest ein bisschen.

Einmal ist Derek am Lagerfeuer eingeschlafen, das Gewehr in der Hand. Dann wachte er auf, als er mit Tempo in die Nacht gezerrt wurde. Ein Löwe hatte sich den Schlafsack geschnappt und zog ihn davon. »Das war fantastisch!« Derek hat ein Krokodil durch eine Stadt verfolgt, ein Riesentier. Er war betrunken und jagte das Reptil bis zu einem Tümpel auf einem Golfplatz. Dann warf er sich auf es und ritt es wie einen Bullen. Am Ende hatten die Schuppen ihm die Haut von den Oberschenkeln gerissen. »Das war ein Fest!« Derek hatte einmal eine Hyäne als Haustier. Sie hatte nur drei Beine und einen fiesen Charakter. »Sie liebte uns, aber hasste Gäste«, sagt Derek. Jeder Besucher musste ihr mit dem Baseballschläger eins überbraten, bevor er ins Haus kam. »Toll!« Derek hatte Malaria. Derek hatte Denguefieber. Derek hatte eine Virenenzephalitis. Eigentlich hatte Derek alles. Aber er hat überlebt – im Gegensatz zu vielen anderen. Eine Menge seiner Stories enden so: Ein toller Kerl, aber dann hat ihn ein Krokodil gefressen; ein super Typ, aber dann wurde er von einem Nilpferd zermalmt. »Mann«, sagt Derek, »ich kannte viele gute Jungs, die heute nicht mehr leben.«

Was ist das für ein Mann, der so über den Tod spricht? Die Antwort ist auch: ein Junge. Derek ist ein romantischer Mensch, der nie ganz erwachsen geworden ist, der sich trotz aller Katastrophen immer geweigert hat, die Welt zu ernst zu nehmen. Teilweise wirkt das fast zwanghaft. Wenn ihm ein Gespräch zu ernst wird, rettet er sich in einen Witz.

Was wollten deine Urgroßeltern in Rhodesien? »In Ruhe trinken.« Was bräuchte es, damit du hier in Mosambik das Handtuch wirfst? »Eine wirklich scharfe Braut.« Derek ist fast 60 Jahre alt, immer noch attraktiv, ein schlanker Typ mit den katzengeschmeidigen Bewegungen eines Menschen, der sein Leben im Busch verbracht hat. So will er auch wahrgenommen werden. Das ist Teil seiner Inszenierung. Aber es gibt auch andere Tage. Tage, an denen Derek auf der Camp-Terrasse sitzt und sein Gesicht in den Händen vergräbt. Weil mal wieder etwas schiefgelaufen ist, ein Auto kaputtgegangen, etwas gestohlen oder zerstört wurde. Weil mal wieder das Geld fehlt. Dann verzweifelt Derek. Er versteht das nicht. Warum kann es nicht einfacher sein? Er führt Telefonate, wirkt manchmal überfordert. Es lastet viel Druck auf ihm. Diesen Park zu managen, im Krisenland Mosambik, mit 120 Angestellten, Verantwortung für Mensch und Natur, das ist eine fast unmögliche Aufgabe. Man kann leicht an ihr scheitern. Derek hat Angst davor. Er musste schon einmal aufgeben. Er will nicht, dass ihm das noch einmal passiert.

Mit 19 Jahren machte Derek seinen Abschluss im Internat Plum Tree. Der Bürgerkrieg endete. Aus Rhodesien wurde Simbabwe. Der Anführer der Opposition, Robert Mugabe, übernahm die Macht. Für Derek spielte das kaum eine Rolle. Er wollte nicht in die Politik. Er wollte in den Busch. Also fing er an, für die staatlichen Nationalparks zu arbeiten. In Simbabwe wuchs der Safari-Tourismus. Derek führte Besucher durch die Wildnis, verhalf Touristen zu ihren Fotos und Jägern zu ihrer Beute. Aber die neuen Machthaber wollten keine Weißen im öffentlichen Dienst. Also gründete Derek seine eigene Safari-Firma. Er pachtete ein riesiges Stück Land: Wälder und Savanne, vom Bürgerkrieg gezeichnet. Er arbeitete mit der lokalen Bevölkerung, entschärfte Minen, vertrieb Wilderer, lockte Touristen, um den Park zu finanzieren.

Doch dann unterstützten die Menschen in der Region einen Gegner Mugabes – die ganze Gegend fiel bei der Regierung in Ungnade –, und Derek wurde vertrieben. Unter Mugabes Herrschaft wurde Simbabwe immer ärmer. Die Inflation zerstörte die Wirtschaft. Derek war verzweifelt, wusste nicht, wie weiter, bis er einen Mann kennenlernte, der sein Leben veränderte, ohne den es Luwire und das Projekt in Niassa heute nicht geben würde.

Sheik Adel Abdul Rahman Aujan aus Bahrain war ein arabischer Geschäftsmann und als Derek ihn kennenlernte fast eine halbe Milliarde US-Dollar schwer. Sein Unternehmen war die Aujan Group: eine Holding, die im Nahen Osten und Afrika Minen betrieb, mit Konsumgütern handelte, im Tourismus, in der Baubranche, im Sicherheitssektor Geld machte. Adel Aujan hatte die Firma geerbt und stark vergrößert. Er war ein guter Geschäftsmann – und ein begeisterter Jäger. Mitte der 90er-Jahre flog er für ein paar Wochen nach Simbabwe. Und als sein Flugzeug in der Savanne landete, wartete der Mann, der ihn begleiten sollte, schon am Rollfeld: Derek Littleton. »Wir wurden sofort Freunde«, sagt Derek. Aujan sei keiner dieser reichen Araber gewesen, die im Busch nur rumballern wollten. Er liebte die Natur, den Süden Afrikas. Er wollte viel Zeit hier verbringen – und im Idealfall auch investieren. Als es für Derek in Simbabwe schwieriger wurde, nahm Aujan ihn zur Seite. »Flieg für mich nach Mosambik, schau dich da um«, sagte er, »vielleicht können wir dort etwas aufbauen.«

Also stieg Derek im Sommer 1999 in einen Landrover und fuhr von Simbabwe nach Mosambik. Drei Tage brauchte er von Harare nach Pemba, eine harte Fahrt. Er war früher schon in Mosambik gewesen, als Kind, mit seinen Eltern. Sie hatten dort Urlaub gemacht, wie viele andere. Vor dem Bürgerkrieg kamen mehr Touristen nach Mosambik als in den Rest des südlichen Afrikas zusammen. Aber davon war nichts mehr übrig. 25 Jahre Krieg hatten alle Strukturen zerstört. Es gab keine Hotels mehr, kaum passierbare Straßen. Die Bevölkerung war traumatisiert. Wenn Derek durch eines der Dörfer fuhr, rannten die Menschen weg. Sie versteckten sich. Für sie bedeutete ein Auto nur eines: den Tod. »Der ganze Norden lag brach«, sagt Derek. »Es gab nur ein paar Firmen, die Baumwolle produzierten. Und kleine Außenposten des Militärs.« Und mittendrin: das Niassa-Reservat mit all seinen Parzellen, für die Mosambiks Regierung neue Betreiber suchte. Eine Woche lang lief Derek zu Fuß durch das, was sein Zuhause werden sollte, den Block L7. Er schlief auf den Bergen aus Granit. Er sah die Krokodile im Luganda. Er dachte: »Jesus! Das ist das Paradies.« Dann schrieb er Adel Aujan. »Das ist unglaublich schön, aber viel zu groß für uns.« Er dachte, damit hätte es sich. Er fuhr zurück nach Simbabwe. Aber keinen Monat später rief Aujan ihn an. »Ich will da rein«, sagte er. Und: »Wir haben den Zuschlag bekommen.«

Ein Jahr später, im Jahr 2000, gründete Adel Aujan Luwire, machte Derek zum Direktor und pachtete den Park. L7, dieser Riesenblock mit 4.500 Quadratkilometern, kostete Aujan nur 15.000 US-Dollar im Jahr. Es war nicht die Pacht, die das Geld verschlang. Es war: alles andere. Aujan finanzierte den Aufbau der Infrastruktur, die Straßen, die in den Park führen, das kleine Rollfeld für Flugzeuge, die Camps entlang des Flusses. Wie viel genau sein Freund in das Projekt steckte, kann Derek nicht sagen. Nur so viel: Es waren Millionen. 2001 stellte Derek die ersten Scouts ein, bildete sie aus. Er fand seine Leute in der lokalen Bevölkerung. Fast keiner konnte lesen und schreiben, ein Auto fahren, ein Funkgerät bedienen. Nur mit einer Waffe umgehen, das konnten die meisten. Bis heute ist das Personal Luwires größter Kostenblock, er macht über die Hälfte aller Ausgaben aus: die

120 Menschen, die den Park vor Wilderern schützen, die Camps betreiben, Straßen offen halten, Waren aus Pemba 15 Stunden lang ins Hinterland fahren. USAID, die Entwicklungshilfeorganisation der US-Regierung, veröffentlichte 2017 eine Studie. Die Amerikaner berechneten, wie viel effektiver Naturschutz in Mosambik kosten würde. Ihr Fazit: 500.000 US-Dollar im Jahr pro 900 Quadratkilometer. Für Luwire hieße das 2,5 Millionen im Jahr. »So viel hatten wir nie«, sagt Derek. Er lacht. »Bei Weitem nicht.« Er und Aujan hatten eine simple Idee: Ihr Park sollte sich selbst finanzieren, durch Safari-Tourismus. Aber genau daran scheitert Luwire seit 20 Jahren. Denn was Niassa so einzigartig macht, ist gleichzeitig sein Verhängnis: die Wildnis.

Problem Nummer eins: Der Weg ins Paradies ist zu lang. Pemba, die Stadt mit dem nächsten Flughafen, liegt 15 Autostunden entfernt. Problem Nummer zwei: das Wetter. Das Klima in Mosambik ist tropisch. Es gibt eine Trocken- und eine Regenzeit. Und wenn es regnet, ist der Park unpassierbar. Straßen verschwinden im Schlamm. Der Fluss tritt über die Ufer. Fünf Monate lang kommt niemand mehr hinein – oder hinaus. Wenn das Wasser geht, schießt das Gras in die Höhe. Elefantenhoch bedeckt es das Land, ein grünes Meer. Wunderschön anzusehen, aber schlimm zu durchqueren. Wie Stacheldraht schlitzt das Gras Arme und Beine auf. Vor allem aber verbirgt es die Tiere. Sogar ein ausgewachsener Büffel ist nur noch ein Rascheln in den Halmen. Adieu, Fotosafari. Das halbe Jahr über ist der Park also für Tourismus kaum zu gebrauchen – und den Rest der Zeit nur schwer zu erreichen. Die Safari-Gäste, die trotzdem kamen, waren nie genug für Luwire. Sie zahlten 550 Euro pro Nacht. Sie waren begeistert. Aber es blieben immer zu wenige.

In seinen erfolgreichsten Jahren machte Derek mit ihnen gerade einmal 200.000 US-Dollar Umsatz. Allein der Betrieb

der Camps kostete 180.000 pro Jahr. Von Anfang an stand
für Luwire fest: Es brauchte weitere Geldquellen. Adel Aujan
investierte und nach seinem Tod 2017 auch sein Sohn. Die
Araber subventionierten Afrikas Wildnis. Derek reiste um
die Welt, traf NGOs, sammelte Spenden für den Erhalt der
Natur. Aber es war immer noch nicht genug. Währenddessen
traf eine Krise nach der anderen Mosambik, Katastrophen in
Serie, nicht nur für das Land, sondern auch für Luwires Geschäft. 2008 brach die Finanzkrise über die Welt herein. Der
Reichtum schien in Gefahr. Teure Urlaube wurden gestrichen, Safaris kaum noch gebucht. 2011 setzte die EU Mosambiks Fluggesellschaft LAM auf die schwarze Liste, zu gefährlich, zu viele Beinahe-Abstürze. Keine Landung mehr in
Europa – keine Touristen für Mosambik. 2014 kam es vor den
Präsidentschaftswahlen zu Konflikten. Menschen starben.
Das Land wurde zum unsicheren Reiseziel. Seit 2017 weht
im Norden häufiger die schwarze Flagge des IS. Und wo
Köpfe abgeschnitten werden, will niemand Ferien machen.
2019 traf der Zyklon Idai Mosambik. Hunderte starben, Hunderttausende verloren ihr Obdach. Kurz darauf brach die
Cholera aus. Fast 6.000 Fälle, dann war die Krankheit unter
Kontrolle. Aber dann: Covid! Weltweiter Stillstand. Und jetzt,
im Sommer 2021, fahren wir nach Niassa, und in Pemba
donnert wieder die Artillerie. Terror herrscht in Cabo Delgado. Bis heute sind in diesem Konflikt 4000 Menschen gestorben, Hunderttausende wurden in andere Landesteile vertrieben. Kein Tourist kommt mehr hierher. Das alles musste
und muss Luwire überleben. Und wenn Spenden nicht aus-
reichen, wenn die Gäste nicht kommen, wenn die Politik
nichts tut und die Waffen nicht schweigen, dann bleibt für
Naturschutz nur noch ein Finanzierungsmodell: die Jagd.

Foto-Touristen kommen dorthin, wo es schön ist, ungefährlich, leicht zugänglich. Jäger fahren auch ins Krisengebiet,

auch bei schlechtem Wetter. Sie wollen keinen Postkartenaus-
blick, sie wollen Wildnis und Tiere. Und vor allem: Sie zahlen
viel Geld. Der Abschuss eines Wildtieres kann so viel einbrin-
gen wie einhundert Foto-Safaris. Und: Er produziert weniger
Müll als die Ein- und Ausreise Hunderter Touristen, kostet
weniger Ressourcen, lässt Wildnis weitestgehend weiter Wildnis sein. Tiere zu töten, um Tiere zu retten – das klingt paradox. Aber es ist konsequent: Wenn die Natur sich selbst finanzieren soll, sind Tiere Teil ihres Kapitals. Für Luwire war Jagd
deswegen schon früh die wichtigste Einnahmequelle. Jäger
kamen nach Mosambik, um Büffel zu schießen, Löwen, Leoparden, Antilopen und – am Anfang – auch Elefanten. Sie
schossen nicht wahllos, sondern nur alte Tiere, die Derek für
sie ausgesucht hatte. Ein Elefant kostete 100.000 US-Dollar,
ein Löwe 50.000. In Luwires besten Jahren kamen 15 Jäger
im Jahr – und brachten dem Park 700.000 US-Dollar ein.
Zusammen mit dem Geld der Foto-Touristen und den Spenden aus dem Ausland reichte das, gerade so. 2015 machte
Luwire insgesamt 1,5 Millionen Umsatz. Genug, um die
Scouts zu bezahlen und die Camps zu erhalten. So hätte es
weitergehen können, wäre da nicht die Gesellschaft im Westen
gewesen – und ihre Moral.

Issac, der junge Fotograf, kniet vor dem Safari-Auto im
Gras und versteckt sich vor den Impalas. Filigrane Hörner,
hübsche Gesichter – Antilopen sind die Fotomodelle der
Fauna, aber leider sehr scheu, typisch Fluchttier. Issac pirscht
sich an, justiert sein Objektiv. Während er den afrikanischen
Busch fotografiert, sprechen wir im Auto mit Derek über
Europa. Es beschäftigt ihn, was Menschen Tausende Kilometer entfernt, in Berlin, in London, in New York von seiner
Arbeit denken. Mehr noch, es verfolgt ihn. Er kommt immer
wieder darauf zurück, es ist nicht das erste Mal, dass wir mit
ihm über das Thema reden. »Mann, die Leute haben doch

keine Ahnung!«, sagt er. Die Leute, das sind die Großstadt-
menschen im Westen, die gegen Jagd mobil machen, die mit
Petitionen und Aufrufen, auf Demos und im Internet Jäger
Mörder nennen. Und wahrscheinlich hat Derek recht. Wahrscheinlich haben viele von ihnen keine Ahnung. Aber was sie
haben ist: Einfluss. Das liegt an Stars wie Ed Sheeran, Judy
Dench oder Ricky Gervais, die laut ein Ende der Trophäenjagd
fordern. Und an den starken Symbolen, die die Aktivisten
nutzen, an Symbolen wie Cecil.

Cecil war ein Löwe in Simbabwe, ein großes, wunderschö-
nes Tier. Dann wurde Cecil erst mit Pfeil und Bogen ver-
wundet, danach mit dem Gewehr erlegt. Sein Tod löste 2015
einen globalen Shitstorm aus. Bilder von Cecil schmückten
das Empire State Building, der Jäger, ein US-Zahnarzt, stand
zeitweise unter Polizeischutz, Peta forderte seine Hinrich-
tung. Vor allem in den USA und Europa fanden Millionen
Menschen bestätigt, was sie ohnehin schon wussten: Jagd ist
böse. Fluggesellschaften verboten den Transport von Jagdtro-
phäen, Länder ihre Einfuhr. Manche Staaten in Afrika unter-
sagten die Großwildjagd ganz – auch wegen des Drucks aus
dem Westen. Der Tourismusminister Namibias, Pohamba
Shifeta, sagte damals: »Das wird das Ende des Naturschutzes
in Namibia sein.« Auch Wissenschaftler gaben dem Politiker recht. David Macdonald, Professor an der University of
Oxford und einer der renommiertesten Artenschützer der
Welt, sagte nach Cecils Tod: »Ob ich persönlich Löwenjagd
mag, ist irrelevant. Trophäenjagd trägt dazu bei, Hunderttausende Quadratkilometer für Löwen und andere Wildtiere
verfügbar zu halten.« Amy Dickman, Direktorin der Wildlife Conservation Research Unit an der gleichen Universität,
befand: »Trotz der enormen Medienpräsenz dieses Themas
haben Aktivisten noch keine praktikablen Alternativen zur
Sicherung der riesigen Lebensräume, der gefährdeten Arten

und der unschätzbaren biologischen Vielfalt vorgelegt, die derzeit durch Trophäenjagdgebiete erhalten werden.« Selbst die Weltnaturschutzunion IUCN, die die rote Liste gefährdeter Arten führt, stimmt der Aussage der Zoologin zu: Trophäenjagd habe dazu beigetragen, viele Arten zu schützen, unter anderem Nashörner und Elefanten. Es gibt Zahlen, die das bestätigen. Nachdem in Kenia Ende der 70er-Jahre die Trophäenjagd verboten wurde, sanken die Populationen mehrerer Spezies um über 80 Prozent – auch, weil das Verbot keine abschreckende Wirkung auf Wilderer hatte und kein Geld mehr da war, die Tiere vor ihnen zu schützen.

Aber diese Argumente verfangen im Westen kaum – und dort wird die Diskussion geführt. Zahlen und Fakten haben keine Chance gegen Bilder toter Tiere. Kaum jemand will verstehen, dass ausgerechnet weiße Männer mit viel Geld, die im Busch auf große Katzen schießen, zum Naturschutz beitragen sollen. Das ist emotional verständlich. Aber auch eine Tragödie. Die Jagd geht zurück – und vielen Parks das Geld aus. In Niassa reicht es kaum noch fürs Personal. Im Jahr 2020 setzte Luwire nur noch 600.000 Dollar um. »Es hilft nichts«, sagt Derek. »Bis die Gesellschaft sich ändert, müssen wir für den guten Zweck die bösen Jungs sein.« Und: »Es müssen mehr Menschen hierherkommen und das echte Afrika sehen, die Wildnis, die harte, schmutzige, ungeschönte, auseinanderfallende Wahrheit.«

Im Camp am Lugenda geht alles kaputt. Affen reißen an Kabeln, Metall rostet, der Wald schluckt Straßen. Und weil jedes Ersatzteil weit weg und jeder Transport teuer ist, muss alles immer wieder repariert werden, Dutzende Male jedes Jahr wieder. Das macht Nik, der Mann wie ein Silberrücken, ein Südafrikaner. Nik kann alles, weil er schon alles gemacht hat. Er ist 70 Jahre alt, immer noch groß und breit, ein Kerl, mit dem man sich nicht streiten will. Nik ist ein Paradebeispiel für einen bestimmten Typ Mann, den man im südlichen Afrika häufig trifft: Ein Selfmade-Naturbursche ohne Berührungsängste zur Kriminalität. In den letzten 50 Jahren hat er ein Sägewerk betrieben und Holz verkauft, eine Mine besessen und nach Edelsteinen geschürft. Er hat gejagt, Safaris organisiert, mit Metall gehandelt, beim Militär gedient. Und er hat wohl auch mit Waffen gedealt, sie nach Südafrika geschmuggelt, während der Apartheidsstaat vom Rest der Welt sanktioniert war. »Ich habe viele witzige Sachen gemacht«, sagt Nik und lacht wie ein Erdrutsch. »Jetzt bin ich zahm.« Irgendwann, vor 20 Jahren, hat Nik zu Gott gefunden, das Trinken aufgegeben, bei Derek angeheuert. Seitdem würde ohne ihn in Luwires Park kaum etwas funktionieren. Viel mehr wäre kaputt, das Leben noch gefährlicher. Das merken wir spätestens in unserer zweiten Woche, bei einer Rettungsaktion bei Nacht, die nur knapp gut ausgeht.

Wir sitzen mit Nik am Fluss, chillen am Lugenda, als der Notruf reinkommt. Das Funkgerät knistert, es meldet sich einer der Scouts. Dann reißt die Verbindung ab. Nik schaut uns an. Er sagt: »Laura ist kollabiert.« Laura, die Zoologin aus England, hat in Oxford studiert. Jetzt forscht sie in Mosambik zur Entwicklung der Tierpopulationen, ihr Spezialgebiet sind große Katzen. Vor drei Tagen ging sie frühmorgens los. Sie hatte zwei Scouts dabei. Sie wollte zu Fuß quer durch das Reservat, in seinen entlegensten Winkeln Kameras aufstellen. Aber etwas ist passiert. Sie ist zusammengebrochen, im Nirgendwo, nicht mehr ansprechbar. Derek ist nicht zu finden. Niemand weiß weiter. Das Funkgerät schweigt. Nik schnappt sich ein Gewehr, springt in den offenen Jeep. »Ihr kommt mit«, sagt er zu uns, und wir brettern los. Nik tritt den Wagen mit Bleifuß durch den Busch. Zweige peitschen in unsere Gesichter, es riecht erdig nach Büffelkot. Immer wieder hören wir über Funk von den Scouts. Nichts Genaues, nur grobe

Richtungsanweisungen. Sie sind abseits der Straße. Neben einem Berg. Im Westen. Es wird dunkel und die Luft kalt. Über uns spannt sich ein kristallklarer Sternenhimmel auf, der auf einmal nicht mehr romantisch wirkt. Wir sind drei Menschen in einem Auto, ein winziges, dahinhuschendes Licht, auf einer dunklen Fläche, so groß wie ein Land. Wildnis. Wir finden Laura spät in der Nacht. Sie hat hohes Fieber. Sie zittert stark. Es ist Malaria.

»Wir sitzen am Arsch der Welt«, sagt Laura am nächsten Tag. Sie hat keine Angst, aber sie ist wütend. Es geht ihr schlecht, eigentlich müsste sie ins Krankenhaus, aber hier ist keines. Also schluckt sie ihre Pillen und starrt auf den Fluss. »Das hätte so nicht passieren dürfen«, sagt sie. »Das hätte nicht so lange dauern dürfen.« Eigentlich sollte ein Park dieser Größe Notfallpläne haben, funktionierende Systeme für Krisensituationen. Aber in Luwire hakt es auch daran. Auch das ist Teil der Firmengeschichte: Mangel und Überforderung. Wenn kein Geld da ist, geht ein Unternehmen kaputt. Wenn das Unternehmen eine Fläche betreibt, so groß wie ein Staat, geht alles kaputt. In diesem Teil von Niassa stellt Luwire sämtliche Infrastruktur. Die Firma hat die Straßen gebaut, die Brunnen gegraben, die Dörfer elektrifiziert. Luwires Scouts wirken hier als Polizei. Luwires Geländewagen sind die einzigen Fahrzeuge. Aber es fehlt eben an allem, es gibt zu wenig Männer und Waffen, Autos, Funkgeräte, Zelte, medizinisches Equipment, Ordnung, Strukturen, Profis, alles ist knapp, alle sind überfordert. Derek steuert ein riesiges Schiff mit kleiner Besatzung leckgeschlagen durch einen Sturm. Was qualifiziert ihn dafür? »Gar nichts«, sagt Derek. »Ich bin nur der Einzige, der bereit ist, zu bleiben.« Er wird hier nicht weggehen, so viel ist klar. »Wir dürfen nicht zulassen, dass eine der letzten echten Wildnisse der Erde verschwindet, nur weil wir zu lahm sind, uns darum zu kümmern.«

Derek liebt Mosambik. Und er hat sich an diesem Land auch nach zwanzig Jahren nicht sattgesehen. Abends steht er am Fluss, ein Bier in der Hand. Der Himmel leuchtet wie Perlmutt, Baobab-Bäume schimmern in der Dämmerung. Wasser gurgelt. Ein Nilpferd sperrt den Rachen auf, und Derek sagt: »Gott, wie schön das ist.« Er kann ein harter Mann sein, wetterfest, immer bereit für eine ordentliche Kneipen-prügelei, aber über die Tiere im Park spricht er mit sanfter Zuneigung. Löwen nennt er »big yellow fellows«. Hyänen sind »lovely bastards«, die wilden Hunde »funny little dudes«, die Leoparden »nasty beauties«. Derek lebt hier, in diesem Park. Er schaut über die Wildnis wie andere aus ihrem Kü-chenfenster auf den Spielplatz vor der Tür. Der Busch ist sein Zuhause, sein Zufluchtsort, seine Geliebte – und das war schon immer so. Wenn die Politik verrücktspielte und alles zusammenbrach, ging Derek in die Wildnis. Bis heute schläft er am liebsten alleine draußen unter freiem Himmel. »Wenn ich zu lange nicht hier bin«, sagt Derek, »fange ich an, mich unwohl zu fühlen.« Das Reservat ist seine Heimat. Und er nimmt jeden Angriff darauf so persönlich wie andere einen Einbruch in ihr Haus.

Derek hatte einen Freund, er hieß Ben. Er war groß und grau und wog fünf Tonnen. Ben war ein Elefantenbulle. Jeden Tag besuchte er Derek im Camp. Er badete im Fluss und rüsselte in die Safari-Zelte. Ben störte gerne bei den Arbeiten oder blockierte die Straße. Er machte das immer so lange, bis Derek etwas nach ihm warf. Dann ging Ben wieder. Irgend-wann im Jahr 2011 saß Derek mit Nik im Camp. Sie aßen zu Abend, als sie die Schüsse hörten. Die zwei Männer griffen sich ihre Gewehre und rannten los, in Richtung des Lärms. Sie brauchten nur 20 Minuten. Aber sie kamen zu spät »Tan-zanian Axe« – das ist eine Technik, die Wilderer häufig ein-setzen. Dabei schneidet man einem Elefanten nicht beide

Stoßzähne nacheinander ab, sondern sägt gleich das ganze Gesicht weg, mit einer Motorsäge. Das dauert zehn Minuten. Als Derek und Nik Ben fanden, lebte er noch. Das Blut pumpte aus seinem offenen Kopf. Dann starb er. Es war der Beginn einer Zeit, die in Mosambik heute die »Elefantenkrise« heißt.

Die ersten zehn Jahre nach der Gründung von Luwire waren Wilderer kein großes Problem. Es wurden zwar immer wieder Tiere geschossen, aber meistens von Männern aus der Umgebung, die auf Fleisch für ihre Dörfer aus waren. 2011 änderte sich das. Professionelle Wilderer kamen aus Tansania nach Mosambik, Ex-Militärs mit schweren Waffen. Sie rekrutierten junge Männer in den Dörfern, rüsteten sie mit schnellen Geländemotorrädern aus. Innerhalb weniger Monate töteten sie Zehntausende Tiere, schleppten Tonnen von Elfenbein aus den Parks. Von Niassas 13.000 Elefanten überlebten nur 3.000, die meisten von ihnen in L7, in Dereks Block. »Jeden Tag hörten wir Schüsse«, sagt Nik. »Und fast immer kamen wir zu spät.« Aber eben nur: fast immer. Derek und Nik bewaffneten ihre Scouts, zum Teil mit vollautomatischen Waffen. Sie führten Krieg um den Park. Sie verloren Männer. Aber am Ende gewannen sie. »Wir haben uns um die Wilderer gekümmert«, sagt Derek. Er geht nicht ins Detail. Er will nicht davon erzählen. Der Staat tat wenig, um den Elefanten zu helfen. Wenn Wilderer festgenommen wurden, kamen sie häufig am nächsten Tag wieder frei. Aber in Luwire hatten sie Waffen. Wir können uns vorstellen, was Derek meint. Sie haben sich darum gekümmert.

Self-Policing, so nennt Derek das. De facto heißt das: Seine Männer vertreten die Staatsgewalt. Sie arbeiten nicht für die Regierung. Aber die Regierung erlaubt ihnen, im Park für Ordnung zu sorgen – mit allen notwendigen Mitteln. Das ist ein Privileg. Nur so kann Luwire die Natur vor Wilderern, illegalem Holzschlag und Goldsuchern schützen. Aber das bedeutet auch: enorme Verantwortung für viel mehr als nur Tiere. Denn im Block L7 leben 5.000 Menschen, 1.800 von ihnen sind Kinder – die Bevölkerung wächst. Auch sie müssen beschützt werden, vor Terrorismus und Gewalt. Dafür müssen sie Luwire und seinem Management vertrauen, aber das fällt ihnen schwer. Ein Jahrtausend lang lernten die Menschen Niassas von Arabern und Portugiesen: Fremde sind Feinde. Sie wurden versklavt, ausgebeutet, ermordet. Sie widersetzten sich mit Gewalt, enthaupteten Missionare, steckten Köpfe auf Pfähle. Aber vor allem perfektionierten sie einen passiven Widerstand. Sie zogen sich zurück, verschlossen und schweigend, machten nicht mit. Alles, was neu war, lehnten sie ab. Jeden Eindringling missachteten sie. »Es war sehr seltsam, als ich hierherkam«, sagt Derek. »Niemand sprach mit mir. Niemand wollte etwas mit Luwire zu tun haben.« Naturschutz war den Menschen ohnehin fremd. Ein Elefant war eine Gefahr für die Ernte, ein Löwe eine für ihre Kinder. Sie wollten nicht helfen, diese Tiere zu schützen. Sie wollten, dass Luwire wieder verschwand.

Die einheimischen Männer, die für Derek arbeiteten, wurden geächtet; Scouts, die ihre Heimatdörfer besuchten, verprügelt, von den eigenen Familien verstoßen. Die Dorfbewohner ließen Wilderer unterschlupfen, deckten Kriminelle, stahlen Batterien aus Autos, schossen Tiere. Aber dann wurde es besser. Der Bürgerkrieg hatte die Region völlig verwüstet. Es gab wenig Bildung, kaum Krankenversorgung und gar keine Arbeit. Da setzte Derek an. Luwire ließ in den Dörfern Krankenstationen bauen und Schulen, ließ Brunnen bohren und Solaranlagen installieren. Dereks Team holte Ärzte in die Region, Krankenschwestern, Lehrer. Und langsam begriffen die Menschen: dass sie von Luwire profitieren konnten; dass der Lohn der Wilderer nicht in ihren Gemeinden blieb, aber das Geld der Naturschützer schon; dass ein lebender

Elefant für sie wertvoller war als ein toter. Aber am wichtigsten war: Luwire gab den Menschen Arbeit. Von Dereks 120 Angestellten kommen mehr als 100 aus den Dörfern in L7. Die Frauen aus den Gemeinden nähen Uniformen für die Scouts. Die Männer helfen beim Straßenbau. »Ganz langsam bauen wir Vertrauen auf«, sagt Derek und lacht. »Es hat nur zwanzig Jahren gebraucht.«

Eine Stunde dauert es vom Camp am Lugenda bis zum nächsten Dorf am Rand des Blocks. Wir fahren die Strecke in einem offenen Jeep, Nik am Steuer, Derek daneben, wir auf der Rückbank. Es ist noch ganz früh, Tau benetzt die Blätter. Wir sehen wilde Hunde, das ist selten, einen Haufen nervöser Antilopen und ein Nilpferd. Langsam weichen die Bäume zurück, das Land geht auf. Und plötzlich sehen wir, was wir seit Wochen nicht gesehen haben: Menschen. Das Dorf hat ein paar Hundert Einwohner. Die strohgedeckten Hütten sind auf die flache Ebene gewürfelt, die Felder klein und ordentlich. Auf dem Dorfplatz steht ein alter Mangobaum. Nebenan verkauft ein Laden billigen Plastikkram aus China. Natürlich ist dieses Dorf arm, die Häuser haben keinen Strom und kein fließendes Wasser. Natürlich lungern im Schatten schlecht gelaunt aussehende junge Männer und trinken. Aber alles in allem ist das Dorf: ganz normal. Die Menschen begrüßen Derek mit Handschlag. Die Frauen nennen Nik Papa. Sie werden von der Dorfgemeinschaft akzeptiert. Aber wenn es nach Derek geht, ist das erst der Anfang. Luwire soll nicht werden wie der Kruger-Nationalpark, eine eingezäunte, menschenfreie, künstliche Wildnis. Stattdessen sollen die Bewohner der Gegend ihre Natur selbst schützen. Derek will sie ausbilden, sie einbinden – und ihnen Luwire irgendwann übergeben. Das Geld aus Tourismus und Jagd soll komplett in die Dörfer fließen. »Ihre Natur ist ihr größter Schatz«, sagt Derek, »sie sollen davon leben können.« Das ist eine schöne Vision. Das wäre ein Gamechanger für den Naturschutz – und für die Menschen in dieser Region. »Es ist der einzige Weg«, sagt Derek.

Das alles wird Geld kosten. Noch mehr Geld als bisher. Geld, das nicht da ist, weil es mit dem Tourismus nie richtig klappte und mit den Jägern immer schwieriger wird; weil die Katastrophen nicht enden wollen.

Während der Wochen, die wir im Niassa-Reservat verbringen, brodelt der Konflikt in Cabo Delgado am Rand unserer Wahrnehmung wie ein aufziehendes Gewitter. Immer wieder sickern Gerüchte zu uns in den Busch. Wir hören, dass Pemba angegriffen worden ist. Aber das stimmt nicht. Wir hören, dass die russische Söldnergruppe Wagner an den Kämpfen beteiligt war. Aber das lässt sich nicht bestätigen. Es ist ein Krieg, von dem die Welt kaum Notiz nimmt, aber in dem alle mitzumischen scheinen. Die Chinesen haben Interesse an den Rohstoffen im Land, an Sand, Titan und Grafit. Die Franzosen bohren vor der Küste nach Gas. Die ruandische Armee und die südafrikanische Regierung wollen Truppen schicken, um zu intervenieren. Alle streiten um Mosambik, um dieses wunderschöne, arme Land. Und auch in Niassa soll es bereits erste Kämpfe gegeben haben, bewaffnete Männer, die auf Motorrädern in die Dörfer kamen. Niemand weiß, was passieren wird. Nur eines ist klar: Die Einschläge kommen näher.

An einem unserer letzten Abende bekommt Derek Besuch. Ein Freund von ihm ist aus Pemba in den Park gefahren. 12 Stunden lang ist er durchgeheizt, mit einer Styporkiste voll schmelzenden Eises und drei Kilo frischer Shrimps auf dem Beifahrersitz. Am Abend sitzen wir alle zusammen auf der Terrasse am Fluss. Wir essen die Garnelen. Es wird ordentlich getrunken. Dann fängt Dereks Freund plötzlich an zu weinen. Er ist ein großer, schwerer Mann, er heult mit dem ganzen Körper. Tränen strömen über sein Gesicht, seine Schultern zucken. Auch er hat sein Geld mit Tourismus verdient. Er hat ein 5-Sterne-Ressort betrieben, auf einer kleinen Insel vor Pemba. »Ein Paradies«, sagt er. Blaues Wasser, Segelboote, Shrimps. Aber dann, vor einer Woche, kamen die Terroristen. Die Islamisten besetzten die Insel, mit Kalaschnikows und schwarzen Fahnen. »Alles ist weg«, sagt der Mann, »20 Jahre Arbeit, mein ganzes Leben.« Derek legt ihm einen Arm um die Schultern. Ein Whiskey wird nachgeschenkt. Der Freund beruhigt sich. »Wir werden das überstehen«, sagt er, »das gehört einfach dazu.« »Wenn du hier lebst«, sagt Derek, »kannst du nirgendwo anders hin – dafür ist es hier einfach zu schön. Aber du musst immer bereit sein, irgendein aufwendiges Ausweichmanöver zu improvisieren. Weil wir alle wissen: Die nächste Krise kommt bestimmt.«

Nachdem wir aus Afrika zurückgekommen waren, besuchte uns Laura, die Zoologin, in Berlin. Wir saßen zu dritt in unserer Wohnung. Draußen regnete es, und Laura erzählte von Niassa. Nur ein paar Wochen nachdem wir abgereist waren, eskalierte dort die Lage. Die Terroristen stießen weiter in den Park vor. Luwires Personal wurde evakuiert. Alle rechneten mit einem Angriff. Derek verschwand im Busch, mit ein paar Männern und einem Haufen Waffen. Laura war die Letzte, die in die kleine Propellermaschine stieg, die sie aus dem Park brachte. Dann hob der Flieger ab. Der Lugenda glitzerte, das Camp wurde kleiner. Zwei Tage später vibrierte ihr Handy. Sie hatte ein Foto geschickt bekommen – von Derek. Es zeigte: ein Feuer. Das Haupthaus im Camp, die Zelte, die Terrasse am Fluss, alles stand in Flammen. Das war das Letzte, was sie von Derek hörte. Seitdem blieb er verschwunden. Auch wir haben ihm geschrieben, gemailt, angerufen, alles vergeblich. Wir waren uns sicher: Er lebte nicht mehr, sein Paradies schien verloren.

Und dann schrieb Derek doch noch. Kurz vor der Veröffentlichung dieses Buches, im Sommer 2022, poppte auf unseren Handys eine Nachricht auf: »Good to hear from you.« Als wäre nichts gewesen. Schon kam die nächste Nachricht: »Tell me about you, you crazy buggers!« Sonnenbrillenemoji. Ja, schrieb Derek, letztes Jahr seien die Dinge leicht außer Kontrolle geraten, aber: »Wir haben das geregelt.« Wie immer. Der Kampf geht weiter.

+++ Mit den Toiletten fängt es an +++
Das internationale Öl und der Antrieb eines
ganzen Landes +++ Die große Jagd nach Geld
+++ Benzin, Barrels, Brent, da kommt man
gleich ins Geopolitische +++ William will
schlechte Spieler vom Feld nehmen +++ Ein
Kleinstwagen zwischen Pick-ups +++ Gold,
Gold, Gold +++

GHANA:
William Tewiah | Zen Petroleum

GHANA GEGEN
DIE GROSSEN

WILLIAM TEWIAH sind Toiletten wichtig. Er öffnet die Kabinentür, schnuppert prüfend, schaut argwöhnisch. Er hat ein gutes Gesicht dafür: hager, vogelig fast, mit großen Augen hinter der Brille. Die Lüftung lüftet. William nickt. Der Boden glänzt. Er ist zufrieden. Er macht das jedes Mal, bei jeder seiner Tankstellen, in jedem Büro und Depot: Als Erstes checkt William das Klo. »Wenn die Toiletten dreckig sind, kannst du alles andere vergessen«, sagt er. »Damit fängt es doch an.« So soll es also beginnen, das Ende der Herrschaft der multinationalen Konzerne, mit einem sauber geschrubbten Klo.

Denn um nichts weniger geht es William: um den Kampf gegen die ganz Großen, um die Neuordnung einer Industrie. Seine Firma, Zen Petroleum, verkauft in Ghana Millionen Liter Diesel und Benzin. William macht etwas, was in Afrika wenige wagen. Er tritt an, mit einer afrikanischen Firma, gegen Shell und Total, gegen das internationale Öl. »Egal, wie groß der Kampf ist«, sagt William, »gewonnen wird er im Detail.« Mit jedem verkauften Liter also, jedem zufriedenen Kunden, jeder sauberen Kloschüssel. Davon ist er überzeugt. »Man kann alles besser machen«, sagt er. Was er meint, ist: Afrika kann es besser.

Die ersten acht Wochen seines Lebens war William Brite. Er wurde in London geboren, seine Mutter war Engländerin, sein Vater Ghanaer. Die beiden lernten sich in Oxford kennen, wo sein Vater, ein Botaniker, promovierte. Es waren die 1960er-Jahre – für Afrika das Jahrzehnt der Unabhängigkeit, für Großbritannien das Ende des Empires. Keine gute Zeit also, um als weiße Frau einen schwarzen Mann zu heiraten. Erst recht nicht, wenn er aus einer Ex-Kolonie kam. Der Skandal war groß, die Gesellschaft rassistisch – kurz nach Williams Geburt gingen seine Eltern nach Ghana.

Die Familie zog in ein kleines Fischerdorf, nach Saltpond. Unentwegt rauschte der Atlantik, die Luft war salzig, in den Hinterhöfen wuchsen Bananen. In den Nachbarorten Cape Coast und Elmina ragten die Ruinen alter Sklavenforts aus dem Sand – Mahnmale europäischer Verbrechen, zwischen denen William aufwuchs. Die Zeit verging in tropischer Langsamkeit. London, Europa, überhaupt die ganze Welt, war weit weg. Williams Mutter hatte eine kleine Bibliothek aus England mitgebracht. Im Lauf ihres Lebens las sie jedes ihrer Bücher dreimal, bis die Seiten ausgefranst waren und stockfleckig von der Tropenluft. Williams Vater versuchte sich als Hühnerfarmer – und scheiterte. Die Farm warf nichts ab, Hühner wurden gestohlen, Hühner starben. Er war ein strenger Mensch, diszipliniert und gebildet, aber ein schlechter Geschäftsmann. »Er hätte mich fragen sollen«, sagt William. »Ich wusste schon mit sechs, wie man es besser macht.« Jeden Morgen sammelte William Kokosnüsse und verkaufte sie an ein Hotel an der Küste. Das Hotel brauchte bald mehr Nüsse, als er tragen konnte, also stellte er seine Schulfreunde ein. Er ließ sie morgens sammeln und zahlte sie abends aus. Seinen Profit investierte William: in Süßigkeiten, die er in der Schule vertickte. Es war das erste Mal in seinem Leben, dass er es spürte: den Buzz, diese Erregung, die sich einstellt, wenn man etwas kauft und teurer verkauft – wenn man Gewinn macht. Es war das Aufregendste, was er jemals erlebt hatte. Ein Gefühl, das ihn sein Leben lang begleiten würde.

Heute ist William Tewiah 53 Jahre alt und kauft und verkauft noch immer. Nur macht er nicht mehr in Süßigkeiten, sondern in Diesel und Benzin. Zen Petroleum, seine Firma, setzt eine halbe Milliarde US-Dollar im Jahr um. Das klingt nach viel, ist aber wenig. Denn im weltweiten Geschäft mit Öl gibt es eigentlich nur eine Größe: mega. Und nur einen Typ Spieler: die Multis. Gegen sie tritt William an. Und das – bis jetzt – erfolgreich. In Ghana nimmt Zen Shell und Total Marktanteile weg. Die Riesen wanken, zum ersten Mal.

»Sie haben mich nicht kommen sehen«, sagt William. »Sie dachten, ich sei nur ein kleiner afrikanischer Penner.« Es ist acht Uhr morgens in Accra, der Hauptstadt Ghanas. Zens Hauptquartier leuchtet in der Sonne. William fährt vor: in einem Toyota IQ, einem Kleinwagen, den man höchstens mit dem Wort »praktisch« bewerben könnte. Er parkt den IQ zwischen SUVs und LKWs, dann faltet er sich aus dem Wagen. Erst kommen die langen Obama-Beine, dann der Rest: ein Mensch zwischen Strichmännchen und Marathonläufer. William grüßt den Sicherheitsmann, dann die Frau am Empfang. Beide freuen sich: »Good Morning, Boss!« Er nimmt die Treppe in den zweiten Stock, zwei Stufen auf einmal. Wie immer trägt er beigefarbene Chinos und ein Hemd mit Zen-Logo. William Tewiah sieht aus wie sein eigener Tankwart.

2010 – in dem Jahr, als BPs Deepwater Horizon im Golf von Mexiko explodierte – gründete William seine Firma. Inzwischen arbeiten 800 Menschen für ihn. Zen liefert Diesel und Benzin an Kunden im ganzen Land, fast 30 Millionen Liter im Monat, 180.000 Badewannen Treibstoff.

Der Großteil davon kommt mit dem Schiff nach Ghana. Kraftstoff ist ein globales Produkt. Erdöl aus Venezuela, aus Saudi-Arabien, aus Russland und Afrika wird weltweit gehandelt, zu weltweiten Preisen. Dann wird daraus Diesel und Benzin raffiniert: ein internationales Gemisch – ein

Treibstoff-Cuvée. Nur wenige Firmen schieben den Sprit um den Globus, verschiffen, handeln, mischen ihn. Trafigura gehört dazu, Glencore, BP und Shell. An ihnen kommt keiner vorbei. Auch William nicht. Auch er kauft sein Produkt zum Teil bei der eigenen, großen Konkurrenz. In Tankern landet der Stoff in Takoradi und Tema, den größten Häfen Ghanas. Tag und Nacht laufen die Pumpen. Liter auf Liter fließt in die Lager von Zen. Schon früh am Morgen stauen sich Laster vor haushohen Zapfanlagen, an Silos tentakeln Rohre und Schläuche. Warnlicht huscht über Männer und Frauen, Sicherheitshelme, Stahlkappenstiefel. Das hier ist das ewig schlagende Herz von Zen Petroleum. Alles zertifiziert, mit ISO 900:2008 und ISO 14001:2015 und BS OHSAS 18001:2007.

Zen Petroleum verkauft nicht irgendein Produkt, es verkauft den Antrieb eines ganzen Landes, einen Stoff, ohne den keine andere Industrie existieren kann. In den Städten treibt Williams Sprit Mini- und Schulbusse an, Kleinwagen und Laster, die Pick-up-Trucks von Polizei und Politik. Im Landesinneren befeuert er eine ganze Industrie: Ghanas Goldabbau, einen der wichtigsten Wirtschaftszweige des Landes. Gold gehört zu Ghana wie Autos zu Deutschland oder Banken zur Schweiz. Das Land ist der größte Goldexporteur Afrikas. Über einhundert Tonnen werden hier jedes Jahr aus dem Boden geholt. Und dafür braucht es Bagger, Laster und Raupen. Es braucht Sprit, sehr viel Sprit. Sprit im Wert von 350 Millionen US-Dollar, jedes Jahr.

Diesen Treibstoff liefert Zen. Das macht Williams Kerngeschäft aus – und über die Hälfte seines Umsatzes. Als er ins Sprit-für-Gold-Geschäft einstieg, gehörte dieser Markt nur zwei Firmen: Shell und Total. Das war vor mehr als zehn Jahren. Heute beliefert Zen 70 Prozent aller Minen. Den Rest teilen sich Allied und Goil, zwei staatliche Lieferanten. Shell und Total sind völlig verschwunden. Kein einziger Liter mehr kommt von den Multis. William hat ihnen gezeigt, dass ein Afrikaner es besser konnte, aber jetzt will er noch mehr. Er will den Erfolg wiederholen – dieses Mal im Retail-Geschäft. Seit 2019 greift William wieder an. Er eröffnet Tankstellen in ganz Ghana. Auch diesen Markt erobert er, Standort auf Standort, Liter für Liter.

»Elektromobilität kannst du in Ghana vergessen«, sagt William, »die ist noch weit entfernt.« Er sitzt in seinem Büro in Accra, vor dem Fenster steht sein kleiner Toyota zwischen großen Trucks. An den Wänden hängen Fotos großer Maschinen: Bagger, Muldenkipper. »Ohne Öl«, sagt William, »sind wir am Arsch.« Davon gibt es viel, wenn William redet: Ärsche, Penner, Versager. Fuck hier, bloody da. Bei ihm hat das nichts Unziviliertes. Seine Sätze sind geschliffen, eine näselnde Mischung aus britischer Upper class und westafrikanischem Englisch. Er hält nie an – oder inne. Er spricht nicht in Sätzen, sondern in Satzketten. »Die Straßen sind voll«, sagt er, »die Menschen müssen tanken, die Wirtschaft wächst, Motorisierung, Urbanisierung, Industrialisierung, das müssen wir antreiben, schnell und bezahlbar, sonst stockt der Motor, sonst haben sie uns bei den Eiern.« Auch das 21. Jahrhundert ändere daran nichts. Der weltweite Zeitgeist mag grün sein. Ghanas Antrieb bleibt schwarz.

Öl also. Benzin, Barrels, Brent. Da kommt man gleich ins Geopolitische. Öl. Das britische Empire und Persien. Öl. Der gierige Westen und das große Geld. Öl. Amerikas Aufstieg. Öl. Ferraris in der Wüste. Fantastischer Reichtum. Saddams brennende Ölfelder. Öl. Zwei Buchstaben für eine gigantische Sache. Für Öl wurden Kriege geführt, Machtblöcke gegründet, Achsen verschoben. Öl diktiert – die Pendlerpauschale und die Weltpolitik. Öl treibt an – Generatoren und Generationen, Ozeanriesen und Kleinwagen, den Fortschritt, den Wohlstand, die Weltwirtschaft. Öl also. Seit irgendwo der erste Verbrennungsmotor loshustete, wird darum gekämpft. Es ist ein weltweites Geschiebe und Gezerre, bis der letzte Tropfen verbrannt sein wird. Und irgendwo ganz unten in diesem System steckt auch William Tewiah drin und zerrt und schiebt und kämpft mit. Denn auch Zen Petroleum ist Teil der Erdölindustrie, des größten Wirtschaftszweigs der Welt.

Grob lässt sich diese Industrie in drei Bereiche gliedern: Upstream, Midstream und Downstream. Upstream heißt: Rohöl fördern. Also bohren, drillen oder fracken. Der Midstream-Sektor betreibt Pipelines, transportiert, raffiniert, lagert ein. Die Firmen des Downstream-Sektors verkaufen die Ware dann an Endkunden. In diesem globalen Geschäft ist Ghana nur ein winziger Markt. Das Bruttoinlandsprodukt des Landes beträgt 69 Milliarden US-Dollar – nur die Hälfte von Totals Jahresumsatz. Und auch der ghanaische Downstream-Markt ist überschaubar. Umgerechnet 4 Milliarden Euro war er 2020 groß. Allein die deutsche Heimtierbranche setzte im selben Jahr 5,5 Milliarden Euro um. Aber Ghanas Treibstoffverbrauch wächst, in den letzten zehn Jahren um 100 Prozent. Lange schien klar, wer davon profitiert: die Tankstellen mit den großen Namen, die Multis. Aber das könnte sich bald ändern.

Seit 2019 hat William 40 Tankstellen eröffnet, ab 2022 werden jeden Monat zwei weitere hinzukommen. Es ist der nächste Schritt im Zen-Game: Raus aus der Nische, rauf auf die Straße, rein in die Städte. Zens Tankstellen stehen in Großstädten und Dörfern, im trockenen Norden, im verregneten Osten und an der windigen Küste, wo William aufwuchs. Im ganzen Land werben sie für den »Zen Way«, Williams Philosophie. »Zero losses, zero delay«, sagt er, keine Verluste, keine Verzögerung. Zu häufig gehe in Ghana Benzin verloren. Weil beim Transport etwas abgezweigt würde. Weil an der Zapfsäule mehr berechnet als getankt werde. Weil Korruption, Diebstahl, Schlamperei einfach dazugehörten. »Aber bei Zen nicht«, sagt William. »Ein Liter ist ein Liter.« Und: »Mit den Toiletten fängt es an. Wenn du nur einen Fehler tolerierst, bist du geliefert.« Das ist mehr als Ordnungsliebe. Das ist notwendig – weil William Afrikaner ist.

»Wenn ein Multi einen Fehler macht, gilt das als Ausnahme«, sagt er. »Wenn einem Afrikaner das Gleiche passiert, ist das typisch.« Afrikanischen Unternehmern geht es wie Frauen überall auf der Welt – sie müssen dreimal so gut sein für die gleiche Anerkennung. »Unser Ruf ist nicht nur im Westen schlecht«, sagt William. Auch Afrikaner misstrauten Afrikanern. »Eine deutsche Tankstelle? Das ist gut«, sagt er. Eine afrikanische? »Hell no! Die fliegt in die Luft.« Deswegen duldet William keine Fehler, keine zerronnenen Liter, keine fehlenden Klopapierrollen. Weil er sogar in Ghana beweisen muss, dass Afrikaner es besser können.

»Er ist ein Besessener«, sagt Prince Awuley und lacht. Prince, 38, schmale Schultern, breites Grinsen, ist Zens Retail Director. Seit neun Jahren kümmert er sich um Tankstellen, Depots und Umsätze. »Zen wächst sehr schnell«, sagt er. »Schneller als jede andere Oil Marketing Company in Afrika.« Und wie groß ist die Marge? Das will keiner verraten.

»Kleiner als die von Total in Ghana«, sagt William.

»Dünn wie ein Rasiermesser«, sagt Prince.

»Groß genug, um selbst zu investieren«, sagt William.

Keine Investoren, keine Kredite, keine Kontrolle von außen – das ist sein Credo. Budgets, Fünf-Jahres-Pläne, Projektionen – auch die gibt es nicht. »Nur Innovation«, sagt William. »Der Chef will Dinge verändern«, sagt Prince. »Er kann radikal sein.«

»Wäre William nicht extrem«, sagt Payin Marfo, »wäre ich nicht hier.« Payin trägt ihr Haar raspelkurz und einen dunklen

Lippenstift. Bis vor fünf Jahren war sie Unternehmensberaterin. Dann warb William sie ab. »Der gesamte Downstream-Sektor in Ghana hatte das gleiche Problem«, sagt Payin. »Diebe.« Der Verlust war enorm. Nach Personal war Diebstahl Zens zweitgrößter Kostenblock. William verhandelte, bezahlte, bestrafte. Nichts half. Irgendwann fiel ihm auf: Alle Probleme hatten einen gemeinsamen Nenner. »Männer«, sagt Payin Marfo und grinst, als hätte sie das immer geahnt.

Also gründete William 2017 Ladybirds Logistics, eine Zen-Logistiktochter, die nur mit Fahrerinnen arbeitet – und machte Payin zur Direktorin. »Seit wir nur noch mit Frauen fahren«, sagt sie, »wird nichts mehr gestohlen, es gibt keine schweren Unfälle mehr, alles kommt pünktlich an.« Nach eigener Aussage ist Ladybird Logistics das einzige Tanklaster-Logistikunternehmen der Welt, das ausschließlich mit Truckerinnen arbeitet. »Das gibt es bei der Konkurrenz nicht«, sagt William, »nicht in den USA, nicht in Europa.«

In Ghana ist William Tewiah trotzdem noch immer ein Underdog. Seine 40 Zen-Tankstellen stehen gegen 251 von Total. Auf 200 weiteren leuchtet die Shell-Muschel. »Das sind riesige Unternehmen«, sagt William, »die könnten mich morgen plattmachen.« Ihn stört das nicht. Im Gegenteil. Es spornt ihn an. Es ist die Position, auf der er sich am wohlsten fühlt: ein Kämpfer, den keiner kommen sieht, ein Spieler, der unterschätzt wird. Das ist die Rolle, die er als Geschäftsmann kultiviert und als Afrikaner ein Leben lang gelernt hat. William weiß, wie es ist, nicht dazuzugehören. Er ist ein Ghanaer mit einer weißen Mutter, ein Brite mit einem Schwarzen Vater. Er ist ein Quereinsteiger in seiner Branche, ein Firmenchef ohne Studienabschluss. Aber zuallererst war William Tewiah ein armer Junge, der reich sein wollte.

Mit 17 hatte William nur eine Frage: Wo ist das Geld? Die Antwort schien klar: »Ghana war arm«, sagt er. Da war es nicht.

»Aber England war reich.« Da musste es sein. Also zog er dorthin. Er liebte Afrika. Er wollte nicht weg. Aber er musste es wissen: Wo ist das Geld? Es war der 6. Juni 1986, als William in ein Flugzeug stieg. Es begann: die große Jagd nach Geld. William ging dorthin, wohin viele junge Männer gehen, die gut trainierte Muskeln haben, aber keinen Abschluss: in eine Fabrik. Seine Arme arbeiteten, sein Kopf war frei und am Fließband rechnete William: 30 Pfund am Tag sind 150 Pfund die Woche sind 600 Pfund im Monat sind 7200 Pfund im Jahr. Das war ihm nicht genug. Reichtum ist keine Zahl, sondern das Tempo, in dem die Zahlen steigen. Wieder fragte William: Wo ist das Geld? Und da fiel es ihm ein. Es war ganz einfach: bei den Banken.

Also schrieb William einhundert Bewerbungen an einhundert Banken, und eine stellte ihn ein: die Lloyds-Filiale in Farringdon bei Oxford. Letztes bedeutendes Ereignis der Stadt: der Tod des Bischofs von Dublin, der 1456 bei der Durchreise dort starb. Jetzt zählte William hier Schecks, ein ernster, junger Ghanaer im Keller einer britischen Provinzbank. Geld ging durch seine Hände, aber es war nicht seins. »Es war der unterste Boden der Geldwirtschaft«, sagt William. Wieder plagte ihn dieses rasende Uhrenticken verschwendeter Zeit, diese Frage: Wo ist das Geld? Also machte er weiter. Er blieb bei Lloyds, machte seine Banklehre in einem Jahr statt in dreien, schlug sich von der Seite rein in dieses große Geld-Ding England – und landete schließlich in London. Seine Kollegen gingen trinken, versackten in Pubs. William nicht. Freizeit, das Konzept verstand er nicht. Urlaub schon gar nicht. Es hört sich hart an, wenn er davon erzählt. Ein bisschen gnadenlos, ein bisschen einsam. »Manchmal ging es mir schrecklich«, sagt er. Aber am Ende hatte er Erfolg: 1994 landete William bei Merrill Lynch. Es war die Blütezeit des Investmentbankings. Es war diese New-York-London-

Wolf-of-Wallstreet-Kokain-und-Arschlochanzug-Zeit. Und William war mittendrin. Er hatte das Geld gefunden. Da war es, bergeweise. Man konnte es mit beiden Händen scheffeln. Man musste nur hart genug arbeiten. »Jeder Tag hat 24 Stunden«, sagt William, »das sind drei ganze Arbeitstage.«

In Accra ist es inzwischen mittags. Der erste Arbeitstag ist also rum, der zweite hat lange begonnen. William sitzt im Büro mit Lambert Akwa, seinem Marketing-Direktor: jung, freundlich, Teddybärengesicht. Der Chef beäugt Zens neue Werbeplakate wie ein schmutziges Tankstellenklo. »Das Foto von mir kannst du vergessen«, sagt William, »da sehe ich aus wie ein Penner.« Er fragt: »Warum steht das Logo hier?« Und: »Was ist das für ein Schrifttyp?« Lambert lächelt. Er ist das gewohnt. »William interessiert sich für alles«, sagt er. »Das pusht uns.« William lacht, fast beschämt. »Man muss immer in Wettkampfform sein«, sagt er, »immer bereit.« Es gibt über ihn und seine Arbeitsmoral eine Menge Geschichten. Zens Mitarbeiter erzählen sie bewundernd Office-Legenden.

Eine handelt von einem Mann und seinem Vorstellungsgespräch. Der Termin war am Mittwoch, aber weil der Bewerber vom Land kam und den Bussen nicht traute, war er schon montags da. »Wollte mich nur vorstellen«, sagte er, »damit ihr wisst, dass ich in der Stadt bin.« »Du kannst das Vorstellungsgespräch vergessen«, sagte William. »Deinen Lebenslauf auch. Du bist eingestellt.«

In einer anderen geht es um einen Mann namens Paul. Paul arbeitete in der Buchhaltung, und jedes Mal, wenn William den Raum betrat, schaute er auf. »Paul«, sagte William, »wer jedes Mal merkt, dass ich da bin, scheint nicht konzentriert genug zu arbeiten.« Und tatsächlich: Paul war nicht motiviert, Paul gab das zu, Paul musste gehen. »Der ist heute Politiker«, sagt William.

William macht gerne Ansagen. »Ein guter Chef«, sagt er,

»sorgt dafür, dass sich gute Leute wohl- und schlechte unwohl fühlen.« Er sagt: »Man muss lahme Spieler vom Feld nehmen.« Er sagt: »Man muss immer am Ball bleiben.« William spricht von »Mannschaftsgeist«, von »Tuchel, Klopp und Guardiola« – großen Trainern, mit denen er sich gerne vergleicht. In zwei Stunden benutzt er 22 Fußballmetaphern. Fragt man ihn, für welches Team er brennt, sagt er: »Ich bin kein Fußballfan. Ich steh mehr auf Formel 1.«

Mit Ende dreißig hatte William einen schweren Autounfall. Er überlebte nur knapp, lag lange im Krankenhaus. Die Narbe an seiner Schläfe zeugt von dieser Geschichte. »Nach so etwas«, sagt er, »betrachtet man sein Leben anders.« William verließ London und machte sich selbstständig. Er arbeitete in der Schweiz, in Deutschland, in Asien, als Business Analyst für Credit Suisse, UBS und die Deutsche Börse. »Die Summen wurden immer irrer«, sagt er, »aber der Wert meiner Arbeit immer geringer.« Dann starb seine Mutter. Die Welt verlor weiter an Farbe.

2007 kaufte sich William dann, was viele Männer kaufen, wenn sie nach Sinn suchen: einen Porsche. Schon als Kind hatte er von einem 911er geträumt, aber als er ihn jetzt besaß, fühlte es sich nicht richtig an. »Das Leben ist nie so schlimm, wie man befürchtet«, sagt William, »aber auch nie so gut, wie man hofft.« Da hing er nun, am Steuer seines Traumwagens, der dann doch nur ein Auto war, auf der A3 bei Frankfurt und mühte sich ab, während hinter ihm geschwindigkeitsbefreite Deutsche lichthupten und drängelten. Und das war es dann mit Europa. William hatte alles gesehen und alles erreicht. Er setzte den Blinker und nahm die Ausfahrt.

William zog nach Ghana und tat nichts. »Ich war glücklich«, sagt er. Zum ersten Mal hatte er keine Arbeit, keine Verpflichtungen, keinen Druck. Er kaufte Immobilien, um sein Einkommen zu sichern, traf Freunde, um sich nicht zu langweilen. Eines Abends erzählte ihm ein Bekannter von seiner Arbeit bei den Goldminen. Er sagte, er sei unzufrieden mit den Treibstoff-Lieferanten Shell und Total. Er sagte, das benötigte Benzin käme unpünktlich, sei schlecht und dreckig, zum Teil gepanscht. William wusste nichts über das Geschäft mit den Minen. Er wusste nicht, wie viele es gab, wie viel Benzin und Diesel sie verbrauchten. Er wusste nicht einmal, woher das Öl kam oder wie viel es kostete. Aber er sah etwas, das er wiedererkannte, etwas, das er schon öfter gesehen hatte: eine Chance, es besser zu machen.

William erfuhr, dass Ghanas Goldsektor jedes Jahr 350 Millionen Liter Treibstoff schluckt: 6 Prozent des gesamten Downstream-Markts im Land. Er fand heraus, dass Shell 60 Prozent aller Minen belieferte – und Total die restlichen 40. Er stellte fest, dass internationale Firmen Treibstoff-Lagerung und -Transport häufig an lokale Partner outsourcten. Und er begriff, dass das Geschäft einer Oil Marketing Company im Grunde nur aus drei Schritten besteht: einkaufen, transportieren, verkaufen. Das alles verstand er, aber nicht, warum der Markt ausschließlich multinationalen Konzernen gehörte. Also fuhr William jeden Morgen um 4 Uhr früh an die Häfen nach Tema und Takoradi und ins Landesinnere, zu den Minen. Er freundete sich mit Arbeitern an, traf Transporteure, umgarnte Minenchefs. Er lernte alles über Depots und Dieselpreise, über Lieferketten und Logistik. Am Ende war er überzeugt: Das kann ich auch. Das kann ich besser.

Williams erster Kunde war Gold Fields, ein südafrikanischer Konzern, der in Ghana zwei Minen betreibt. Für eine davon gab es 2009 eine Ausschreibung. 3 Millionen Liter Diesel brauchte die Firma, das entsprach circa 3 Millionen US-Dollar. »Ich wusste nicht, ob das viel war«, sagt William, »aber ich wollte da rein.« Also bot er an, die Transportkosten zu übernehmen. Gold Fields schlug ein, mit einer Bedingung:

William sollte den Auftrag teilen, Hälfte, Hälfte, mit dem alten Partner, mit Shell. Für William kein Problem. Für Shell schon. »Sie nannten mich einen Banditen«, sagt er, »das sei unter ihrer Würde.« Aber William blieb bei seinem Angebot: 3 Millionen Liter – zum Selbstkostenpreis. Zen bekam alles, Shell nichts.

William hat das bis heute nicht vergessen. Seine Diagnose ist klar: Das war die typische Geringschätzung westlicher Firmen gegenüber afrikanischer Konkurrenz. »Wenn du ein Afrikaner bist, sollst du faul, korrupt und unzuverlässig sein«, sagt William. »Du sollst nicht gewinnen.« Das mag alles sein. Aber vielleicht versuchte Shell auch nur, einen Auftrag zu halten, gegen einen Mann, der ihren Job umsonst machen wollte. So oder so stand das Ergebnis fest: Das Spiel war angepfiffen. »Und ich wollte gewinnen«, sagt William.

Und Zen gewann. Zen wuchs, Jahr für Jahr. Nach Goldfields erster Mine in Tarkwa folgte die zweite in Damang. Dann kamen die anderen Goldförderer: Asanko Gold, Perseus Mining, Anglo Gold Ashanti. Mine auf Mine wechselte von Shell und Total zu Williams Zen Petroleum. 2013 Iduapriem, 2014 Adansi, 2015 Ahafo, 2016 Edikan, 2017 Chirano. »2019, nach nur zehn Jahren«, sagt William, »hatten wir die Konkurrenz vollständig verdrängt.«

Und die Konkurrenz? Die sagt nicht viel. Auf Fragen zu Zen antwortet Total überhaupt nicht. Und Shell nur: kein Kommentar. Dann schiebt ein Sprecher nach: Shell gäbe es in Ghana gar nicht. Das Geschäft habe man verkauft, an Vivo Energy. »Fragen Sie doch die.« Aber Vivo schweigt, auch auf Nachfrage, sagt nichts, nicht einmal kein Kommentar, also bleiben am Ende nur Zahlen.

Vivo Energy betreibt in 16 afrikanischen Ländern über 2000 Tankstellen, viele unter der Marke Shell. Nach Ghana kam die Firma erst 2013, vier Jahre nach Zens Markteintritt.

Damals gehörten Vivos Geschäfte also immer noch Shell – den Konzern gab es in Ghana durchaus. Vivo selbst wurde erst 2011 gegründet, von zwei weiteren Firmen. Und da wird es spannend. Denn Helios, die eine Gründergesellschaft, ist eine britische Private Equity Firma. Und Vitol, die andere, – nun ja – Vitol ist: das große Öl.

Es ist die größte Firma der Welt, die keiner kennt – ein Rohstoffhandelshaus mit Sitz in Genf und Rotterdam. Jeden Tag bewegt Vitol so viel Öl, wie Japan verbraucht. Es ist ein Imperium in Privathand und bekannt für seine Verschwiegenheit. Nur hin und wieder dringt etwas an die Öffentlichkeit, über Deals mit serbischen Kriegsverbrechern, mit Libyen und dem Irak, über das Umgehen des Handelsembargos gegen Iran, über Strafzahlungen, die letzte 2020: 135 Millionen US-Dollar wegen Bestechung in Mittel- und Südamerika.

Wenn also auf einem Tanklaster in Ghana Shell draufsteht, ist nicht nur Shell drin, sondern auch Vivo und damit Vitol. Das ist die Konkurrenz hinter Williams Konkurrenz. Ein verdecktes Konsortium, eine stille Supermacht: die globale Mineralölindustrie. Sie wurde vom Westen erschaffen, von Europäern und Amerikanern in teuren Anzügen und privaten Clubs. Aber inzwischen profitieren auch andere von ihr: Chinesen, Afrikaner. »Korrupte Eliten, einzelne Familien«, sagt William. Niemals die Masse, niemals der Mittelstand, niemals die Mehrheit. »Wir spielen ein Spiel, dessen Regeln gegen uns sind«, sagt William. »Es ist ein unfairer Wettbewerb.«

Aber: Was ist schon fair? Und was ein fairer Wettbewerb? Heißt Wettbewerb nicht: Gewinnen UND Verlieren? Und was, wenn immer dieselben gewinnen? Ist das noch fair? Ist Wettbewerb nur Wettbewerb, wenn er fair ist? Und sonst? Ausbeutung? Können arme Länder mit reichen konkurrieren? Lokale Firmen mit globalen? Ja? Nein? Vielleicht? Ist das fair?

Vielleicht ist Fairness nur ein Wort, das auf Verpackungen gedruckt wird. Fair Trade. Vielleicht bestimmt am Ende einfach der Gewinner, was fair ist. Hat Europa dann gewonnen, die USA, China? Vitol? Total? Fair and square? Und wenn einer gewinnt, muss dann auch einer verlieren? Ist es ein Nullsummenspiel? Ist Afrika arm, weil wir reich sind? Bleiben wir reich, weil Afrika arm bleibt?

Williams Antwort darauf ist klar. »Es ist immer das Gleiche«, sagt er, »wir werden abgezockt, seit Menschengedenken.« Die Amerikaner, die Chinesen, die Europäer – für ihn machen sie alle dasselbe: Sie beuten Afrika aus. Ja, Zen ist erfolgreich. William hat es geschafft. Aber das ganze System? »Korrupt«, sagt er. Und wohin er auch schaut, er kann sich bestätigt fühlen. Internationale Firmen verschmutzen die Flüsse in Ghana und das Delta des Nigers. Chinesen, Amerikaner, Europäer graben in Afrika nach Öl, nach Diamanten, nach Coltan. Rohstoffe fließen billig raus. Produkte kommen teuer zurück. Es scheint tatsächlich die immer gleiche Geschichte zu sein. »Und unsere Politiker«, sagt William, »verdienen mit.«

William ist Halb-Engländer, hat einen britischen Pass. Er ist kein Anti-Europäer, er ist Pro-Afrikaner. Und vor allem: ein Wettkämpfer. Für ihn gehört das alles zusammen, seine Firma, seine Leute, sein Land. Und bei allem will William vor allem eins: gewinnen.

Seit 2013 gibt es in Ghana ein neues Gesetz, das »Local Content Law«. Es fördert lokale Firmen im Ölsektor, sorgt dafür, dass sie bei Aufträgen bevorzugt werden. Ein Vorteil für William. Denn Zen ist zu 100 Prozent ghanaisch – vom Aufsichtsrat bis zum Tankwart. »Die Regierung tut etwas«, sagt er, »aber lange nicht genug.« Es sei höchste Zeit, »dass Afrika gewinnt«, sagt er. Und das geht nur, wenn man bereit ist zu kämpfen. Kein afrikanischer Politiker lege sich wirklich an mit Shell, Vitol und Total, mit den Europäern oder Chinesen. Zaghaft seien die Politiker, nachgiebig. Für ihn, für ZEN, kommt das nicht infrage. »Als Unternehmer«, sagt William, »darf Verlieren keine Option sein.« Man darf niemals die Deckung fallen lassen, niemals aufgeben. »Sonst bist du im falschen Geschäft.«

+++ Eine uralte und heilige Bürokratie
+++ Wie Uber, aber nicht wie Uber +++
Eine Informatikerin ist frustriert +++
Neue App-Features gegen das Alte Testament +++
Warum Taxifahren in Äthiopien so eine
Katastrophe ist +++ Die Vorteile des
Isolationismus +++ Grand Hotel Louvre,
Addis Abeba +++

ÄTHIOPIEN:
Samrawit Fikru | Ride

EINE APP
VS. 3000 JAHRE

SCHON BEIM ERSTEN SCHRITT ist alles ganz anders als überall sonst. Die Schiebetüren summen elektrisch vor uns auf, wir treten aus dem Flughafen in die Nacht. Da weht er uns entgegen: der Geruch von Addis Abeba. Weihrauch, der in den Kirchen brennt. Stechende Abgase, Qualm aus rostigen Auspuffen und noch mehr Verbranntes: Sandelholz – die Kopfnote der Stadt. Und Kaffee, natürlich, die berühmten Bohnen, die immer und allerorts über Kohlen rösten, auf kleinen, runden Eisenöfen. Dazu die Herznote, der Duft von Berbere, das Nationalgewürz, intensiv und pudrig, als sei windaufwärts ein Curry-Silo explodiert. Und dann zum Schluss, die Basisnote, mittendrin und unterschwellig, die Gerüche der Armut: scharfer Urin, etwas wie alter Teppich, die Wachsnote der Ungewaschenen. Aber auch: der Geruch von Zypressen, warm und rund, Trockenblumen. L'odeur d'Addis, ein Duft wie ein alter Holzschrank an einem Sommertag. Ein schöner Gestank. Nicht eklig. Nur anders. So riecht bloß Addis, ganz eigen. Überhaupt: So ist nur Addis. Das hört man immer wieder, es könnte das Motto des Landes sein: Äthiopien – wir sind anders.

Wir treten auf den Vorplatz, und dann stehen wir vor dem Flughafen und stellen als Erstes fest, was alles nicht da ist. Wenn man viel durch Afrika reist, gewöhnt man sich an einen bestimmten Ersteindruck: Flughafenchaos, Tropensauna. Welcome! Aber hier in Addis: nichts davon. Es ist nicht heiß und schwül. Es ist kühl und trocken. Es herrscht kein Gedränge, kein Geschrei, nein. Stattdessen ist es still und leer. Niemand läuft auf uns zu, uns entgegen, hat uns erspäht, will uns anfassen, an uns ziehen. Bloß ein paar Bewaffnete lungern herum vor dem Bole International Airport und beäugen uns misstrauisch. Fast ganz allein gehen wir die Treppen zum Taxistand herunter. Nur eine äthiopische Familie schleicht mit alten Koffern vor uns her. In der Ferne bellen Chöre aus Straßenhunden. Ganz oben funkeln die Sterne, stecknadelig und kalt, wie sie das nur in Bergluft tun. Ach, Addis. Full Disclosure: Das ist nicht unser erster Trip in diese Stadt. Wir haben schon viel Zeit hier verbracht, sind immer wieder gekommen. Sophia ist Halb-Äthiopierin. Ihre Mutter kommt aus Addis. Sie spricht Amharaisch, hat Familie hier. Sophia hat all das schon als Kind kennengelernt, diese Stadt und ihren Geruch und dieses Land, das nicht nur so anders ist, sondern auch so alt wie kaum ein anderes auf der Welt.

Äthiopien also. Wann fing das an? Der Sage nach war der erste Herrscher des Landes Menelik I., ein Sohn der Königin von Saba und König Salomons. Das ist das Fundament: ziemlich alttestamentarisch. Und auch bei den Griechen, bei Homer, kam Äthiopien schon vor, als der Ort, an dem Poseidon weilte, als Odysseus sich auf Odyssee machte. Aber auch abseits der Mythen, historisch belegt, ist das Land uralt. Erst lag es zwischen den antiken Staaten Kush im heutigen Sudan und Saba im heutigen Jemen. Dann entstand dort das Reich von Aksum. Es überdauerte ein paar Jahrhunderte, hinterließ viel UNESCO-Welterbe. Dann machte es Platz: für das Kaiserreich Abessinien. Diese Monarchie überlebte ein ganzes Jahrtausend. An ihrem Ende war sie der älteste existierende Staat der Welt und die einzige Nation Afrikas, die nicht von Europäern kolonialisiert worden war. Erst 1974 fiel sie in sich zusammen, mit dem Sturz Haile Selassies, des letzten Kaisers

Afrikas, des Ras Tafari, als Äthiopien sehr blutig zum Sozialismus fand. Und jetzt, 50 Jahre später, ist das Land von alldem noch immer geprägt, teils postsozialistisch, teils alttestamentarisch. Christentum, Islam, Judentum, Bürokratie – in Äthiopien sind alle Religionen uralt und heilig. So viel Geschichte. So viel Ritual. Aber auch: so viel Ballast. Denn die Vergangenheit nistet in den Schatten der Kirchen und in der orthodoxen Theologie. Sie bestimmt die Gewänder der Frauen, prägt die Fehden und Feindschaften zwischen den Ethnien. Sie ist so übermächtig, dass sie die Gegenwart häufig erdrückt. In Äthiopien sind die Rituale starr und die Strukturen erstarrt. Überall tönt das ewige Argument: So haben wir es schon immer gemacht. Deswegen hat alles Neue es hier schwer. Und trotzdem: Manchmal wachsen auch in der Wüste Blumen. Manchmal bewegt sich etwas, in einem eigentlich unbeweglichen System. Zumindest dann, wenn es Menschen gibt, die nicht aufgeben.

Vor dem Flughafen von Addis Abeba tun wir etwas Revolutionäres: Wir rufen ein Taxi per Handy, über eine App namens Ride. Ride ist ein Fahrtendienst-Vermittler wie Uber und seine Gründerin, Samrawit Fikru, der Grund, warum wir hier sind. Sie ist die Frau, die Bewegung gebracht hat in Äthiopiens starren Transportsektor, die CEO hinter der größten Taxi-App des Landes. Samrawits Unternehmen gibt es inzwischen seit sieben Jahren. Ride hat mehrere Zehntausend Fahrer. Und wirklich alles daran ist – in Äthiopien – sensationell. Zugegeben: »So etwas wie Uber« – das klingt nicht auf Anhieb spektakulär. Auch in vielen afrikanischen Ländern wird geubert. Der amerikanische Marktführer hat auf dem Kontinent vor Kurzem die Eine-Milliarde-Fahrten-Marke geknackt. Zudem gibt es überall in Afrika Konkurrenz-Apps: Yego in Ruanda, Mono Ride in Kenia, Oga Taxi in Nigeria, Lefa in Namibia. Und überhaupt: Ride-Hailing & Sharing –

eigentlich ist Afrika, der Kontinent der Sammeltaxis und Minibusse, ja ohnehin ein Geburtsort dieser Idee. Aber in Äthiopien gab es Taxi-Apps (vor Ride) eben nicht. Weil das Internet es nicht hergab. Weil die postsozialistische Regierung den Markt isoliert hielt. Weil neue Firmen keine Chance hatten gegen die alte Ordnung. Addis Abebas Personentransportbranche blieb eingefroren in der Zeit. Die Taxifahrer waren Männer. Willkürlich legten sie die Tarife fest, Wagen mit Taxameter waren die absolute Ausnahme. Die Fahrzeuge selbst waren rauch-spuckende sowjetische Ladas, blau-weiß lackiert. In ihrem Inneren klebten Heiligenbilder auf den Armaturen, Postkarten-Jesus litten hinter Lenkrädern und von den Rückspiegeln baumelten orthodoxe Kreuze. Ein bisschen war das wie auf Kuba, wo der Sozialismus die alten Cadillacs konserviert hat – nur düsterer und kälter. Aber vor allem war es: eine Zumutung. Frauen gingen nachts lieber zu Fuß, als ihr Leben einem Lada-Fahrer anzuvertrauen. Ausländische Besucher, Diplomaten, NGOler und Touristen, die nach Addis kamen, wurden abgezockt und im Kreis durch die Stadt gefahren. Dann kam Samrawit Fikru – und veränderte etwas.

Das Konzept ist simpel: Ride vermittelt Fahrten. Die Firma stellt den Kontakt her zwischen Fahrern und ihren Kunden, legt einen Preis fest, schlägt eine Route vor, zeichnet sie per GPS in die App. Damit sticht Ride die alten Taxifahrer aus. Jedes Jahr buchen mehr Kunden mehr Fahrten – und von jeder einzelnen Transaktion geht ein Anteil an Samrawits Firma. Das funktioniert so oder so ähnlich überall auf der Welt. Rides Geschäftsmodell selbst ist keine Sensation. Aber Rides CEO ist es schon. Denn als Samrawit Fikru 2014 ihre Firma gründete, hatte sie keine Kontakte, keine Kumpel, kein Kapital. Und noch dazu: das falsche Geschlecht. Denn auch das ändert sich in Äthiopien nur schleichend: Erfolgreiche

Frauen in der Wirtschaft sind immer noch eine Seltenheit. Business in Äthiopien bleibt zum größten Teil ein Spielplatz der Männer, wo schnurrbärtige Typen Deals mit schnurrbärtigen Typen machen. Viele von ihnen haben Samrawit bekämpft. Mehrfach hat die Regierung versucht, Ride zu schließen. Aber Samrawit hat sich durchgesetzt. Sie hat mit Politikern gestritten, mit alten Männern verhandelt und einen ganzen Sektor verändert. Inzwischen ist sie eine der bekanntesten CEOs ihres Landes – mit gerade einmal 32 Jahren.

Die App funktioniert. Ein Ride-Fahrer holt uns ab. Wir müssen trotzdem ein Stück weit laufen, er will nicht direkt vor dem Flughafen halten. Dort warten die Lada-Taxis, die Vergangenheit, und vor diesen Fahrern hat der Ride-Mann Angst. Die Taxilobby ist wütend auf die Tech-Konkurrenz, es kommt immer wieder zu Gewalt und Zerstörung. Unser Fahrer wartet in einem fabrikneuen, gelb-grün lackierten Wagen. Marke: Lifan, aus China. Samrawit hat einen Deal mit dem Hersteller in Asien gemacht, ein paar Tausend Autos importieren lassen. »Selam«, sagt der Fahrer zu uns, hallo. »Selam«, sagen wir, hallo, wie gehts. Willkommen in Addis. Wir fahren los.

Dunkel zieht Addis Abeba an uns vorbei. Unbeleuchtete Straßen. Graue Hochhaus-Gerippe, nie fertig gebaut und trotzdem teilweise bewohnt. Unsere Scheinwerfer reißen Hunde aus der Nacht, eilige Passanten und – obwohl es schon spät ist – immer wieder Frauen mit Kopftüchern, die auf dem Boden hocken, Decken vor sich ausgebreitet, mit Zwiebeln, Salat, Tomaten. Auch wenn die Straßenbeleuchtung defekt ist (oder nicht existiert), ist es in Addis nie ganz dunkel. In Bole, dem modernen Geschäftsviertel am Flughafen, tauchen riesige Werbeleinwände die Straßen in Blau und Rot, flackern, erlöschen zwischendurch. In Geschäften, Restaurants und Bars brennt Licht. Aus dem Ride schauen wir in sie hinein

wie in Aquarien. Schaufensterpuppen tragen Kleider, die nach
90er-Jahren aussehen. In Bars wird getrunken. In Metz-
gereien hängen ganze Ziegen- und Rinderhälften wie Objekte
von Damien Hirst. Addis Abeba ist nie schön. Es erschließt
sich Beobachtern nicht sofort – und auch nicht gerne. Man
braucht Zeit, um den Charme der Stadt zu sehen, hinter dem
Ausgeblichenen, dem Abgegrabbelten, der Armut. Aber Addis
kann aufregend sein und geheimnisvoll, eine melancholi-
sche Metropole, als hätte Jim Jarmusch eine afrikanische
Großstadt inszeniert. Und besonders stark wirkt das so,
wenn man nachts mit dem Taxi hindurchfährt und aus dem
Radio äthiopischer Jazz den Soundtrack liefert. Eine halbe
Stunde lang riden wir so vom Flughafen aus quer durch die
Stadt. Dann sind wir am Ziel: »Hotel Louvre«. Lichtverhält-
nis: schummrig.

Über diesen Ort ließe sich ein ganzes Buch schreiben. Das
tun wir aber nicht. Deswegen nur so viel: Das »Hotel Louvre«
liegt im Norden von Addis in einem ruhigen Viertel. Die Straßen sind eng, ungepflastert und staubig. Um die Ecke gibt es
eine Handwerksschule und die britische Botschaft; nicht weit
entfernt erheben sich die Hügel von Yeka, auf deren Hängen
Villen stehen und Äthiopiens vielleicht berühmteste Techno-
Location, das »Face of Addis«, wo junge Elite und Expats die
Wochenendnächte durchballern. Der Betreiber des »Louvre«
ist ein alter Franzose: Jean-Marc. Und sein Hotel ist eine Aus-
stellung über das Heimweh nach Frankreich: rot-weiß karierte
Tischdecken, goldene Kronleuchter, französische Straßen-
schilder, Bilder von Arthur Rimbaud und auf der Speisekarte
Bœuf Bourguignon. In den letzten Jahren ist das »Hotel Louvre« zu unserem Zuhause in Addis geworden. Wir saßen dort,
als die Euphorie über den jungen Hoffnungsträger-Präsiden-
ten und Friedensnobelpreisträger Abiy Ahmed in Ernüchte-
rung umschlug, weil die alten Probleme bestehen blieben,

die Spannungen zwischen den Ethnien eskalierten und die Gewalt hochkochte im Land. Wir waren im »Louvre«, als im Sommer 2019 der Oberbefehlshaber der Armee ermordet wurde und Addis in den Ausnahmezustand rutschte, als die Stadt abgeriegelt wurde und das Militär die Straßen sperrte. Und wenn das Internet abgeschaltet wurde, im ganzen Land, immer wieder, aus politischen Gründen (teilweise für Wochen), da suchten wir im »Louvre« nach Informationen. Alle kommen hierher: Ausländer und Äthiopier, Business-Leute, Diplomaten, Militärs. Und an guten Abenden fühlt es sich an der Bar des »Louvre« an wie in einem Spionagefilm aus den 60er-Jahren. Jetzt sind wir wieder hier. Wir sitzen im Innenhof, es ist fast 2 Uhr morgens und kalt. Über uns brennt eine orange Wärmelampe – alles wie in Paris. Wir trinken ein letztes Bier (St. George), dann gehen wir schlafen. Wir müssen früh raus. Am nächsten Tag wollen wir Samrawit Fikru treffen.

Addis Abeba hat knapp dreieinhalb Millionen Einwohner und ist nicht nur die Hauptstadt Äthiopiens, sondern auch Sitz der Afrikanischen Union und der UN-Wirtschaftskommission für Afrika. Es liegt fast genau in der geografischen Mitte des Landes und vor allem liegt es auf 2200 bis 3000 Metern Höhe. Das macht die »Neue Blume« (so der Name der Stadt auf Amharisch) zur am höchsten gelegenen Hauptstadt Afrikas. Das sorgt für kalte Nächte und für Addis Abebas berühmtes Licht. Als wir am Morgen aus dem Hotel treten, wirkt die Stadt so gestochen scharf, als hätte jemand künstlich den Kontrast hochgeregelt. Der Himmel ist blassblau. Die Luft riecht nach Addis. Unser Ride wartet schon auf der Straße, pünktlich, auf die Minute genau. Am Steuer sitzt: eine Frau. Auch das wäre vor Ride undenkbar gewesen. Bevor Samrawit Fikru ihre Firma gründete, fuhren in Äthiopien nur Männer Taxi. Inzwischen sitzen hinter den Steuern der Ride-

Autos zu 40 Prozent Frauen. Unsere Fahrerin nickt uns freundlich zu. Ihr Toyota ist neu und sauber. Der Innenraum riecht nach Lufterfrischer. Die Sicherheitsgurte funktionieren. Jeder und jede, die für Ride arbeitet, muss eine Reihe an Schulungen absolvieren. Alles hat System, ist ordentlich, zuverlässig, sicher. Auch das ist Teil des Ride-Versprechens. Wir steigen ein. Wir fahren los. Und landen im Stau. Zumindest das ist in Äthiopien nicht anders als überall sonst: Auch Addis Abeba ertrinkt im Verkehr, jeden Tag. Also lehnen wir uns zurück. Die Sonne scheint. Die Abgase benebeln uns ein bisschen. Fast könnte es gemütlich sein hier auf der Rückbank. Aber dann gibt es Ärger.

Vieles in Äthiopien wirkt wie aus der Zeit gefallen. Das gilt für die Mode, unfreiwillig retro, und für die Architektur, ziemlich sozialistisch. Aber das gilt auch: für die Straßendrogen. Lösungsmittel- und Kleber-Schnüffeln, der traurige Rausch der ganz Armen aus den 90er-Jahren, ist in Addis Abeba noch immer ein großes Problem. Gerade die Jungen ziehen sich den Stoff rein, obdachlose Kinder und Jugendliche, die weggetreten am Straßenrand aus leeren Chipstüten schnüffeln. An so einer Gruppe kommen wir vorbei. Und diese Typen sehen uns im Stau stehen, oder vielleicht sehen sie auch nur Paul, den Weißen im Taxi, und irgendwie werden sie wütend, richtig wütend. Einer von den Jungs taumelt auf unser Auto zu, schreit. Er guckt mit wildem Blick. Er greift sich einen Stein, will ihn durchs Fenster schmettern. Da reißt unsere Ride-Fahrerin die Tür auf, trifft ihn am Bein. Er stolpert. Sie springt hinaus. Plötzlich schwingt sie mit ihrer Rechten einen schweren Schraubenschlüssel. Sie brüllt. Er verzieht sich. Dann steigt sie wieder ein. Nur ein paar Meter weiter stehen ein paar Polizisten untätig herum: Männer in Uniform, mit gelangweilten Blicken und vollautomatischen Waffen. Unsere Fahrerin ist ziemlich aufgebracht. Sie flucht immer weiter: über die Junkies, die Taschendiebe, die Polizei, die nichts tue, die Korruption, die Überfälle, die sich häuften. Addis ist nicht Kinshasa oder Lagos. Entführungen und Raub- überfälle gehören nicht zum Alltag. Aber ungefährlich ist die Stadt auch nicht. Es ist ein armer Ort mit vielen Obdachlosen in einem Land, in dem in manchen Regionen Bürgerkrieg herrscht. Nachts kommen Hyänen in die Stadt, husten in der Dunkelheit, wühlen durch den Müll, knabbern ein bisschen an toten Straßenhunden. »Scheiß auf die Hyänen«, sagt die Ride-Fahrerin. Das Problem seien die Männer. Männer, Män- ner, Männer. Vielleicht ist das wichtigste Produkt, das Ride verkauft: ein Stück Sicherheit – vor allem für Frauen.

»I was fed up with it«, sagt Samrawit. Sie hatte keinen Bock mehr. Wir sitzen in ihrem Büro, im Hauptquartier von Ride, auf schweren schwarzen Ledersesseln und trinken bit- teren äthiopischen Kaffee. Samrawit erzählt von der Grün- dung ihrer Firma. Sie redet über die Motivation, aus der he- raus sie all das hier erschaffen hat, über ihren Antrieb damals: Frust. Sie war 24 Jahre alt und hatte ihren Master in Infor- matik gemacht, arbeitete viel, blieb bis spätabends im Büro, fuhr erst im Dunkeln nach Hause. Und weil die Busse dann häufig schon den Betrieb eingestellt hatten, blieb ihr nichts anderes übrig: Sie musste ein Taxi nehmen. Es war das Jahr 2014. In den USA war Twitter gerade an die Börse gegangen. Facebook wirkte schon so verstaubt, dass vermehrt nur noch Eltern und Großeltern die Plattform nutzten. Und Elon Musk, der Tech-Halbgott, hatte einen Milliardenauftrag bei der NASA abgegriffen und sollte Amerikaner in den Weltraum schießen. Aber in Addis Abeba stand Samrawit, die Informa- tikerin, am dunklen Straßenrand und hatte noch nicht einmal eine Telefonnummer, um ein Taxi zu rufen. Also winkte sie und winkte, bis irgendwann einer der Ladas hielt, und ver- traute sich dann diesen rollenden Heiligenschreinen an – und ihren Fahrern. »Horrible«, sagt Samrawit. Mitunter ließen die Taxifahrer sie stehen, weil sie nicht den geforderten Preis zahlen wollte. Teilweise waren sie grob, unfreundlich, unprofessionell. Vom Büro nach Hause zu kommen, war eine Herausforderung, bedeutete Belästigungen, Betrügereien, Motorpannen, jeden Tag. »Ich bin einfach einmal zu oft abgezockt worden«, sagt Samrawit. Und so kam der Informatikerin die Idee für ihre App auf der Rückbank eines Ladas. Sie war jung und genervt. Sie sah erst das Problem und dann eine Lösung, ein System, so sauber und zuverlässig und ordentlich, wie nur Tech es sein kann.

Dieser Moment ist jetzt fast acht Jahre her, und mittlerweile muss in Addis niemand mehr in Schrott-Taxis einsteigen. Ride ist so erfolgreich geworden, dass »riden« in Äthiopien zum Synonym fürs Taxifahren geworden ist. 43.000 Fahrerinnen und Fahrer arbeiten mit Samrawits App. Vier Millionen Kunden nutzen Ride. Alleine die App ist mehr als eine Million Mal heruntergeladen worden. Samrawit Fikru hat tatsächlich einen Markt verändert – und ein bisschen auch ihr Land. Inzwischen gibt es in Äthiopien noch andere Taxiruf-Apps – sogar eine nur von und für Frauen –, aber Ride ist mit Abstand die größte.

Von außen ist dieser Erfolg der Firma allerdings nicht anzusehen. Samrawits Hauptquartier liegt im dritten Stock eines Geschäftsblocks in Addis Abebas Einkaufsviertel Bole. Im Erdgeschoss gibt es ein Café-Ketten-Café mit trockenen Cupcakes und weißen Kunstledersitzen. Nebenan: Modeschmuck, Klamotten, ein Handyreparatur-Service. Am Treppenaufgang hängt ein ausgedruckter Zettel an blind gewordenen Tesa-Streifen: »RIDE«, mit einem Pfeil nach oben. Und auch da, im dritten OG, sieht es weniger nach Konzern-HQ aus als vielmehr nach Einwohnermeldeamt. Hinter durchnummerierten Schaltern füllen Frauen in gelben Ride-

Shirts Formulare aus. Davor stehen Männer mit noch mehr Zetteln und warten. Neonröhren flackern. Es riecht nach Menschen, die Schlange stehen. »Alles zukünftige Fahrer«, sagt Samrawit. »Die melden sich gerade an.« Im Nebenraum hockt schon die nächste Gruppe auf Plastikstühlen und lernt die Regeln bei Ride: keine kurzen Hosen, keine Privatgespräche am Steuer, keine waghalsigen Fahrmanöver.

Samrawit wurde ein »Tech Genius« genannt und »one of Africas Business Leaders«. Aber bei ihr ist es wie mit ihrem Büro: Der erste Eindruck kann täuschen. Samrawit ist nicht klein, sondern winzig. Sie trägt ausgelatschte Schuhe und ein Poloshirt. Sie sieht nicht aus wie die Chefin, eher wie die Praktikantin. Sie lächelt auf die müde Weise von Menschen, die nachts viel arbeiten und mittags welken Salat vor dem Bildschirm lunchen. »Ich komme eher so von der Tech-Seite«, sagt Samrawit. Und: »Ehrlich gesagt, hat niemand geglaubt, dass ich so erfolgreich werden würde. Noch nicht einmal meine Familie.«

Ihre Geschichte begann 1990 – da wurde sie hineingeboren in eine der großen Umbruchzeiten dieses so selten umbrechenden Landes. In den ersten paar Jahren ihres Lebens endete der äthiopische Bürgerkrieg mit dem Zerfall des kommunistischen Systems. Eine Interimsregierung übernahm. Nach 30 Jahren des Blutvergießens wurde Eritrea unabhängig, vom Staatsgebiet zum Nachbarland. Und ganz langsam schälte sich aus den alten Strukturen das heraus, was heute die Demokratische Bundesrepublik Äthiopien ist. Samrawit wird von alldem nicht viel mitbekommen haben. Weil sie ein kleines Kind war. Und weil sie in Asella aufwuchs, einer Kleinstadt, 130 Kilometer von Addis entfernt, wo sich die große Geschichte nur selten blicken lässt. Samrawit hatte acht Geschwister und strenge Eltern, die wollten, dass ihre Kinder es weit brächten in diesem neuen Land. Jeden Tag aß die

Familie gemeinsam zu Abend. Und jeden Tag musste eines der Kinder vortreten und vortragen, was es heute erlebt, gelernt, begriffen hatte. Samrawit mochte diese Referate nicht. Sie redete ungern vor anderen. Es machte sie nervös. Und fast jedes Mal, wenn sie sich doch dazu aufraffte, sich bereit machte, aufzustehen, winkte ihre Mutter ab und sagte: »Ach, Samri, bleib du ruhig sitzen.«

Samrawit Fikru ist kein Mensch, der Ideen verkauft, sondern einer, der Ideen hat. Ihr älterer Bruder Abraham war vielleicht der Einzige, der das früh sah. Er holte sie später nach Addis und brachte sie dazu, Informatik zu studieren. Und er war es, der ihr, als sie ein Teenager war, auf einem Markt in Asella dieses Gerät kaufte, das ihr Leben prägen sollte. Es war ein kalter Tag, die Geschwister flohen vor dem Regen in ein Elektrogeschäft. Da erblickte Samrawit etwas, das sie noch nie aus der Nähe gesehen hatte: Es war silbern und nicht größer als eine Handtasche. »Was ist das?«, fragte sie ihren Bruder. Und Abraham sagte: »Ein Laptop.« »Es war unglaublich«, sagt Samrawit zu uns. »Ich drückte auf der Tastatur ein A – und auf dem Bildschirm leuchtete A auf.« In diesem Moment muss etwas geschehen sein im Kopf des Mädchens, das zu schüchtern war für die Abendbrot-Referate. Eigentlich hatte sie immer Ärztin werden wollen. Aber jetzt hatte Samrawit einen neuen Plan: »Ich mache etwas mit Computern.«

Samrawit sitzt in ihrem Büro, vor ihr auf dem Tisch liegen drei Smartphones, im Nebenraum bescheinen Bildschirme bläulich junge App-Programmiererinnen. Die Chefin der Nerds atmet durch und hält inne. Sie spricht noch immer ungern über sich selbst, mag nach wie vor nicht öffentlich reden. Aber: Sie ist besser darin geworden. Das musste sie. Samrawit ist in Addis berühmt. Sie hält Vorträge, wird interviewt. Sie streitet sich on- und offline mit Vertretern aus Wirtschaft und Politik. »Überall auf der Welt freuen die Menschen sich, wenn es etwas Neues gibt«, sagt sie. Das allein sei ein erstes Verkaufsargument für jedes Produkt. »Aber nicht in Äthiopien. Hier gilt das Gegenteil. Hier wird allem Neuen mit Misstrauen begegnet.« Das ist der große Kampf ihres Lebens. Der Kampf für das Neue – und der Kampf gegen das Alte. Er prägt ihre Biografie. Er macht ihre Firma aus, die Tech für die Zukunft baut. Aber er ist noch größer. Er ist das zentrale Streitthema dieses Riesenlandes, in dem die Kirchen tausend Jahre alt sind, aber die Stadtmenschen ihr Taxi per App rufen; in dem alte Frauen Kaffeebohnen über glühenden Kohlen rösten – in den Eingangshallen moderner Bürogebäude. Wie soll Äthiopien sich entwickeln? Was soll es im 21. Jahrhundert werden? Wird es das Vorbild für Afrika, für das viele patriotische Äthiopier (wir wurden nie kolonialisiert!) ihren Staat ohnehin halten? Oder wird das Land seine Probleme behalten, ein Kriegs- und Hunger-Ort bleiben, der aus der Vergangenheit nicht rauskommt?

Äthiopien hat nach Nigeria die zweitgrößte Bevölkerung Afrikas und eine der am schnellsten wachsenden Volkswirtschaften des Kontinents. Sogar während der Corona-Pandemie wuchs das Bruttoinlandsprodukt weiter: 2019 um 8,4 Prozent, 2020 um 6,1 Prozent, 2021 um 6,3 Prozent. Das Land exportiert Strom in die Nachbarstaaten – auch wenn der in Addis immer wieder ausfällt. Die Energieerzeugung mit Wasserkraft boomt. Äthiopien staut den Nil, in einem gigantischen, hochumstrittenen Staudammprojekt namens GERD, dem Grand-Ethiopian-Renaissance-Damm. Und auch der Textilsektor wächst rasant. Doch ein Großteil der Wirtschaft steht noch ganz am Anfang. Allem voran: die Digitalisierung. 2022 hatte nur jeder vierte Äthiopier Zugang zum Internet. Und 40 Prozent davon nur über Handys. Aber auch das verändert sich. Zwischen 2021 und 2022 stieg die Zahl der Internetnutzer um 13 Prozent. Die Richtung stimmt also, nein, könnte stimmen. Denn da ist noch: der Staat. Und der schaltet ab und zu das Internet aus. Wenn Proteste drohen, die sich über Facebook organisieren, oder eine Nachrichtensperre hermuss, erlischt in ganz Äthiopien das Netz – für alle. Das gilt sogar für die ganz großen Player. Einer unserer Freunde, ein Pilot bei Ethiopian Airlines, erzählte uns, dass auch das Hauptquartier der Star-Alliance-Firma in solchen Fällen offline ist. Das ist (abgesehen von den Implikationen für die Demokratie) eine ungeheuerliche Dummheit, die nicht nur Unternehmen, sondern auch den Staat selbst jedes Mal Millionen kostet. Aber es geschieht immer wieder. Auch, weil es in Äthiopien nur einen Provider gibt, Ethiotel – ein Telekommunikationskonzern in staatlicher Hand. Das ist ein Erbe des Sozialismus. Auch wenn sich das Land in einem Privatisierungsprozess befindet, werden die meisten Schlüsselsektoren immer noch vom Staat dominiert. Die Telekommunikation gehört dazu, aber auch das Transport- und Bankwesen. »Niemand rechnet damit, dass sich das bald ändert«, sagt Samrawit. Das deprimiert sie. Aber es spornt sie auch an. Es ist das, was sie kann: Systeme verändern, Dinge bewegen. Auch wenn sie damit nicht immer erfolgreich war.

Als Samrawit 18 Jahre alt war, zog sie nach Addis, begann zu studieren und fand einen Job als Verkäuferin in einem CD-Geschäft. Und wie das so ist in kleinen Läden, vor allem, wenn sie Kultur verkaufen, herrschte auch hier viel Chaos. Abgerechnet wurde auf Papier, Belege wurden irgendwo weggeheftet. Manche CDs verschwanden einfach und tauchten nie wieder auf. Und Samrawit machte das alles schwer zu schaffen. Sie ist kein Mensch, der Unordnung charmant findet. Also setzte sie sich hin, spätabends und nachts, nach der Uni und den Schichten im Laden, und schrieb ein Programm, eine Inventur-Software für kleine Geschäfte. Damit ging sie zu ihrem Chef. Er war verwundert. Er wollte das Ding nicht.

Samrawits System Nummer eins geriet in Vergessenheit. Ein paar Jahre später, da war sie 22, versuchte sie es erneut. Dieses Mal setzte sie größer an. Sie schrieb eine Software für die Industrie, ein Tool, das bei der Wartung großer Maschinen helfen sollte, den Einsatz der Mechaniker planen und anzeigen konnte, was wo gebraucht würde. Sie suchte nach Investoren, nach einem ersten Kunden, nach irgendjemandem, der ihr zuhören würde. Aber sie fand niemanden. »Beide Programme waren besser als alles, was es damals in Äthiopien auf dem Markt gab«, sagt ihr Bruder Abraham (auch ein Informatiker) am Telefon. »Aber kaufen wollte sie niemand.« Die Geschäftswelt wurde von den klassischen Branchen dominiert. Im Baugewerbe war Geld, in der Landwirtschaft; eine neue Software dagegen ließ alle kalt. »Nach wie vor wird hier viel zu wenig in Tech-Start-ups investiert«, sagt Samrawit. Doch ihr eigentliches Problem war ein anderes: Der Markt gehörte Männern. Und sie war nur eine junge Frau ohne Bling, mit einem System, das nur sie selbst wirklich verstand. Auch deswegen erstaunte ihr späterer Erfolg so viele: Weil man in Äthiopien nicht aus dem Nichts kommt. Als Ride eine feste Größe in Addis wurde, fragte Samrawits eigener Vater: »Wie hast du das gemacht? Du kennst doch überhaupt niemanden.«

Es ist nicht so, dass Äthiopien vollständig stillsteht. Natürlich bewegt sich etwas in Politik und Wirtschaft und in der Kultur sowieso. Es gibt Neues, neue Unternehmer, neue Ideen. Doch alles Alte existiert parallel dazu weiter. Äthiopien – das fühlt sich an wie mindestens zehn verschiedene Länder. Und nirgendwo treffen sie so sehr aufeinander wie in Addis Abeba. Da ist das Afrikanische-Union-Vereinte-Nationen-Addis, mit Konferenzhotelblöcken, Diplomatenpässen und beflaggten Landrovern. Da ist das politische Addis, die Hauptstadt einer Geheimdienst- und Flüsterkultur, in der unentwegt Gerüchte die Runde machen und Beamte hinter zugezogenen Vorhängen davon raunen, wer aus welcher Volksgruppe wem wieder was angetan hat. Dann: Das Addis der Expats, in der junge Ausländer kaltes Bier hinunterstürzen und Partys feiern, in dieser von ihnen so empfundenen Wild-West-Atmosphäre, während drum herum das Licht ausgeht. Und: das Bole-Business-Addis, mit Shoppingmalls, 3-D-Kinos und rund um die Uhr lockenden Werbebotschaften. Aber auch: das alte Addis von Sophias Großmutter, Lehmhäuser, kleine Kioske in den Mauern, Gärten mit Tomaten und Nachbarschaftsstreits. Und daneben: das Addis des Mercato, des größten Marktes Afrikas, wo jeden Tag nach einem für Uneingeweihte niemals verständlichen System unter einer Dunstglocke aus Schweiß und Abgasen tonnenweise chinesisches Zeug verticket wird. Und überall schimmert natürlich das rituelle Addis durch, das Addis von ganz früher, in Gestalt einer alten Frau, die Kaffee röstet, oder eines alten Mannes, der im Büßergewand ein schweres Holzkreuz schleppt, oder eines ganz alten Esels, der fast verreckt unter der Last, die er trägt. Und selbstverständlich gibt es Unterschiede zwischen dem Tag-Addis, das dröhnt und blendet, und dem Nacht-Addis, das schleicht; und dem Addis der Landmenschen in Kutten und Gewändern und dem Addis der Stadtmenschen, mit Jeans, Lederjacken, Lippenstift. Ein Letztes bleibt noch: das bittere Wellblech-Addis der Bettler, Kleberschnüffler und Verrückten, der Obdachlosen und Polio-Versehrten, die flehend die Hand ausstrecken und am Jackett zupfen, wenn man vorbeigeht. Und all diese unterschiedlichen Addise existieren zeit- und ortsgleich. Sie liegen nebeneinander, schieben sich übereinander, verbeißen sich ineinander. Das fängt mit dem Namen an. Addis Abeba: *neue* Blume. Weil die Stadt für äthiopische Verhältnisse nicht alt ist – gerade einmal 140 Jahre. Aber neu wirkt hier trotzdem wenig. Asphalt platzt auf. Hochhäuser stehen leer. Und durch diese Stadt fährt dann – hypermodern! – die einzige S-Bahn südlich der Sahara, eine Hochbahn. AC-gekühlt saust sie elektrisch durch die Luft. Und unter ihr brodelt weiter Addis, archaisch, atavistisch, alttestamentarisch. Esel schleppen Zementsäcke. Diplomaten-SUVs hupen und der Verkehr staut sich an liegengebliebenen Lada-Taxis, deren Fahrer aus den Fenstern heraus wüst schimpfen und die Fäuste schütteln.

»Die Taxifahrer waren mein größtes Problem«, sagt Samrawit. Das fing schon bei der Gründung an. Dabei war Ride eigentlich gar nicht als Konkurrenz für die Taxis gedacht. Im Gegenteil: Es sollte ein Tool sein, extra für sie. Als Samrawit ihre App programmierte, wollte sie keine Privatleute als Fahrer, sondern ihr System den Taxifirmen verkaufen, als ein Weg, mehr Kunden zu finden, Preise festzulegen, besser zu arbeiten. Tatsächlich waren ein paar Unternehmen anfangs auch daran interessiert. Sie probierten Ride aus. Und Samrawits App hielt, was sie versprach. Die Fahrer steigerten ihre Umsätze. Die Kunden waren zufriedener. Aber als nach einem halben Jahr die kostenlose Probezeit endete, wollte keine Firma für den Service bezahlen. Also verlängerte Samrawit: noch einmal sechs Monate, umsonst. »Naiv«, sagt sie heute. Denn auch nach einem ganzen Jahr Testphase fand sie keine Abnehmer für ihr System. Trotz aller Gegenbeweise waren Addis' Taxler sich sicher: Sie brauchten Samrawit nicht. Und vor allem: Preise sollten nicht festgesetzt sein. Erst da änderte Ride sein Modell und setzte auf eigene Fahrer statt auf alteingesessene. Und da begann die Gewalt. Das ist kein exklusiv äthiopisches Problem. Die neuen Tech-Fahrtenvermittler haben überall auf der Welt den Zorn der Taxi-Lobbys geweckt. In vielen Ländern kam es zu Protesten. In Frankreich gingen Taxifahrer gegen Uber auf die Straße, zündeten Reifen an, warfen Autos um. In Addis war das nicht anders. Und der Zorn der Fahrer traf am härtesten die Männer und Frauen von Ride.

Auch wir haben das erlebt. Es war ein kalter Tag. Addis sah ganz grau aus im Nieselregen. Wir wollten von einem Hotel in Bole weiter rein in die Stadt. Also riefen wir ein Ride per App. Noch bevor der Fahrer ankam, rief er uns an. Ob es da, wo wir waren, sicher sei, wollte er wissen. Na klar, sagten wir, alles sauber, keine Ladas in Sicht. Wir kannten das schon. Der Fahrer hielt. Wir stiegen ein. In diesem Moment kamen zwei Männer um die Ecke gerannt. Sie hatten ihre Taxis neben dem Hotel geparkt und vor dem Eingang auf Ride-Fahrer gelauert. Jetzt rissen sie unsere Fahrertür auf. Sie zogen den Ride-Mann aus dem Wagen, schleuderten ihn gegen sein Auto. Mit Wasserflaschen schlugen sie auf ihn ein. Er wehrte sich gar nicht, schützte nur seinen Kopf mit den Armen, ein junger, dünner Studententyp. Wir sprangen aus dem Ride und Paul auf die Taxifahrer zu. Sophia brüllte auf Amharisch, schimpfte, drohte. Und irgendwie schafften wir es, sie einzuschüchtern. Sie ließen von unserem Fahrer ab, verzogen sich mit wutverzerrten Gesichtern, voll von Hass auf diese neue Firma, auf diese Zukunft, die über sie hereingebrochen war und ihr ohnehin schon hartes Leben noch härter gemacht hatte.

»Inzwischen passiert so was immer seltener«, sagt Samrawit. Die Wut lässt nach. Ride hat den Kampf gewonnen. Mehr noch: Das Tech-Start-up hat viele der alten Taxi-Firmen doch noch auf seine Seite gezogen. Mehr als 20 Unternehmen arbeiten heute mit Samrawit zusammen. Sie nutzen ihre App – und zahlen auch dafür. Der Grund für diesen Erfolg ist simpel: Ride-Fahrer verdienen gut, sehr gut. Das ist Samrawit wichtig. Das ist ihr Hauptargument gegen die Taxi-Lobby: Im Gegensatz zu Uber muss sich Ride nicht vorwerfen lassen, Menschen für einen Hungerlohn fahren zu lassen. Wer mit Samrawits App arbeitet, macht im Schnitt täglich 12 Fahrten und verdient bei jeder zwischen vier und sieben

Euro. Bis zu 1500 Euro im Monat kann ein Fahrer so verdienen – mehr als das zehnfache des äthiopischen Mindestlohns
von 140 Euro. Und vor allem: mehr als jeder Taxifahrer. Wer
mit Ride genug Fahrten macht, kann schnell ein zweites Auto
kaufen, dieses vermieten, an einen Bekannten, der ebenfalls
riden will. So entstehen durch Samrawits App Finanzierungs-
strukturen für ganze Familien, solche, an denen Frauen beteiligt sein können. Und Samrawit verdient an jeder Fahrt
mit. So funktioniert ihr Geschäft. 12 Prozent des Fahrpreises
gehen an ihre Firma. Wie viel Umsatz sie damit macht oder
wie die Marge aussieht oder was Ride wert ist, das will sie
nicht verraten. Aber man kann es im Kopf überschlagen.
Zehntausende Fahrer, Millionen Kunden: Es geht um sehr
viel Geld.

Bis hierher war es ein langer Weg, der mehrfach fast scheiterte, seit Rides Gründung im Jahr 2014. Im Jahr darauf
wandte Samrawit sich von den Taxi-Firmen als potenziellen
Kunden ab. 2016 schaltete sie Anzeigen in Zeitungen und
auf Facebook (Fahrer gesucht!), lief zu Fuß durch die Stadt,
sprach alle an, die ein Auto zu besitzen schienen und be-
schäftigungslos wirkten. Sie organisierte Schulungen für
Hunderte Interessenten. Sie heuerte Mechaniker an. Sie
wollte sicherstellen, dass als Ride-Fahrer nur unterwegs sein
durfte, wer ordentlich war, sich ans System hielt und ein ver-
kehrssicheres Auto hatte. Dann fand Samrawit einen Investor
im Ausland, einen in Kanada lebenden Äthiopier. Er war bereit, sein Geld in ihr Tech-Start-up zu stecken. Und endlich
wuchs Ride so richtig. Innerhalb von zwei Jahren heuerten
fast 2000 Fahrer und Fahrerinnen an. Langsam knickte die
alte Konkurrenz ein. Erste Taxi-Firmen kamen an Bord. Mit
einer der größten ging Samrawit ein Joint Venture ein – gemeinsam überzeugten sie die Regierung, sie zollfrei Autos
aus China importieren zu lassen. Jetzt fuhren die gelb-grünen

Lifan-Neuwagen durch Addis Abeba, für dieses Taxi-Unternehmen, aber vor allem: für Ride. Samrawits Start-up schien ein perfektes System erschaffen zu haben. Für die Kunden war Taxifahren jetzt günstiger. Die Fahrer verdienten trotzdem mehr. In Addis Abeba von A nach B zu kommen, das war noch nie so schnell gegangen, so sicher, so gut. Tech schien gesiegt zu haben, die Zukunft, das Neue. Und dann kam die Regierung.

Eines Morgens kam Samrawit Fikru zur Arbeit, und ihre Firma war zu. Die Mitarbeiter standen auf der Straße und tuschelten. Etwas war passiert. An der Tür flatterte gelbes Absperrband. Davor standen Männer mit grauen Behördenanzügen. Ride, sagten sie, dürfe es gar nicht geben. Samrawit stritt mit ihnen. Sie wollte ihnen nicht glauben. Aber sie wusste, dass es vergeblich war. Ohnmächtig argumentierte sie an gegen eine bittere Gewissheit: Sie hatte verloren. Die Männer hatten einen Gerichtsbeschluss dabei, vermutlich erwirkt durch die Einflüsterungen der Taxi-Lobby. Die Stadt Addis hatte festgestellt: Ride war kein Taxi-Unternehmen, also nicht wirklich, aber vermittelte trotzdem Fahrten, irgendwie. Und das durfte nicht sein. Dafür gab es keine Gesetze, kein zuständiges Amt, keinen Behördenvorgang. »Wir hatten eine neue Idee«, sagt Samrawit, »die konnte das alte System nicht verdauen.« Bürokratie gegen Technologie, alte Gesetze gegen neue Geschäftsmodelle – das ist ein weltweiter Konflikt. Aber kaum irgendwo wird er so verbissen geführt wie in Äthiopien, wo auch die Bürokratie uralt ist und heilig.

Sie ist ein bösartiges Doppelerbe, einerseits Vermächtnis einer tausend Jahre alten Monarchie mit überbordendem Beamtenapparat, andererseits Hinterlassenschaft des Sozialismus mit seiner Liebe für Stempel und Anträge. Kafkaesk – das ist eines der vielleicht überstrapaziertesten Wörter der deutschen Sprache. Aber hier muss es trotzdem benutzt werden. Dutzende Behörden arbeiten in Addis Abeba permanent gegeneinander, streiten um Zuständigkeiten. Alles, wirklich alles, muss beantragt werden. Jedes eingereichte Formular braucht mindestens fünf Unterschriften von unterschiedlichen Behörden ohne IT-System. Also passiert alles: auf Papier. Sogar ein Faxgerät gilt in Addis als neumodisch. Einen funktionierenden Farbdrucker gibt es vermutlich im ganzen Land nicht. Und vielleicht ist das auch gut so. Denn jedes Amt will nur eines: Originale, Originale, Originale. Die müssen, überprüft, gestempelt, beglaubigt, abgeschrieben, weitergeleitet und liegen gelassen werden, die müssen reifen und zerknittern und stockfleckig und am Ende unbedingt noch einmal abgestempelt werden, in Blau, Grün und Rot. Mit einem Scanner und einem Farbdrucker könnte man Äthiopien vermutlich übernehmen. Das Land ertrinkt in überflüssigem Papier. Eine ganze Job-Kultur ist um die Behörden gewachsen: Männer, die Akten transportieren; Männer, die wissen, wann wer ansprechbar ist; Männer, die alle kennen und ihre Dienste als Behörden-Broker verkaufen. Denn natürlich funktioniert auch die Korruption in Äthiopien ganz anders als überall sonst. Beamte kann man nicht einfach bestechen, nein. Aber bestochen wollen sie trotzdem werden, ja doch. Aber das geht eben nur zu bestimmten Uhrzeiten, am passenden Schreibtisch, mit der genau richtigen, ritualisierten Phrase auf den Lippen. So labyrinthisch ist dieses System, dass nicht einmal die, die in ihm arbeiten, den Ausgang kennen. Einmal haben wir versucht, Sophias deutsche Geburtsurkunde in Addis beglaubigen zu lassen. Wir haben zwei Monate gekämpft. Am Ende hatten wir 17 Stempel auf dem Dokument. Offiziell war das noch lange nicht. Wer in diesem Land also mit einem GERICHTSBESCHLUSS konfrontiert ist, kann eigentlich gleich hinschmeißen. Das wusste auch Samrawit Fikru. Aber dann geschah etwas Unerhörtes.

Die Kunden wehrten sich und widersprachen ihrer Regierung. Sie wandten sich an den Verkehrsminister, forderten den Bürgermeister von Addis auf zu handeln. Tausende unterschrieben Petitionen auf Facebook. Hunderte demonstrierten vor dem verschlossenen Start-up-Büro. Alle sorgten sich, dass das Taxiwesen Addis Abebas zurückfallen könnte, in den Status vor Ride. Und Samrawit, die als Kind keine Vorträge vor ihrer Familie halten konnte, ging an die Öffentlichkeit. Sie wurde interviewt. Sie stritt sich mit der Politik, trat auf die Bühne, klagte vor Gericht – und war erfolgreich. Bis heute weiß sie nicht, wann der Durchbruch kam oder was den Ausschlag gab. Dafür war das System zu undurchschaubar. Aber irgendwann gab etwas in dem undurchdringlichen Dickicht der äthiopischen Bürokratie nach, ein Beamter wechselte die Seiten, der Gerichtsbeschluss wurde aufgehoben. Ride war wieder frei. Und vor allem – ohne jede neue Gesetzeslage – plötzlich doch völlig legal.

Seitdem läuft es für Ride ziemlich gut. In den letzten drei Jahren hat sich die Zahl der Fahrer verzehnfacht. Neue Taxi-Partner wurden gewonnen, noch mehr Wagen importiert. Jetzt soll die Flotte grüner werden – Samrawit will E-Autos aus dem Ausland kaufen, will ihren Fahrern bei der Finanzierung helfen, zur Not den Kaufpreis vorstrecken. Sie kann ihre Firma jetzt selbstbewusst steuern. In Äthiopien ist Ride konkurrenzlos Marktführer. Das liegt auch daran, dass die Großen von außen, die internationalen Dickschiffe, nie in diesen speziellen, nationalen Markt expandieren konnten. Für Samrawit hatte der Isolationismus der äthiopischen Regierung also ein Gutes: Er hat es ihr erlaubt, ungestört zu wachsen. Und jetzt, wo ihr Unternehmen flügge ist, plant sie bereits den Aufbruch aus dem Nest. Ride soll über Äthiopien hinauswachsen, soll in die Nachbarländer gehen. Dort wartet zwar Konkurrenz, zum Teil von Uber. Aber Samrawit glaubt, dass ihre Firma sich durchsetzen kann. Ride, sagt sie, könnte ein international erfolgreiches Produkt werden. Etwas eigenes, etwas anderes, etwas aus Äthiopien.

Ein paar Tage nach unserem Gespräch mit Samrawit Fikru sitzen wir abends im »Hotel Louvre«. Es ist schon dunkel. Über unserem Tisch brennt eine Lampe, die aussieht wie die Straßenlaternen in Paris. Der Geruch der Stadt ist heute besonders stark, in Wellen schwappt der L'odeur d'Addis in den Hinterhof des Hotels. Die Stimmung ist gedrückt. Mit dem Internet ist es wieder schwierig. Die Gäste flüstern, Gerüchte gehen um. Der Bürgerkrieg im Norden, in Tigray, scheint brutaler zu werden. Und die verwöhnten Kinder der Militärelite, die normalerweise im Hotel trinken und rauchen, sind heute nicht da. Hat das etwas zu bedeuten? Irgendwann an diesem Abend kommt ein Bekannter von uns ins »Louvre«. Er ist ein älterer Herr, ein konservativer Geschäftsmann aus Addis, der seinen Namen hier sicher nicht lesen will. Deswegen nennen wir ihn Mesfin. Er sieht uns im Innenhof sitzen, winkt, setzt sich zu uns. Wir bestellen äthiopischen Weißwein – Rift Valley Chardonnay, nur bedingt zu empfehlen. Aber Mesfin trinkt heute aus einem anderen Grund nur Wasser. Es ist Fastentag, einer von sehr vielen in Äthiopien. Hier wird gerne gefastet. Und auch heute versammeln sich wieder Tausende vor den Kirchen, bekreuzigen sich, beten, essen nichts oder wenig. Mesfin spricht sehr gut Englisch, sein Amharisch ist geprägt von der perfekten Grammatik der Bildungselite. Er ist so oldschool äthiopisch, wie es nur geht: ein Mann mit Schnurrbart, religiösen Verpflichtungen und einer Reihe ziemlich halbgarer, politischer Ideen. Auch er erzählt uns von den neuesten Gerüchten. Er hat irgendjemanden im Verdacht, eigentlich eine ganze Volksgruppe, die andere Ethnie eben, die wollen ihm und all den Seinen ans Leder. So schimpft er ein bisschen weiter. Irgendwann sagt er, Eritrea hätte man auch nie aufgeben dürfen, den Zugang zum Meer. Den müsse man doch zurückerobern, damit es besser werde, so wie früher. Als Mesfin geht, ist es schon fast Mitternacht. Er erhebt sich, wir verabschieden uns. Sophia bringt ihn noch zur Tür. »Soll ich dir ein Taxi anhalten?«, fragt sie ihn auf der Straße. »Nein, danke«, sagt Mesfin. »Ich habe ein Ride bestellt. Das funktioniert besser.«

+++ Elf Mittelfinger im Berliner
Westend +++ Ein ganzes Land will uns nicht
haben +++ Hier sollte eigentlich ein Business-
Porträt stehen +++ Die zwei Kongos +++ Fünf zu
Null für die DRC +++ Das untere Ende des
Korruptionsindex +++ Lauter junge Gründerinnen
mit coolen Akronymen +++ Und alles liegt am
großen Fluss +++

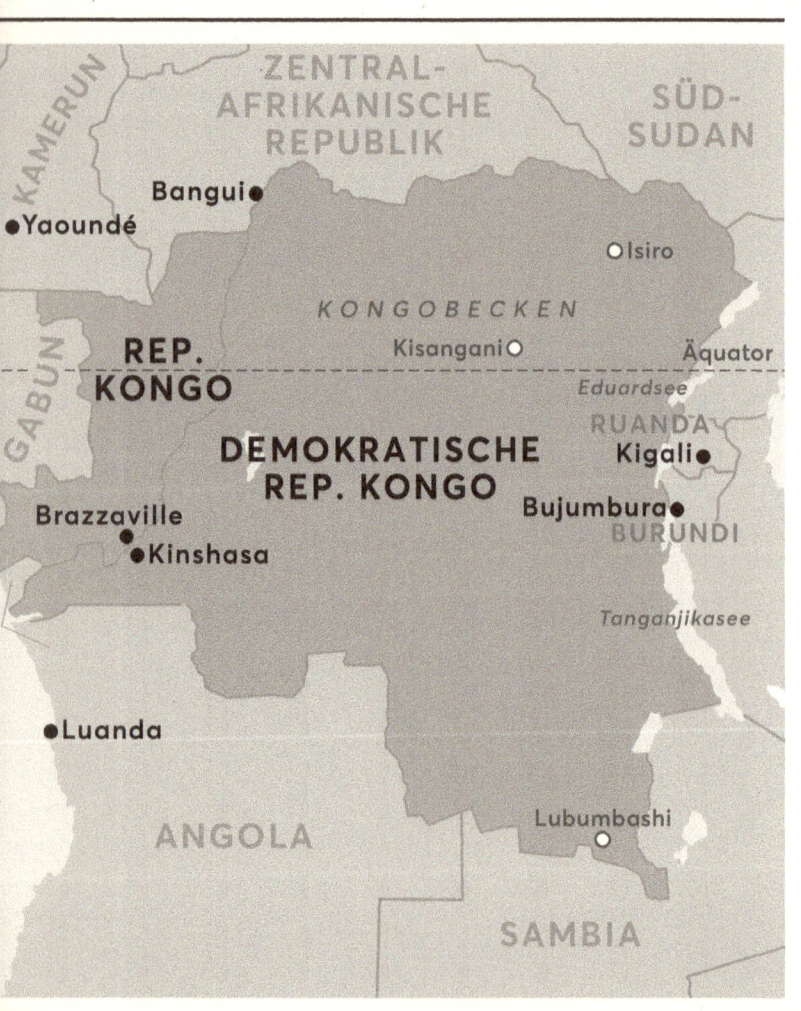

DEMOKRATISCHE REPUBLIK KONGO

ALLE WEGE
NACH KINSHASA

Manche Orte haben Namen, in denen schon alles mitklingt. Timbuktu. Tausend Gründe, dorthin zu reisen, ohne wirklich etwas darüber zu wissen. Macao. Java. Da ist etwas eingesickert, in diese Buchstaben, so ein Die-Welt-sehen-Wollen. Havanna. Das weckt Erinnerungen, die man noch gar nicht hat. Kamtschatka. Und natürlich: der Kongo. KONGO. Was für ein Ort. Er war immer Projektionsfläche, für das, was die Welt in Afrika sah: das Reiche, das Fremde, das Unheimliche, Unerschlossene, Unzugängliche, das Exotische, Verheißungsvolle, auch Bedrohliche, was man ausbeuten kann, wovor man sich gruseln darf, was man gesehen haben muss, sonst weiß man sowieso nicht, was in Afrika geht. Ein Land mit dem Namen eines Flusses. Joseph Conrad hat über diesen braunen Strom geschrieben, er sei wie eine Schlange, mit dem Kopf im Meer und dem Schwanz im Herzen Afrikas. Überhaupt: *Heart of Darkness*. Und V. S. Naipaul. Und Graham Greene. All die großen Bücher und großen Autoren. Und auf der Leinwand das Gleiche: *Gorillas im Nebel*. Und in den 70ern die große Hoffnung: Zaire und Rumble in the Jungle – Ali, Boma Ye! – und die Sapeurs, Afrikas gut gekleidete Dandys. Und all das in der drückenden, äquatorialen, vermodernden Feuchtigkeit der Tropen. Der Kongo. So viel sollte das Land sein – und so viel davon klingt inzwischen ziemlich gestrig.

Manche der großen Kongo-Storys sind schön. Manche auch kitschig, Afrika-Romantik. Aber hauptsächlich sind sie alle: Vergangenheit. Der Kongo, das ist keine Vorstellung, sondern ein tatsächliches Land mit tatsächlichen Menschen, die dort leben (und leben müssen). Es ist nicht demokratisch. Es ist korrupt und arm. Aber trotzdem ist auch dort das 21. Jahrhundert angebrochen.

In der *New York Times* lasen wir eine Geschichte über ein hippes Taxiunternehmen aus dem Kongo, das nur Frauen anstellt, die pinke Autos fahren. Vera Songwe, die Chefin der UN-Wirtschaftskommission für Afrika, erzählte uns vom Coltan-Abbau in dem Land. Auf den sei die Welt angewiesen, für die Massen zukünftiger E-Auto-Batterien. »Alle wollen hier hin«, sagte sie. Und: In wenigen Jahren schon werde sich im Kongo viel verändert haben. Es gibt dort also wirtschaftliche Entwicklung. Es gibt Start-ups und neue Ideen. Das wollten wir sehen. Da wollten wir hin. Genauer: nach Kinshasa, in die Hauptstadt der Demokratischen Republik Kongo.

Früher hieß Kinshasa Leopoldville. Von hier aus organisierten die Belgier ihren großen Raubzug nach Elfenbein, Gummi, Bodenschätzen. Zehn Millionen Menschen fielen den Europäern zum Opfer, die Hälfte der damaligen Bevölkerung. Und das in nur 20 Jahren, zwischen 1888 und 1908 – der erste Genozid des 20. Jahrhunderts. Die Kolonialherren bluteten das Riesenland aus. Dann wurde der Kongo 1960 unabhängig – und von da an ging es eigentlich nur noch weiter bergab. Müßig, hier in die Untiefen der letzten Jahrzehnte abzutauchen, zu Kindersoldaten, Massenmorden, Militärputschen. Nur so viel: Vor allem (und das ist ja auch ein perverser Teil der Afrika-Romantik) war der Kongo immer ein Sinnbild des Scheiterns. Irgendwie passend also, dass auch unsere Reise dorthin von Anfang an zum Scheitern verurteilt war.

Versuch Nummer eins: aus Berlin.

First things first: die Visa. Damit fangen Reisen an, vor allem in viele afrikanische Länder, mit Bürokratie. Ein deutscher Pass reicht fast nirgendwo aus. Wer einreisen will, muss Dokumente ausgefüllt haben und Anträge bewilligt bekommen, muss offiziell eingeladen werden und vor allem: bezahlen. Tit for Tat: Wenn Afrikaner schwer nach Europa kommen, sollen es Europäer in Afrika nicht leicht haben. Wir kannten dieses Spiel. Aber den Kongo und seine diplomatische Vertretung in Berlin kannten wir noch nicht. Zuerst riefen wir an, eine Woche lang, jeden Tag, mehrfach. Nie ging jemand ran. Also fuhren wir selbst zur »Ambassade de la République Démocratique du Congo«. Unterwegs lasen wir die Google-Bewertungen der Botschaft: viele Ausrufezeichen, wenig Sterne. Schlimme Wutanfälle in den Kommentarspalten. Eine Frau wartete offenbar seit einem Jahr auf ihren Pass. Sie hatte geschrieben: »An dem Tag, als ich meinen Pass neu beantragt habe, hatte der liebe Herr Botschafter genüsslich einen Jacky-Cola getrunken und ständig Fehler gemacht, was meinen Namen betraf.« Darunter kam gleich die nächste: »Schlimmste Ambassade, die ich je gesehen habe! Korruption ohne Ende!!!« Die Dritte brauchte gar keine Worte mehr. Ihr Post: Elf Mittelfinger-Emojis. Aber als wir ankamen, sah die Botschaft ganz ordentlich aus: ein Haus im Berliner Westend, hohe Bäume in einem gepflegten Garten. Wir klingelten. Niemand machte auf. Wir klingelten Sturm. Nichts passierte. Wir schlichen um die Botschaft, spähten in Zimmer. Keiner da. Auf diesem Weg kamen wir nicht in den Kongo. Kongo: 1. Wir: 0.

»Alles klar, wir sehen uns dann in Kinshasa.« Das hatte uns nur ein paar Tage zuvor Deo Kasongo gesagt. Als wäre das so einfach, einen Flug buchen, einsteigen, hin da. Deo ist der Unternehmer, den wir im Kongo treffen wollten. Über

ihn wollten wir schreiben. Hier sollte seine Geschichte stehen. Deo ist (einigermaßen) jung und sehr erfolgreich, ein
echter 21.-Jahrhundert-Kongo-Mann. Er führt ein Unternehmen, das nicht nur in der DRC operiert, sondern auch in den
Nachbarländern und seit Kurzem auch in den USA. Und was
Deo herstellt und verkauft, ist vor allem: Spaß. Das sagt zumindest er selbst. Seine Firma baut und betreibt Freizeit-
parks, Bowlingcenter, Kinos und Kartbahnen – und das alles
in Kinshasa, frei nach V. S. Naipaul: an der Biegung des großen Flusses. Irgendwie ist Deo auch verflochten in die komplizierte Politik der Stadt. Wie genau haben wir nie erfahren,
aber er hat einmal als Gouverneur kandidiert. Alles in allem
klang das spannend, nach dem Beginn einer Recherche. »Ich
freue mich auf euch«, hatte Deo am Telefon gesagt, in seinem
sehr unkongolesisch-akzentfreien Französisch. »Sagt einfach
Bescheid, wenn ihr da seid.«

Kurz bevor wir Deutschland verließen, kam dann doch
noch Bewegung in die Sache mit der Botschaft. Bekannte
hatten uns einen Kontakt vermittelt, die Handynummer eines
Mannes, der für Visa zuständig war. Und tatsächlich: Er ging
ran. Die Tür in den Kongo öffnete sich einen kleinen Spalt
weit. Ganz, ganz zögerlich entfaltete sich der Prozess der Visa-
erteilung. Nicht viele reisen in den Kongo. Das dafür nötige
Prozedere ist definitiv einer der Gründe dafür. Es ist ein aufwendiges Hin und Her von Mails und Formularen, und irgendwann in diesem interkontinentalen Behörden-Ping-Pong
wurde den Kongolesen klar: Die sind Journalisten. Alarm! Die
Demokratische Republik Kongo steht auf der Liste der Presse-
freiheit auf Platz 125. Die Lage dort ist also miserabel. Und
damit das auch so bleibt, gibt es: das Informationsministerium. Das ist eine berüchtigte Behörde, und ihr Name führt
in die Irre. Sie soll nämlich keinen Informationsfluss gewähr-
leisten, sondern ihn möglichst verhindern. Ja, hieß es, wir

könnten vielleicht kommen, aber wirklich nur vielleicht und vor allem nur unter einer Voraussetzung: Wir sollten mitteilen, wen wir in Kinshasa interviewen würden, wann und wo und außerdem bitte 2.000 US-Dollar zahlen, für unsere Visa. Das war keine Option. Und so schloss sich die Tür wieder. Der Weg war versperrt. Kongo: 2. Wir: 0.

Unzugänglichkeit – das ist auch so ein Kongo-Klischee. Früher erledigten das der Regenwald, die Milliarden Fieberkrankheiten-übertragender Mücken, die (zu Recht) wütenden Einwohner, die Fremde beschossen. Heute macht das das Informationsministerium.

Zwischenspiel: die zwei Kongos.

Es gibt zwei Länder, die Kongo heißen. Das ist wichtig. Sowieso, aber auch für diese Geschichte. Das erste ist die Demokratische Republik Kongo, dieses ungeheure Riesenland, mit einer Fläche so groß wie ganz Westeuropa und mehr als 90 Millionen Einwohnern. Das zweite liegt in Afrikas Westen kurz vor der Mündung des gleichnamigen großen Flusses. Es hat nur fünf Millionen Einwohner. Das ist die Republik Kongo. Das erste war früher belgisch. Das zweite französisch. Weil es einfacher ist, nennen die meisten Afrikaner die beiden Kongos nach ihren Hauptstädten: Kinshasa-Kongo und Brazzaville-Kongo. Die Städte liegen sich direkt gegenüber, nur getrennt von ein paar Kilometern Fluss, von Joseph Conrads Riesenschlange. Man hat in beiden das jeweils andere Kongo immer vor Augen. Man kann sich sehen – und sich auch besuchen. Zwischen Kinshasa und Brazza fahren Fähren, eine Brücke wird (seit einer Weile) gebaut. Daher unsere Idee: Nach Brazza fliegen – und dort Deo Kasongo, den Unternehmer aus Kinshasa, von der anderen Flussseite, treffen. Ein Visum für Brazza-Kongo hatten wir tatsächlich bekommen. Dem Plan stand nichts im Weg. Alles

geschickt gelöst, fanden wir. Wir riefen Deo an, gute Nachrichten. Und Deo sagte: »Über den Fluss komme ich nicht.«
Der Kongo (also Kinshasa-Kongo) hatte uns ein weiteres Mal
»nein, danke« gesagt. Aber wir hatten noch immer nicht
genug. Es gab noch eine zweite Unternehmerin aus dem
Kongo, über die wir schreiben wollten. Sie heißt Motumbo
Ntumba. (Später mehr zu ihr und ihrem Geschäft.) Und sie
war tatsächlich bereit, über den Fluss zu kommen. »Das
mache ich häufig«, sagte Motumbo. Und wieder: »Ruft einfach an, wenn ihr da seid.«

Versuch Nummer zwei: aus Uganda.

Wir sind für dieses Buch mehr als ein halbes Jahr lang
ununterbrochen gereist. Wir haben mit Hunderten Menschen gesprochen, in einem Dutzend Ländern, haben über
40.000 Kilometer zurückgelegt, in Bussen, Bahnen, Flug-
zeugen, in Fischerbooten und Sammeltaxis, auf Fähren. Und
während all dieser Zeit balancierten wir vor uns her: all die
noch kommenden Termine, die bereits anberaumten Interviews, die schon gebuchten Flugtickets, lauter zukünftige
Momente, aufgereiht an einem eng getakteten Zeitstrahl, der
mit jeder ungeplanten Verzögerung wackelte und zitterte und
sich nur unwillig anpasste. Uns war klar, dass deswegen jeder
große Fehler bestraft werden würde. Aber natürlich machten
wir trotzdem einen. Und der wurde dann auch bestraft. In
Kenia fingen wir uns beide Corona ein. Wir wurden krank.
Wir isolierten uns in einem Haus am Stadtrand, ein, zwei,
drei Wochen lang. Der ganze Zeitplan musste nach hinten
rücken. Und wir vergaßen völlig, dass die Visa für Brazzaville,
die schon in unseren Pässen klebten, ein Ablaufdatum hatten.
Wir wurden gesund. Wir reisten weiter, erst nach Ruanda,
dann nach Uganda. Und ganz unbemerkt verfielen unsere
Visa und waren nicht mehr gültig. Das Kinshasa-kongolesi-

sche Informationsministerium hätte es nicht geschickter ein-
fädeln können.

Als uns das auffiel, saßen wir in Kampala, der Hauptstadt
Ugandas. Es war vormittags. Die Luft war schwer und roch
nach Regen. Der Himmel brodelte grau über der Stadt. In
dieser Nacht noch sollte unser nächster Flug gehen, von hier
nach Brazzaville, in den Kongo, endlich. Wie wir jetzt feststellten: in ein Land, für das wir kein Visum mehr hatten. In
Afrika (und ja, das sind über 50 Länder, aber das gilt für alle)
muss häufig improvisiert werden. Weil etwas ausfällt oder
jemand nicht kommt oder die Straße nicht mehr existiert, die
man nehmen wollte. Auch das macht Unternehmer hier so
stark, dieses Funktionieren-Müssen in Ausnahmesituationen.
Denn wenn man gut ist und schnell und beharrlich und
dreist, dann kann man häufig noch alles drehen, die Kontrolle
zurückerlangen. Heute musste das auch uns gelingen. »Oui,
Oui«, sagte die Frau am Telefon. »Das ist die Botschaft Kongos, oui, Brazza-Kongo, genau.« Wir sprangen in ein Taxi und
rasten los. Über uns brach der Himmel auf wie ein alter
Eimer. Der Taxifahrer trat seine Karre durch ein Kampala im
Sturzregen. Wir klebten schwitzend auf den Sitzen, dann
schälte sich aus den Fluten: die Botschaft. Der Fahrer sah zu,
dass er wegkam. Als wir feststellten, dass wir vor der Vertretung Kinshasas, nicht Brazzavilles standen, war er schon lange
verschwunden. Sophia weinte vor Frust. Ihr Gesicht war nass,
Regen, Tränen. Hinterher stellten wir fest: Brazza-Kongo hatte
gar keine Botschaft in Kampala. Mit wem auch immer wir
telefoniert hatten, die Frau hatte uns nicht verstanden.
Kongo: 3. Wir: 0.

Zurück im Hotel, machten wir einen letzten Anlauf. Wir
riefen in Deutschland an, beim Generalkonsulat der Republik Kongo in Hannover. »Machen Sie sich keine Sorgen«,
sagte der Konsul. »Steigen Sie einfach in den Flieger ein.

Ich schicke Ihnen ein Schreiben für die Behörden in Brazza.«
Ha!

Also dann: 3 Uhr morgens an Ugandas größtem Flughafen Entebbe. Wir waren überspannt, nervös und müde.
Das zittrige Abfertigungshallen-Neonlicht tat unseren Augen
weh. Aber egal. Es war fast so weit. Unsere Koffer waren
bereits eingecheckt, unsere Tickets gescannt, die Pässe kontrolliert, die ugandischen Visa von einem Grenzbeamten abgestempelt worden. Jetzt: Duty-free-Bereich. Toblerone und
teure Düfte, all der kleine zwischenstaatliche Vielfliegerluxus. Noch eine halbe Stunde bis zum Boarding, gefühlt
nur noch einen Schritt bis in den Kongo. Vor uns lag schon
das Gate: Stuhlreihen, schlafende Fluggäste, vor dem Fenster
der Flieger. Nur noch eine Hürde zu nehmen: eine Frau, in
Uniform, neben einem kleinen Schalter, mit einem Zug um
den Mund, der nicht nach Spaß aussah. »Covid-Test«, sagte
sie zu uns, und wir gehorchten. Sie fingerte ein bisschen
durch unsere Dokumente. Dann sagte sie: »Visa.« Menschen,
die noch nie da waren, haben häufig die Idee, viele Länder
in Afrika seien irgendwie gesetzlos, wie ein tropischer Wilder
Westen, wo man mit allem durchkommt, wenn man nur
zahlt. Das stimmt manchmal, aber meistens nicht. In Uganda
mag die Elite korrupt sein. Aber der kleine Mann (also auch
wir) hat sich an Regeln zu halten. Und das gerne fanatisch.
Da ist das Datum auf einem Visum das Einzige, was zählt.
Da spielt es keine Rolle, dass die Frau, die es kontrolliert,
eine Flugbegleiterin ist und keine Grenzbeamtin und dass
sie nicht für die Republik Kongo arbeitet, sondern für Ethiopian Airlines. Es. Gibt. Keine. Ausnahme. Es kam dann zu
einer unschönen Szene. Die Chefin kam dazu. Und noch
mehr Flugbeamte. Es wurde laut. Im Hintergrund sahen wir,
wie unsere Koffer wieder aus dem Flieger gehievt wurden.
Wir fuchtelten mit Visa, Pässen, Dokumenten, dem Schrei-

ben aus Hannover. Aber Regeln sind Regeln, da lässt sich nichts machen und ein Schrieb vom kongolesischen Konsul hilft da auch nicht. »Der kann doch gar nichts verfügen!«, schrie uns eine Frau an. »Der sitzt doch in Deutschland, nicht im Kongo!« Es wurde dann vier Uhr. Draußen rollte unser Flieger davon. Schließlich hob er ab. Kongo: 4. Wir: Ach, warum noch zählen?

Wir blieben dann noch ein paar Tage in Uganda. Dann ging es weiter. Wir flogen nach Mosambik und später nach Südafrika. In Pretoria fuhren wir zur Botschaft des Kongos – dieses Mal zur richtigen. Ein freundlicher Mann in Jogginghose stellte uns neue Visa aus. »Nicht vergessen«, sagte er. »Brazza-Kongo ist nicht Kinshasa-Kongo.« Hätten wir doch auf ihn gehört.

Versuch Nummer drei: über den Fluss.

Im Landeanflug sahen wir es dann zum ersten Mal: Kinshasa. Aufgedunsen lag der Moloch am Kongo, Quadratkilometer um Quadratkilometer Wellblech. Dicke Verkehrsadern wucherten im Land. Hochhäuser ragten grau und stumpf aus dem Dunst wie abgebrochene Zähne. Alles in allem: nicht so schön. Unser Flugzeug ging tiefer. Die Luft war so trüb, dass sie fast grün wirkte. Es war, als tauchten wir in brackiges Wasser. Dann setzten wir auf. Wir landeten – in Brazzaville. Endlich. Um es vorwegzunehmen: keine Gorillas im Nebel, kein Rumble-in-the-Jungle-Gefühl, keine mythischen kongolesischen Urwald-Vibes. Stattdessen fiel im Flughafen erst einmal der Strom aus. Dunkelheit an der Visakontrolle, Zwielicht in der Ankunftshalle. Wir suchten uns unseren Weg zwischen den unförmigen Umrissen großer Kofferstapel. Dann waren wir draußen: schwüle Hitze, Lärm. Das war er also, der Kongo. Wir nahmen uns ein Taxi und fuhren los, rein in diese Stadt, in Richtung Klimaanlagen und kühler

Drinks. Am nächsten Tag sollten wir Motumbo Ntumba treffen, die Unternehmerin. Sie wollte die Fähre nehmen, über
den Fluss kommen, zu uns, in ein Restaurant am Ufer des
Kongo, von dessen Terrasse aus man Kinshasa sah.

Hier hätte auch ihre Geschichte stehen sollen: die Story
einer jungen Unternehmerin, die hier geboren wurde (und
mit »hier« ist in diesem Fall da drüben gemeint, in Kinshasa),
die den Kongo aber schon in den 90er-Jahren als Kind verließ,
weil ihre Eltern mit ihr vor dem Ersten Kongokrieg nach Südafrika flohen (erster deswegen, weil danach noch der zweite
und dritte Kongokrieg kamen und die bewaffneten Unruhen
im Osten, die heute noch andauern). Motumbo wuchs in
Johannesburg auf, ging dort zur Schule und später zur Uni.
Dort gründete sie ihr Unternehmen und wurde erfolgreich.
Ihre Firma beliefert Krankenhäuser mit medizinischem
Equipment – OP-Besteck, Kanülen, Handschuhe, das ganze
sterile Instrumentarium des Gesundheitswesens. Motumbo
hätte in Südafrika bleiben können, aber das wollte sie nicht.
Stattdessen ist sie zurückgekommen in das Land ihrer Eltern.
Sie lebt wieder hier (drüben) und hat ihre Firma mitgenom-
men. Es muss in Kinshasa also etwas geben, für das es sich
lohnt, zurückzukommen. Etwas dort gab Motumbo Zuversicht. Fortschritt? Echte Entwicklung?

Noch am Tag unserer Ankunft schrieb sie uns: »Wir müssen unser Treffen um einen Tag verschieben.« Es habe da ein
Problem gegeben, mit der Fähre, wegen Covid, da brauche
man jetzt ganz neue Dokumente, andere beglaubigte Erlaub-
nisse, ihr versteht. Ja, wir verstanden. Wir warteten.

Brazzaville hat 1,7 Millionen Einwohner. In Kinshasa
leben zehnmal so viele Menschen: 17 Millionen. Brazza-
Kongo ist viel kleiner als Kinshasa-Kongo, aber die Probleme
sind ähnlich elementar. Auch dieses Land erlebte in den 90er-
Jahren einen Bürgerkrieg. Es liegt auf dem Korruptionsindex

von Transparency International auf Platz 169 von 180 – das macht es zu einem der korruptesten Staaten der Welt. Denis Sassou-Nguesso, der Präsident, regierte von 1979 bis 1992 und ist seit 1997 wieder durchgehend im Amt: 38 Jahre Machtausübung (und -missbrauch). Und obwohl die Bevölkerungsdichte in Brazza-Kongo gering ist, es viel fruchtbaren Boden gibt und große Erdöl-Reserven, ist die Arbeitslosigkeit extrem. Angesichts dieser Umstände ist Brazzaville selbst erstaunlich ruhig. Es gibt ein paar Hotels am Flussufer, Hauptquartiere von Öl- und Finanz-Konzernen, die Stadt wirkt häufig wie eingeschlafen in der Tropenhitze. »Besser man ist hier arm«, sagte uns eine Bekannte, »als drüben in Kinshasa.« Mitten in der Stadt steht die Statue von Herrn Brazza himself, vollbärtig, mit Wanderstock. Gemeint ist Pierre de Brazza, aus Italien, kongolesischer Nationalheld, Namenspatron der Stadt und der vielleicht einzige weiße Stadtgründer Afrikas, den die heutige Bevölkerung nicht Verbrecher nennt. Tatsächlich ist Brazzaville eine der wenigen Hauptstädte südlich der Sahara, die nach der Unabhängigkeit ihren alten Namen behielten. Alles in allem erschien uns die Stadt provinziell, stickig und klein. Nach einem Tag hatten wir immer noch nichts Neues von Motumbo gehört. Nach zweien saßen wir nach wie vor alleine in dem Restaurant am Kongo. Ab dem dritten Tag huschten unsere Blicke immer häufiger nervös über den braunen Fluss, zum anderen Ufer, nach Kinshasa, das da tagsüber qualmte und nachts orange glühte wie Mordor.

Wir warteten, wie man nur in Afrika wartet, fatalistisch und ergeben, in dem Wissen, dass am Ende vielleicht, wahrscheinlich, ohnehin nichts passieren würde. Die Tage waren wie Sirup. Wir fuhren sinnlos mit dem Taxi durch Brazzaville. Tranken Primus-Bier aus braunen artilleriegranatenförmigen Flaschen, klapperten die Hotels ab. Immer weiter starrten wir auf den Fluss, den Fluss, den Fluss und suchten vergeblich nach der Fähre, der Fähre, der Fähre, die sich doch jetzt endlich aus dem Grau von Kinshasa auf den Weg zu uns machen musste. Und natürlich schrieben und telefonierten wir mit Motumbo, jeden Tag. Ihre WhatsApp-Nachrichten bekamen eine zunehmend hysterische Note. »I am still trying. They won't let me.« Und natürlich: »I don't have the documents yet.« Also warteten wir weiter. Wir waren müde. Das war das Ende dieser Reise. Unsere Kräfte ließen nach. Nur so lässt sich erklären, warum Paul in einem Restaurant am Kongo dann irgendwann Spaghetti Frutti di Mare bestellte. (Ein Fehler.) Wir tranken unvernünftig große Gläser Weißwein. Zwischendurch packten uns Anfälle vergeblicher Hyperaktivität. Wir rannten an gegen dieses Warten, gegen die Machtlosigkeit gegenüber dem großen kongolesischen Boykott. Aber es half nichts. Der Kampf war von Anfang an verloren. Motumbo kam nicht über den Fluss. Einen Tag bevor wir das Land wieder verlassen mussten, sahen wir ein: Wir hatten auf nichts gewartet.

An unserem letzten Abend in Brazza gingen wir aus. Wir lebten in einem Airbnb im Erdgeschoss eines grauen Wohnkomplexes. Unsere Wohnung war klein, vollständig gefliest, von der Klimaanlage dauergekühlt und so anonym wie ein Ikea-Katalog. Aber ein Gutes hatte sie: ihre Besitzerin. Wir lernten Idrine am Ende unseres Aufenthalts kennen, eine zierliche, junge Frau mit schreiend bunten Kleidern und sehr hohen Absätzen. An unserem letzten Tag holte sie uns abends ab, wir fuhren in die Stadt, wollten gemeinsam essen und trinken. Idrine kam aus Brazzaville, hatte jahrelang in Kinshasa gelebt, war jetzt zurück, kannte also beide Seiten des Flusses. Sie arbeitete als Wirtschaftsprüferin für Ernst and Young und war verantwortlich für das frankophone Afrika. Idrine brachte uns in eine Bar in Brazzas Diplomatenviertel.

Die Nacht war heiß, an Holztischen saßen unter Lichterketten lauter junge, aufgetakelte Kongolesen und deutlich weniger aufgetakelte Expats, die schwitzten in der Tropenluft. Es roch nach Gegrilltem. Idrine trank Cocktails, so bunt wie ihr Kleid – und schien jeden hier zu kennen. Wir schüttelten an diesem Abend eine Menge Hände. »Schön, euch zu treffen, aha, ein Buch über Business in Afrika, da seid ihr an den genau richtigen Ort gekommen.« Lauter junge Typen mit Start-up-schicken Visitenkarten, Gründerinnen junger Unternehmen mit coolen Akronymen. »Hier passiert sehr viel«, sagte Idrine, »und drüben in Kinshasa ist die Szene noch größer.« Sie gab uns alle möglichen Kontakte für unseren nächsten Besuch auf der anderen Seite des Flusses. »Ruft Bob an«, sagte sie, »der kennt alle.« Und Claude und den und den auch noch. Da war er, der neue Kongo! Es scheint ihn tatsächlich zu geben. Hatten wir ihn bloß verpasst? Wir werden es herausfinden, nächstes Mal.

UNSER DANK GILT

ALL UNSEREN Protagonistinnen und Protagonisten. Es ist nie leicht, zwei Fremden seine Lebensgeschichte zu erzählen. Danke, dass ihr es trotzdem getan habt. Dass ihr uns nicht nur eure Büros, sondern auch eure Privathäuser geöffnet habt, dass ihr uns nicht nur von euren Bilanzen erzählt habt, sondern auch von euren Eltern und Großeltern.

Der gesamten *brand eins*, vor allem Gabriele Fischer, Jens Bergmann, Jörg Steinmann, Stefan Ostermeier, Katja Ploch und Angelina Mrsic. Das Leben als freier Journalist ist selten einfach – ohne Redaktionen wie eure wäre es unmöglich.

Der Konrad-Adenauer-Stiftung, vor allem dem Medienprogramm Subsahara-Afrika in Johannesburg. Reisen kostet, Recherche kostet. Ohne eure Förderung würde es dieses Buch nicht geben.

Christoph Plate für seinen Rat, sein Wissen, sein Verständnis – und sehr nette Abende in Kigali und Johannesburg.

Gunter Rieck Moncayo für sein Interesse und seine Geduld, dafür, dass sich dieses komplizierte Projekt dank ihm für uns so angefühlt hat, als sei alles ganz einfach.

Silvie Horch, unserer Lektorin, die immer wieder für uns gekämpft – und gewonnen – hat.

Allen Experten, Professorinnen, Branchen-Kennern, die ihr Wissen mit uns geteilt haben. Vor allem: Filip Reyntjens, Acha Leke, Mikael Samuelsson, Margaret McMillan und Sangu Delle.

Der Agentur für Wirtschaft & Entwicklung für die finanzielle Unterstützung unserer Recherche und dort besonders Kieu Ly Doan.

Mutaru Mumuni Muqthar für seine Freundschaft, seine Kontakte überall auf dem Kontinent, für Gespräche über Bismarck und Chinas Rolle in Afrika.

Marton Köver und Veronique Schuermans für ein schickes Dach über dem Kopf, für kaltes Bier im heißen Abidjan und dafür, dass sie die einzigen Menschen sind, die wir kennen, die uns in Lagos besuchen.

Chiara Wettmann für fantastische Fotos und ihre Gesellschaft, für Straight Outta Compton in Accra und Bootsfahrten im Senegal.

Oliver Langert, der sich einfach an unseren Tisch setzte und unser Freund wurde, für tiefe Einblicke in die letzten 30 Jahre äthiopischer Geschichte.

Yoseph und Mame Alemayehu für ihre Gastfreundschaft, für Whiskey mit Ambo und Piano Man.

Liku Worku, der uns immer gut vertreten hat.

Flurina Rothenberger, die uns von Mosambik erzählt und wunderbare Fotos zu vielen unserer in der *brand eins* veröffentlichten Geschichten gemacht hat.

Derek, Nick, Gambo, Jamie, Issac, die uns im Busch ein Zuhause gegeben haben. Guys, as always, spank it like a hippo. Und Laura, für so viel Aufregendes in Mosambik, in Südafrika, in Berlin.

Sfiso für Kunst und Braai.

Idrine, die uns gezeigt hat, dass der Kongo jeden Versuch wert ist.

Den Rechtsanwälten Hertzberg, Peter und Kegel, die uns in ihrer Kanzlei haben schreiben lassen, als uns zu Hause die Decke auf den Kopf fiel.

Jakob, Cora, Johanna, Etze und Xaver fürs kritische Lesen und Rücken-Stärken.

Bonnie für wilde Kontakte, seinen Blick auf Südafrika, für ein ganzes Kapitel dieses Buches.

Christoph für seinen Glauben an uns, seine Denkhilfe, seine permanente Aufforderung zum Dialog.

All unseren Freunden und Familien, die es ertragen, dass wir seit Jahren fast nur noch ein Gesprächsthema kennen: Afrika.

»STARTING A REVOLUTION ist ein Muss für alle, die Arbeiten anders machen wollen: gerechter, ethischer, nachhaltiger und vor allem mit mehr Freude.« Kübra Gümüşay

»Eine bessere Businesswelt ist möglich. Es liegt an uns, sie zu erschaffen. Der richtige Zeitpunkt ist jetzt, und die richtigen Menschen sind wir. Wir sind die Revolutionär*innen. Die Zeit, in der wir versucht haben, uns einer kaputten Startup-Welt und einem kaputten Wirtschaftssystem anzupassen, sind vorbei.«

Mit klugen Überlegungen und handfesten Tipps auch von internationalen Unternehmerinnen machen Naomi Ryland und Lisa Jaspers Lust auf eine Revolution in der Arbeitswelt – für alle. Ein horizonterweiterndes, mit vielen persönlichen Erfahrungen angereichertes Buch und ein wegweisendes Manifest für die Wirtschaftswelt von morgen.

Naomi Ryland und Lisa Jaspers
Starting a Revolution
Was wir von Unternehmerinnen über die Zukunft der Arbeitswelt lernen können

Aus dem Englischen von Violeta Topalova
Klappenbroschur
Auch als E-Book erhältlich
www.ullstein.de

Econ